解码新时评

中国新闻时评的新发展（1996—2006）

JIEMA XINSHIPING
ZHONGGUO XINWEN SHIPING DE XINFAZHAN（1996—2006）

中国社会科学出版社

图书在版编目(CIP)数据

解码新时评——中国新闻时评的新发展(1996—2006)/陈栋著.—北京:中国社会科学出版社,2010.10

ISBN 978-7-5004-9212-2

Ⅰ.①解… Ⅱ.①陈… Ⅲ.①时事评论-研究-中国-1996—2006 Ⅳ.①G219.2

中国版本图书馆 CIP 数据核字(2010)第 202811 号

出版策划　　任　明

责任编辑　　孔继萍

责任校对　　林福国

封面设计　　阳洪燕

技术编辑　　李　建

出版发行　　**中国社会科学出版社**

社　　址　　北京鼓楼西大街甲 158 号　　　邮　　编　100720

电　　话　　010—84029450 （邮购）

网　　址　　http://www.csspw.cn

经　　销　　新华书店

印　　刷　　北京奥隆印刷厂　　　　　　　装　　订　广增装订厂

版　　次　　2010 年 10 月第 1 版　　　　　印　　次　2010 年 10 月北京第 1 次印刷

开　　本　　710×1000　1/16

印　　张　　16.25

字　　数　　233 千字

定　　价　　28.00 元

序一　为铸造媒体灵魂造势

范以锦[①]

我原本不认识陈栋。2008 年 5 月，受华中科技大学新闻与信息传播学院邀请，我担任了该院博士论文答辩委员会主席，于是与陈栋有了交往，其人其文其事，给我留下了深刻的印象。因此，接到陈栋即将付梓的书稿时，就一点都不感到陌生了。

陈栋的博士论文题目是：《在推进公共领域建构中前行——1996 年至 2006 年中国新时评发展研究》。他宣读论文时条理清晰，侃侃而谈；回答答辩老师提问时也从容不迫，经验老到，有着良好的表现，论文顺利通过了答辩。现在摆在我面前的书稿以原论文为基础，书名为《解码新时评——中国新闻时评的新发展（1996—2006）》，显然比原来的论文题目更为精练、更具冲击力。内文也对原论文书稿内容重新审视、修改和补充，品质有了很大的提升，从而引起出版社的关注，予以出版。作为老师和朋友，我拱手祝贺！

细读之后，我觉得《解码新时评——中国新闻时评的新发展（1996—2006）》这本书内涵很丰富，选题很有价值。本书将 1996 年至 2006 年新时评的发展变化划分为五个阶段：新时评专栏的产生（1996—1998）；新时评专版的发展（1999—2001）；大众报时评版的兴盛（2002）；报网时评的互动（2003—2004）；新时评的缩水与坎坷（2005—2006）。作品突破了阶级分段与时代分段模式，以"时评形态变化"为分段标准，以专题史为研究

---

① 范以锦，广东省新闻工作者协会主席，暨南大学新闻与传播学院院长、教授、博士生导师。

模式,对新时评专栏、版面、报网互动及其主要运作人进行采访分析,对新时评推进公共领域建构进行深入解读。通过本书的一些有分量的分析可以看出,在公共领域建构的过程中,新时评专栏的产生推进批判公共性的有效激发,新时评专版的发展促进"自治"精神的逐渐培育,大众报时评版的兴盛加速"公开性"、"开放性"言说风气的初步养成,报网时评的互动推动平民主张的崛起,而新时评的缩水与坎坷也折射出公共领域建构的艰辛。

本书作者陈栋能独辟蹊径写出这样的有见地的论著,与他的经历和涉猎的研究领域有关,也与他持续的学习和生活积累有关。他自从对新闻产生兴趣的时候开始,就特别关注时评研究。2005—2008 年间,他更对新时评的发展进行了集中学习和研究。尤其值得一提的是,陈栋近几年来已不仅自己撰写时评,而且专访了众多时评高手,与国内多家媒体评论部建立了联系。丰富的经历和写作实践,都为他写书提供了丰富的素材和厚实的功底。本书以新闻人的敏锐搜集和描述了 10 年间中国媒体新时评的发展与变化,其中的许多鲜活素材多为一手资料,十分宝贵,对于当前和未来的时评研究具有较强的借鉴和参考价值。时评不仅是当今社会引导舆论的重要手段,也是传媒生存和发展所需。因为,在新媒体信息大爆炸的时代,传媒几乎没有独家新闻可言,但可以有独家视角、独家观点,时评潮应运而生,并且时评正在不断为铸造媒体灵魂造势。

也许我孤陋寡闻,关于新时评史的专著我还未读到过,至少称得上不多见吧!因此,陈栋的论著弥补了新闻学在这方面的不足,对学界强化这方面的研究起着示范的作用,对业界拓展这方面的实践也很有帮助。陈栋目前继续在从事经济学博士后研究,视野的开阔和知识的丰厚将能提升其后劲,祝愿他能有更多的新作品问世。

序二　与思想赛跑

吴廷俊[①]

　　《解码新时评——中国新闻时评的新发展（1996—2006）》一书是陈栋在其博士学位论文的基础上修订加工而成的。本书的出版，对他而言，是一件大事，也是一件喜事。我作为他的博士论文指导老师，也备感欣慰。这是他8年大学学习经历的一个阶段性成果，也是他科研人生的新起点。

　　时评是时代的思想原声，是思想交锋的结果。中国时评诞生在20世纪初那样一个新旧交替的时代。在中国新闻史上，首先创建"时评专栏"的是狄楚青的《时报》，所以狄楚青曾骄傲地称："时评者，《时报》之评论也。"自1904年《时报》出现署"时评"之名的言论以来，时评与政论文出现分野，逐步成为一种相对独立且受读者欢迎的文体。

　　所谓"新时评"既是一个时代概念，也是一个文体概念，它是我国改革开放、思想解放的产物，它除了具备传统时评的特征外，还具有一个明显的时代特征，就是"公民写作"。所谓"公民写作"，按本书所说，是指"基于公民立场和公民精神的写作"，可以有效地激发批判的公共性，是公民表达的一种重要渠道。所以本书认为，新时评的发展从1996年开始。是年，《南方周末》"阅报札记"（后更名为"纵横谈"）开创了新时评专栏的先河。

　　随着思想的进一步解放，在中国很快出现了一股"时评热"，甚至出现"报纸不可无时评"的说法。由于"写作时评的人多，研究时评的人少"，

---

　　① 吴廷俊，中国新闻史学会副会长，北京大学新闻学研究会副会长，华中科技大学新闻与信息传播学院教授、博士生导师。

因而蜂起的"时评",也就难免出现良莠不齐的现象。为了使新时评健康发展,亟须对它的发展进行梳理,并从理论上进行规范。陈栋读博期间,对媒体评论研究产生浓厚兴趣,并以此为攻博研究方向。而要加深对时评的认识或要将时评写好,首先对社会现状要有一个深刻的领悟。陈栋无论是在本科还是研究生学习期间,他都积极参加社会实践,深入社会调查研究,认真关注和思考社会问题,具备了开展时评研究的实践和理论基础。2000年9月至2004年6月,他创办了华中科技大学新闻与信息传播学院院刊《新闻青年》报,任首任社长。2004年9月至2008年6月,他在硕博连读期间创办《青年时代》杂志,任首任总编辑。2008年6月博士毕业后,陈栋又进入华中科技大学经济学院博士后流动站从事研究工作,并担任湖北中烟工业有限责任公司科技信息研究所研究员、武汉黄鹤楼漫天游文化传播有限公司总编辑,兼《今传媒》等杂志特约编委、专栏作者。这进一步丰富了他对时评的认识。这部书便是他多年的研究成果体现,也是国内第一本深入研究新时评的专著,因而具有很强的前沿性和重要的现实意义。

新时评发展值得关注,更值得期待。伴随媒体形态的发展变化,新时评发展将会呈现新气象、新局面。正如本书所描述的那样:表达平台越来越宽广,公民写作越来越普及,专业写作越来越重视,伦理责任越来越凸显,互动传播越来越频繁。新时评的发展前景远大,但道路会充满荆棘。对于时评写作者而言,越是充满荆棘,越需要加倍努力,拓展更宽的话语平台,争取更大的表达空间。愿新时评发展越来越好!

本书作者陈栋是一个有思有为的青年,无论是学习还是工作,都有主见,敢创新。思想是最美丽的奇葩,是人类区别于一般动物的最主要特征。思想延伸了世界的边际,拉长了人类前进的步伐。期待有思有为的陈栋与作为"时代的思想原声"的新时评一样能与思想赛跑!

是为序。

目　录

绪　　论

（一）研究缘起

自古以来，中国就是一个具有政论传统的国家，中国知识分子对政论写作与表达情有独钟。先秦时期，特别是春秋后期和战国时期，是我国古代论说文发展的一个辉煌时期。

近代报纸问世以后，政论和一般的言论，又开始成为报刊版面的主要内容，同时也涌现出一大批像《时务报》、《新民丛报》、《民报》、《新青年》、《每周评论》、《湘江评论》等以刊载政论为主的报纸，也涌现出王韬、严复、章太炎、梁启超、宋教仁、陈天华、章士钊、张季鸾、胡适、邹韬奋、王芸生等一批杰出的政论作家。

自1904年《时报》出现署"时评"之名的言论以来，时评与政论文出现分野，逐步成为一种相对独立且受读者欢迎的文体。时评文体在刚出现之时便体现出诸多优点，词句简短，冷隽明利，段落分明，一目了然。从近代报纸时评的运作来看，时评品牌以及时评作者品牌的树立对媒体而言有着十分重要的意义。

时评被认为是当今媒体评论中最具生机与活力的文体，近年来活跃在各大媒体版面中，呈现出一派繁荣兴盛的景象，人们称之为"时评热"现象。尤其是1996年《南方周末》首开先河，创办时评专栏"阅报札记"以来，这十多年的发展实践很好地证明了"报纸不可无时评"。时评是平面媒体应对网络媒体竞争的有力武器，因为只有时评，可以突破数量而追求内容和质量，时评正开拓着主流媒体的生存与发展空间。

报纸不可无时评，时评不可无品牌。时评是一种新闻品类，那么要满足消费者（读者）的需要，就应打造成一种品牌，而不仅是有这个"品类"而已。表现在版面上，半个版、一两篇文章，显然不足以打造一个品牌，更要在准确度和质量上下工夫。

随着新时期报纸时评的勃兴，新闻学术界开始关注报纸时评，有关报纸时评的文章散见于各新闻学术刊物或媒体版面上。但这些文章多是对报纸时评个案或某一方面进行研究，全面而系统研究的文章尚未出现。本书不是从书本出发，也不是从理论到理论，而是着重于对新时期报纸时评实践进行全面而深入的考察，归纳和概括了报纸时评勃兴的表现，阐述了报纸时评勃兴的历史渊源，并分析了新时期报纸时评勃兴的现实原因。

虽然中国报刊的政论发源已久，变迁迅速，但长期以来关于新闻评论史的研究比较缺乏，特别是对当代尤其是新时评史的研究几乎是一片空白。国内研究者关于新闻评论现状和写作的研究颇多，有关时评特征分析、时评写作技巧等方面的论文也屡见报端，但这些研究大多缺乏系统性。另一方面，新时评作为一个刚刚兴起的领域，参与研究的人员也比较有限。笔者观察到，很多文章对新时期时评的论述，覆盖的大多是技术层面如选题、写作模式、写作语言等方面的问题，还有一些是停留在经验总结层面，这些研究大多缺乏充分的理论支持，也缺乏系统性和全面性。可以说，当前真正从新闻史学的角度对时评进行研究和探讨的，几乎没有。

时评是时代的思想原声，是思想交锋光芒的体现。自1904年中国近代时评诞生以来，其发展可谓一波三折。特别是"文化大革命"期间，时评遭受重创。改革开放以来，伴随思想的解放、经济的复兴，新时评开始萌芽，并于艰难世事中曲折成长。现阶段，新时评的特殊重要性主要表现在三个方面。

第一，新时评成为关注焦点。时评是新闻文体的一种，时评不是副刊文字，不是文学作品；时评不是为了茶余饭后的消遣，而是对时政的关注和对民生的怜悯；时评是公众参与社会的发言，而不是部分有较深文字造诣的"小资"抒发的一己情感……时评已成为媒体阐述立场和观点，影响并引导舆论的"旗帜"。时评的这些特性与功能正适应了这个时代的媒体发展趋势。进入信息化时代以后，时评的地位和作用更加突出，因此，改革开放以来的新时评发展也成为各路媒体和广大受众关注的焦点。时评已成为各媒体的需要和必要，重视时评是时代的要求，是世界媒体发展的潮流，时评也形成了自身的时代特征和发展趋势。

第二，新时期是中国社会的转型期，公民写作成为公民表达和推进公共领域建构的重要路径。当前，许多时评"征稿启事"中都发出这样的呼吁："发出一点自己的声音吧，可以是严词斥责，可以是理性建言，可以是嬉笑调侃，有时候哪怕只是一声叹息……"这已经透露出中国社会转型期中民众的一种参政议政心理。无疑，时评正满足了这种心理，并为大家搭建了一个平台，提供了一个公民表达的有效路径。时评作为一种直接表达个体意见的有效形式，越来越受到媒体的重视，它必将在传递观点信息、引导社会舆论、促进社会进步、建设和谐社会中起到更重要的作用。

第三，开发"观点市场"成为媒体在激烈的竞争环境中制胜的一把利剑。在资讯"过剩"时代，只有分析和判断是其他媒体所不可共享的。当下的媒体发展已经进入"观点时代"：一是指观点（评论）已经成为新闻作品中不可或缺的一部分，没有观点，新闻是不完整的；二是指观点已经以"集束式"出现在相对集中的版面上，而不是以三言两语的编者按作为"附件"跟在新闻报道的后面。为此，自 20 世纪 90 年代末以来，意见性信息的传播受到了前所未有的重视，以深度报道和评析见长的报纸媒体纷纷在增加言论数量、提高言论质量等方面下工夫。如何开发观点市场，如何构建公民表达平台，如何发展好新时评，是当前新闻业界与学界必须面对的时代课题。

（二）研究目的

所谓"新时期"一般是指 1978 年十一届三中全会以来的时期。新闻传播事业由于与政治的密切关系，在"文化大革命"期间被破坏殆尽。与其他学科相比，新闻学科受"文化大革命"的影响更甚。"文化大革命"结束后相当长的时期内，新闻事业所受到的影响余威未消。新时评并没有在1978年诞生，当时正处在孕育之中。当然，1978—1996年间，报纸上也零星地出现了一些时评文章，但由于不成规模与气候，不能被看做新时评的起点。本书认为，新时评真正发端于1996年1月《南方周末》开辟的"阅报札记"专栏。该专栏以报章报道的新闻事件为由头，并以意见广场、公民写作为基本特性，初步具备了新时评的特征。

十多年来，新时评发展了、繁荣了，有人说浮躁，有人说功利。本书努力将1996年至今的时评发展历程梳理一遍，从大环境到小环境，从版面到文章，从编辑到作者，全方位地分析一下，以期记录这段历史，记录这段公民写作进程和社会民主进程。

时评发展的历程是曲折而艰辛的，因此总结新时评运作的经验与教训显得十分必要。同时本书在考察、分析新时评史发展进程的同时，还深入探究新时评与民主进程、公民写作与推进公共领域建构的内在联系。

中国新闻工作者之所以十分重视新闻评论和时评工作，是因为不论哪一种新闻媒体，都应该有也必须有自己的声音。而新闻评论和时评向人们展示的正是媒体自己的声音。也正因为这样，学习和研究新时期新闻评论与时评，已成为新闻工作者的客观需要。

时评对于新闻从业人员与新闻事业发展都十分重要，而这也正是时评研究者面临的一个重要课题。笔者认为，对新时评史的研究，至少有以下价值：

第一，进一步总结时评运作的经验与教训；

第二，进一步探寻时评的基本规律和内涵；

第三，搭建新时评与中国民主进程的内在桥梁；

第四，进一步解读公民写作与推进公共领域构建的内在关系；

第五，填平中国当代时评史的研究凹地。

（三）研究方法

在唯物史观的指导下，搜集史料和考证史料，进行内容分析，是当前研究新闻评论史的基本方法。本书在内容建构上打破了"政治划分阶段模式"，建立了以"时评形态变化"为基本标准的划分时评历史阶段的新模式。为此，在研究方法上，除了采用搜集史料和考证史料法之外，本书运用以下四个方法考察新时评史。

访谈法。访谈法是研究者通过观察与彼此交谈，收集资料作研究的方法。本书通过访谈时评运作的当事人，对史料、史实进行挖掘和考证，同时对当时的社会背景、媒介环境进行全方位考察。在访谈中，挖掘出许多时评写作、时评运作以及时评人之间的众多"幕后的故事"，这些对于记录时评发展的"活的历史"，具有十分重要的人性价值和史料价值。

个案法。个案研究法亦称个案历史法。个案研究法就是对单一的研究对象进行深入而具体研究的方法。一方面，本书对《南方周末》"纵横谈"，《中国青年报》"青年话题"，《南方都市报》"时评"，《新京报》"时评"等报纸时评专栏、专版和新浪网"新浪时评"，搜狐网"搜狐视线"，千龙网"千龙时评"，红网"红辣椒评论"等网络时评专栏、板块进行了深入考察与分析。分析这些个案，笔者发掘出差异性与共同性因素。这些正体现了同一事物在不同环境下能展示出丰富多彩的侧面和内涵。另一方面，本书对鄢烈山、马少华、刘洪波、鲁宁等时评运作者、作者个案进行了深入考察。分析后发现，不同时期、不同媒体的时评作者、时评内容和时评运作等呈现出非常不同的特征。

历史比较法。历史比较法又称比较史学、史学比较研究，其范围很广泛，它可以从多种角度作比较研究，但最主要的是两种比较：纵向研究和横向研究。对早期时评与新时评的纵向比较性考察，有助于揭示不同历史背景下、不同社会阶段中，时评在各个方面所展示出的变化，诸如形式、结构、内容以及功能等方面的变迁。这种纵向比较研究对于把握时评的总体发展脉络和规律具有现实意义。对不同地域、不同媒体时评的横向比较性考察，可以说明同一历史背景下不同地域、不同媒体时评之间发展的不平衡性，从这种研究中，可以总结出时评运作比较成功者的有益经验，也可以提炼出时评运作不成功者的相关教训。这些对当下及以后的时评工作的开展均有重要借鉴价值。

内容分析法。内容分析法是对文献内容进行客观、系统、量化分析的一种科学研究方法。从当前时评研究来看，研究者对时评功能及作用方面的研究有不少，但大多缺少系统性和典型性，特别是从公共领域建构角度来分析新时评对社会产生作用的研究甚缺。基于此，本书从内容分析的视角，对新时评在每个发展阶段对推进公共领域建构所发挥的作用进行归纳和总结，既可以透视出中国公共领域的发展与研究现状，也可以深刻反映出传媒特别是新时评与民主进程、推进公共领域建构的内在联系，从而有助于厘清时评与社会发展的深层关系。

本书的基本观点是在解答研究核心问题的过程中逐步形成的。问题范围涉及面基本为：从时评的定义到时评的发展历程，到新时评与民主进程的关系；从时评与媒体形态的关系到时评运作者和作者群体分析，到公民写作与推进公共领域建构的关系。

在对这些问题进行详细考察和研究的基础上，本书突破了阶级分段与时代分段模式，以"时评形态变化"为划分标准，将1996—2006年新时评发展变化划分为五个阶段：新时评专栏的产生（1996—1998）；新时评专版的发展（1999—2001）；大众报时评版的兴盛（2002）；报网时评的互动（2003—2004）；新时评的缩水与坎坷（2005—2006）。

在这个阶段划分的前提下，本书对新时评作者群体和新时评现状进行了细致考察，对时评发展趋势与前景作了长远展望。

一系列的发问都在阐释一个主题：时评体现的是公民写作的勃兴，展现的是社会的民主化进程。本书在对各阶段时评的考察中可以发现，时评的本质是观点与思想，时评的发展体现的正是公民写作的勃兴，也正是思想的力量。是公民写作推动了时评的进步，是思想推动了社会的发展。

一系列的发问都在印证一种规律：民主兴则时评兴，时评兴则民主更兴。时评是一个思想和观点碰撞交锋的领域，中国的政治民主化进程促使新闻事业和新闻时评不断发展。甚至可以说，时评产生、发展、繁荣的最根本原因是民主。时评在新时期的复兴是与社会民主进程密切相关的。

一系列的发问都在预测一种趋势：公民写作是现代公民社会公民表达的一种重要途径和需求。从媒体内部结构来看，时评是解答民众对环境困惑的最重要、最合理的途径。公民写作可以传播思想、发表意见、表达诉求、舆论监督、建设社会。作为新时评的核心特征之一，公民写作是公民社会公民表达的重要路径，已成为推进公共领域建构的一支重要力量。

（四）文献综述

1. 新闻评论研究

从古代的论说，到近现代的政论、报刊政论、新闻评论与时评，长期以来，人们对新闻的定义争论不休，对新闻评论的定义也是众说纷纭。

其中认同度比较高的是，新闻评论是"新闻工作基本的新闻手段之一。它是针对主要新闻事实，针对当前人们普遍关注和存在的实际问题发表的一种具有政治倾向的、以广大读者为对象的议论"。

结合网络评论等时代特征，赵振宇教授在《现代新闻评论》中给新闻评论下的定义是：新闻评论是传者借用大众传播工具或载体，对新近发生或发现的新闻事实、问题、现象直接表达自己意愿的一种有理想、有思想、有知识的论说方式。新闻评论在报纸、广播、电视和网络上有不同的表现形式，或文字、或声音、或音像结合、或图文并茂，在新闻传播中发挥重要作用。[①]

这种定义比较全面地阐释了新闻评论的本质内涵。随着时代的发展，特别是当网络媒体迅速发展起来之后，对传统意义上的新闻评论进行了一

---

① 赵振宇：《现代新闻评论》，武汉大学出版社 2005 年版，第 43 页。

种新的表达：新闻评论提供的是一种思想表达方式。

长期以来，人们对新闻评论的发展研究一般围绕三个方向展开：

纵向扫描。纵向视角的研究大多着眼于梳理新闻评论发展轨迹。真正从宏观视角研究中国新闻评论的有 3 本书和 1 篇博士学位论文，其他的都是些许零散的论文。这些研究大体分为两大类。一类是立足现代，如《中国新闻评论发展史（近代部分）》① 比较宏观地介绍了中国近代以来新闻评论的发展脉络；《中国新闻评论发展研究》② 对 130 年来我国大众传媒新闻评论的发展轨迹、创新历程、改革现状和未来趋向进行了研究；《思想原声：一百年来的思想激荡》③ 一书编辑了 101 年间（1901—2001）曾引起强烈社会反响或对社会起重要推进作用的社论和时评。另一类是关注新时期，如涂光晋的博士学位论文《时代之"声"——新时期中国新闻评论研究》④ 从内容分析的视角，对改革开放以来的新闻评论发展进行了综合考察和扫描。零散的论文有曾建雄的《中国古代报纸为何与新闻评论无缘》⑤、朱咄渝的《试论新闻评论的历史沿革》⑥ 等。

横向扫描。在宏观态势研究上，有丁法章的《新闻评论教程》（2003）、杨新敏的《新闻评论学》（2003）等；在实用教学研究上，有丁法章的《新闻评论学》（1985），秦珪、胡文龙的《新闻评论学》（1987），程世寿的《新闻评论学写作教程》（1987），李法宝的《新闻评论：发现与表现》（2005），马少华的《新闻评论》（2006）等；在现实运作研究上，有赵振宇的《现代新闻评论》（2005）等。以上评论著作从多个角度对新闻评论的现状、特征、写作、趋势、思维、策划及队伍建设进行了阐述，较好地引导和服务了新闻评论教学、研究及媒体工作实践。

微观分析。我们正处于一个新闻评论迅速发展的时期。报刊评论、广

---

① 曾建雄：《中国新闻评论发展史（近代部分）》，广西师范大学出版社 1996 年版。
② 胡文龙主编：《中国新闻评论发展研究》，中国人民大学出版社 2002 年版。
③ 王云红、姜军、彭德水编：《思想原声：一百年来的思想激荡》，光明日报出版社 2003 年版。
④ 涂光晋：《时代之"声"——新时期中国新闻评论研究》，博士学位论文，2005 年。
⑤ 载《广西大学学报》1994 年第 2 期。
⑥ 载《浙江广播电视高等专科学校学报》1999 年 12 月。

播电视评论、网络评论等风起云涌，党报言论、都市报言论、晚报言论等各有千秋。于是对不同形态、不同地域言论的研究也多了起来。如薛中军的《美国新闻评论特征初探》①，赵振宇、蓝晖焰的《美国报纸社论的写作特色》②，刘家伟的《建立起对理性的"强烈信赖"——新闻评论批判性辨析》③，马少华的《新闻评论中事实的不同作用——新闻评论中的事实问题》④，万武义的《探索通讯社新闻评论规律的成功实践——浅析〈新华时评〉专栏的几个特点》⑤，田波澜、唐小兵的《当代中国新闻评论写作的流派与风格》⑥，张奕的《紧贴时代脉搏走进百姓生活——近期部分党报经济言论探析》⑦ 等。

2. 时评研究

近些年来，时评的复兴，致使"时评"的称呼流行起来，甚至有逐步取代"新闻评论"之势。虽然从事时评写作的人很多，探讨"如何写好时评"、"我们需要什么样的时评"的也不少，可是，据笔者的调查和观察所见，能把时评的定义弄清楚的人并不多，并且大多是仁者见仁，智者见智。为此，笔者粗略地收集了一些时评家和时评爱好者对时评的定义和理解。

鄢烈山认为，"时评"是"时事评论"与"时政评论"的略称。这个定义明确地把它与"新闻评论"和"杂文"区分开来。它包括"新闻评论"，或者说"新闻评论"是它的"子集"，换言之，"时评"可以取材于新闻，"被动"地对新闻事件和人物发表议论，也可以不依傍"眼前"的新闻，而就"身边"事、"心头"事发表意见，只要是关于当下的（现在进行时）意见，就是"时评"。⑧

---

① 载《采写编》2004 年第 4 期。
② 载《新闻爱好者》2004 年第 12 期。
③ 载《新闻战线》2005 年 3 月。
④ 载《新闻与写作》2005 年第 10 期。
⑤ 载《新闻战线》2006 年 2 月。
⑥ 载《新闻知识》2006 年第 3 期。
⑦ 载《新闻记者》2006 年 10 月。
⑧ 鄢烈山：《21 世纪的"新乐府"——我的"时评"观》，载《青年记者》2004 年 9 月。

刘洪波指出，时评是指由事引发的评论，"快"是它的最大优势，它最大运用了新闻的评论空间，其应该是思想信息的传达，而不只是对事实的褒贬。[①]

储瑞耕认为，时评首先是新闻，再是评论，又评又论。"新闻评论和时评很接近，是同胞兄弟；而杂文和时评则不然，它们所属的大门类不同，时评属于新闻范畴，杂文则属于文学范畴，但二者有着共同的'四要素'：情感、哲理、文采和形象，可以算作是'表兄弟'吧。"[②]

王松苗认为，时评是什么？就是观点。我们关注新闻就是关注新闻背后的信息，信息也就是为了了解信息背后的事。[③]

时评是近代报刊产生之初兴起的一种文体。全面、系统地考察时评的产生、发展、繁荣及转折历程后，笔者对当下的时评作了一个定义的表述。笔者认为：

> 广义的时评，是时事评论与时政评论的简称，也是新闻评论的略指，包括报刊言论、广播电视新闻评论及网络评论等。
>
> 狭义的时评，是民众通过报刊、网络等大众传媒，表达关于新近发生或发现的事实的看法和观点的方式。其核心特征则为：由事而评、简短明快、公民写作。从这个意义上讲，当前广播电视新闻评论节目不能称为时评。因为它们缺乏意见广场、公民写作等特性。

从这个定义中看，狭义的时评是新闻评论的子集，有别于杂文。很多新闻评论和杂文并不具备时评的由事而评、意见广场、公民写作等核心特性。

十多年来，时评勃兴，并越来越受到人们的关注。这样一种特殊的文体，已成为媒体干预社会生活、吸引受众参与、引导社会舆论的特殊手段。

---

① 陈栋、王丽明：《"我"只是一个与别人思考问题的个体——访青年杂文家、时评家刘洪波》，载《青年时代》2005 年 5 月。

② 陈栋、王丽明：《让名字活在自己的作品上——访韬奋新闻奖获得者储瑞耕》，载《今传媒》2006 年 1 月。

③ 党小学：《我们需要什么样的时评》，载《检察日报》2006 年 9 月 27 日。

于是，众多研究者纷纷从时评特点、发展规律、操作技巧、弊病及其应对措施和国外同行经验等多重角度进行探讨，寻求时评的改进与发展之路。绝大多数围绕史的研究、现状研究、运作研究展开。

史的研究。当前，时评已经发展到一个关键时期，厘清其源流，剖析其现状，规范其发展，是时评健康发展的一个具有现实性和紧迫性的课题。为此，研究者对时评的起源及过程进行了相关探究，基本上是以相对分散的学术论文形式出现，没有形成专著。如马少华的《早期的"时评"——论我国近代新闻评论发展的形式规律》①，宋祖华的《时评的源流与规范发展》②，陈旭鑫的《报刊时评：中兴与规范之路》③，张淑华的《历史观照下的时评现状研究》④，柳俊伟的《都市报新闻时评研究》⑤ 等。

现状研究。2003年、2005年、2007年，华中科技大学新闻与信息传播学院先后主办了三届"新世纪新闻评论高层论坛"，来自《人民日报》、中央电视台、《光明日报》、《中国青年报》、《新华日报》、中国人民大学、同济大学、兰州大学等媒体界、教育界和学界的专家、教授和新闻工作者参加会议。与会专家学者对时评的发展现状、特性、问题进行了深入研讨。与此同时，一大批研究时评发展现状的学术论文涌现在各大学术期刊上。其中有开窗见山的《时评的十大"时髦病"》⑥，曾丽红的《浅析新闻评论的平民化趋势——以南方都市报"时评"版为例》⑦，张金岭的《时评往哪里走》⑧；周鼎安的《简论新闻时评》⑨，迟国维的《新闻停滞不前时，时评则迂回进攻》⑩ 等。

---

① 载《国际新闻界》2003年5月。
② 载《新闻爱好者》2004年1月。
③ 载《新闻与写作》2004年8月。
④ 郑州大学硕士学位论文，2005年。
⑤ 中央民族大学硕士学位论文，2005年。
⑥ 载《今传媒》2004年3月。
⑦ 载《新闻与写作》2004年8月。
⑧ 载《青年记者》2004年9月。
⑨ 载《新闻知识》2004年第10期。
⑩ 载《采写编》2005年第1期。

运作研究。时评的快速勃兴为媒体带来了效益，也带来了困惑，其发展前景到底如何，成为研究者关注的话题。除了时评的特性、问题层面外，对不同媒体时评的运作模式及前景的关注显得十分必要。《中国青年报》"青年话题"、《北京青年报》"今日社评"、《南方都市报》"时评"等都是时评运作领域的重要代表。有关这些版面、栏目运作研究的论文也有不少，如张天蔚的《"打量时代的参照"——〈北京青年报〉"今日社评"的运作体会》①，甘逊的《都市报评论的特点、不足及发展趋势》②，冯雪梅的《时评的理性与建设性——兼谈〈青年话题〉的编辑思想》③，李天伦的《时评本土化漫谈——〈南方都市报〉社评的启迪》④，丰帆、董天策的《建构新型的公民言论空间——〈南方都市报〉"来论"版的意义》⑤ 等。

西方国家有关新闻史的研究成果比较丰富，比如《美国新闻史：大众传播媒介解释史》⑥、《英国新闻史》⑦ 等，其中有专门对报刊时评进行的单独阐述。但总体而言，西方新闻传播学研究者对当代时评研究的资料不是很多，对时评史的研究更是缺乏。在国内流通的关于时评的中文版专著中，《冲击力：新闻评论写作教程》⑧ 是为数不多的一本。该书比较详细地分析了评论撰稿人的职责及社论写作、个人专栏写作、艺术评论写作，以及新闻评论与法律的关系处理等问题，但它并没有从新闻史学的角度去分析美国当前的时评现状及走向。

3. 时评与公共领域建构研究

四十多年前，"公共领域"（德语 Offentlichkeit，英语 Publicsphere）一

---

① 载《新闻实践》2002 年 10 月。
② 载《报刊之友》2003 年 3 月。
③ 载《采写编》2004 年第 1 期。
④ 载《新闻记者》2004 年 2 月。
⑤ 载《新闻界》2004 年 5 月。
⑥ ［美］M. 埃默里、E. 埃默里著，展江、殷文译：《美国新闻史：大众传播媒介解释史》，新华出版社 2004 年版。
⑦ ［英］詹姆斯·卡瑞、珍·辛顿著，栾轶玫译：《英国新闻史》，清华大学出版社 2005 年版。
⑧ ［美］康拉德·芬克著，柳珊、顾振凯、郝瑞译：《冲击力：新闻评论写作教程》，新华出版社 2002 年版。

词在德国当代大学者于尔根·哈贝马斯（Jurgen Habermas，1929—）的一本名著《公共领域的结构转变》（1999）中被概念化。从此，"公共领域"成为欧洲主流政治话语的一部分，欧美各国学者的专题性著作和论文层出不穷，公共领域与传播媒介的关系受到高度重视。

据记载，"公共领域"一词并非哈贝马斯所创。在他之前，德语世界的众多学者如熊彼特（Schumpeter，1918）和布鲁纳（Brunner，1943）都研究过同一主题。在英语世界，德裔犹太女学者阿伦特（Arendt，1958）和更早的杜威（Dewey，1923）也分别从公共哲学的角度探讨过相关问题。

以哈贝马斯、杜威和阿伦特为例，这一概念的指涉不尽相同。在哈贝马斯和杜威那里，大众传媒的功能和问题群显然居于中心地位，而对于阿伦特则不然。阿伦特将人的活动分为三种：劳动、工作和行动。在她看来，劳动和工作都是人类在自然环境中采取的活动方式，而行动实际上是人类之间的互动关系。前两种基本属于"私人领域"的活动，后一种则基本属于"公共领域"的活动。[①]

哈贝马斯在书中写道，所谓公共领域，指的是介乎国家与社会（即国家所不能触及的私人或民间活动范围）之间、公民参与公共事务的地方，它凸显了公民在政治过程中的互动，其由来可上溯至古希腊时期，当时出现了"公"（公共事务）与"私"（私人事务）的分化。[②]

由于哈贝马斯的知识体系宏大，公共领域理论所涉及的范畴众多，因此学界虽然对此兴趣浓厚，却难免存在一些难解之处。为此，哈氏在1964年对公共领域的定义进行了规范。他指出：所谓公共领域，首先意指我们的社会生活中的一个领域，某种接近于公众舆论的东西能够在其中形成。向所有公民开放这一点得到了保障。[③]

不难看出，哈贝马斯的"公共领域"主要是指资产阶级公共领域。哈

---

① 李怀：《哈贝马斯的"公共领域"及其现代启示》，载《西北师范大学学报》2002年第6期。
② ［德］哈贝马斯著，曹卫东等译：《公共领域的结构转型》，学林出版社1999年版。
③ 转引自展江《哈贝马斯的"公共领域"理论与传媒》，载《中国青年政治学院学报》2002年第2期。

贝马斯指出，17 世纪以后公共权力的重商主义政策深切地影响了资本主义私有企业的兴衰，这就导致市民逐步意识到自己是公共权力的对立面，是正在形成的资产阶级公共领域中的公众。于是围绕公共权力的商业政策，形成了以市民阶级为主体对公共权力进行讨论（批判）的公众。这一批判空间即资产阶级公共领域。

在哈贝马斯看来，资产阶级公共领域的特征在于，首先，它是公共权力领域与私人领域之间的一块中间地带。其次，公共领域是某种紧张关系的反映。再次，公共领域因其批判性形成了个人的理性交往过程。

当然，并非所有讨论都能自发地形成公共领域，讨论本身的集合"应能体现出与国家和特定私人要求所不同的公共价值"。

综合考察后发现，公共领域包含五大要素：第一，公共领域与私人领域的边界划分，即公共权力活动的限度；第二，在权力配置的基础上形成的公共权力机构；第三，公共权力的运行规则与制度化状况；第四，公共舆论与公共权力的互动关系；第五，一个与公共权力密不可分的社会主流意识形态。

从古代士大夫议政，到明清、民国时期的商会、学社、报刊等，可以看出，当时中国的公共领域空间正在萌芽。特别是晚清时期，上海曾出现过公共领域的萌芽。比如，维新运动与公共领域的兴起、民办报刊与公共领域的舆论表达、民间社团与公共领域的组织建构、自律性交往场所与公共领域的空间拓展……这些表明，中国具有构建公共领域的历史传统与现实土壤，甚至可以说，在中国构建公共领域不仅是可能的，而且也是现实的。

中国社会的"公共领域"与哈贝马斯式的"公共领域"有相似之处，但又有着根本的区别。如果说"批判性的公共舆论"是公共领域的基本特征，那么这两种公共领域批判性的内涵是不同的。有研究者认为，"中国要建构或形成自己的公共领域，其主体应为知识分子阶层。原因是：公共领域的根本内涵是经过理性讨论形成批判性的公众舆论"。[①]

---

① 李怀：《哈贝马斯的"公共领域"及其现代启示》，载《西北师范大学学报》2002 年第 6 期。

在市场化、民主化、全球化的趋势下，具备监督、评议和协调功能的"公共领域"，已经在中国的地平线上隐约出现了一个雏形。

事实表明，时评与公共领域的建构有着十分紧密的联系。当前，国内外对于公共领域的发展研究现状逐渐增多。

20 世纪 80 年代末期以来，国内掀起一股"公共领域"研究热潮。一批学者或者对外国的研究成果加以译介，或者著书立说，对中国的公共领域问题展开了多角度的探讨。21 世纪以来，众多研究者从传媒与公共领域关系的视角展开了研究。其中有：李怀的《哈贝马斯的"公共领域"及其现代启示》①，展江的《哈贝马斯的"公共领域"理论与传媒》②，黄宗智的《中国的"公共领域"与"市民社会"》③，张纯晖、李红伟的《现代传媒与公共领域的建构》④，赵红全的《公共领域研究的回顾与反思》⑤，齐立强的《新媒体条件下公共领域在中国的前景》⑥，张强的《时评的勃兴与公共领域的建构》⑦，翟红蕾的《公众舆论、公共领域与中国传媒的发展》⑧，敬海新的《在理想和现实之间——当前我国公共领域理论基本问题研究》⑨ 等。这些论文对"如何建构公共领域"、"中国如何培育自己的公共领域"等问题进行了比较深入的探讨，也对"公共领域与传媒的关系"、"公共领域与时评"等话题作了初步的探究。但关于时评与公共领域建构的系统研究仍然十分缺乏。可以说，在新时评推动社会不断发展进步的今天，探究新时评与公共领域建构的内在关系显得十分必要，也十分迫切。

4. 新闻评论与时评史的分期研究

从对当前新闻评论史研究的考察来看，政治划分模式是主导模式，也

---

① 载《西北师范大学学报》2002 年第 6 期。
② 载《中国青年政治学院学报》2002 年第 2 期。
③ 载《中国研究的范式问题讨论》，社会科学文献出版社 2003 年版。
④ 载《新闻界》2003 年第 6 期。
⑤ 载《广东青年干部学院学报》2004 年第 3 期。
⑥ 载《湖南大众传媒职业技术学院学报》2005 年第 3 期。
⑦ 华中科技大学硕士学位论文，2005 年。
⑧ 载《学习月刊》2006 年第 14 期。
⑨ 载《重庆社会科学》2007 年第 2 期。

是唯一模式。对于时评的分段基本是以"产生—繁荣—沉默—复兴"为脉络。这种时代划分模式在本质上依然是政治模式。以政治模式为主导标尺的划分模式突出了政治性、阶级性,但每个阶段的节点与拐点不突出。对新时评的阐述,最常见的就是模糊化概括——复兴或繁荣。可见,当前的研究对新时评微观层次的考察有些不够。

按照政治学的划分方法,1978年的改革开放发端应是新时期的起点。而本书认为,新时评的真正开端是1996年1月《南方周末》开辟的"阅报札记"言论专栏。该专栏以报章报道的新闻事件为由头,并包含有意见广场、公民写作的基本特性,初步具备了新时评的特征。

本书认为,新时评不仅是指新时期的时评,更是指新时期内时评呈现出的发展特性与内涵,这主要是相对"传统时评"而言的。"传统时评"的基本特征是:基于时事或时政的评论;文字简短;表达风格直白、明快、隽利。"新时评"除了具备这些特性外,还具有一个核心特征:公民写作。换句话说,新时评不是一个政治概念,而是一个时代概念。因此,新时评的起点不一定是新时期的起点。新时评的起点比新时期的起点要晚。

之所以称"新时评",一方面是因为这一时期时评的产生、发展、繁荣及转折的大背景是改革开放。改革开放带来的政治、经济、文化、社会、法制等领域的变化,推动了新时期时评的发展。另一方面,这个时期的时评与以往时评相比,具有鲜明的时代特征和个性内涵——公民写作。

何为"公民写作"?从字面上看,它包括两层意思:一是以公民的身份进行写作,而不分地位和职业;二是为公民社会而写作。本书认为,公民写作是指基于公民立场和公民精神的写作,即公民按照宪法和法律规定,通过大众传媒向公民社会发表意见性信息的写作模式。它是时评的核心特征之一,也是公民社会里公民表达的一种重要渠道。

公民写作回答的是"时评人为什么而写作"的问题。公民写作,不是为了附庸风雅,而是生命体验的真实表达。公民写作者要坚守一条原则:能讲真话时讲真话,不能讲真话时宁可保持沉默也不能说假话。

公民写作的勃兴,与网络媒体的兴盛不无关系。几乎世界上发生的每一个事件，都能通过网络迅速得到传播，无不引起公众的议论、评说、反思乃至争辩。从报刊媒体来看，时评的大量产生，显然是适应这一形势的最直接的反应。

公民写作的最直接的作用就是：打破了过去由少数评论员垄断言论写作的褊狭局面，代之以公众广泛参与、争相发言的场面。而正是这种宽松的氛围，最大程度地唤醒了公民的权利意识、平等意识和责任感，使他们意识到自己是一个公民，能自由表达对各种问题和社会事务的看法。就像2003年"孙志刚案"发生后，如果没有众多公民的质疑和疾呼，没有三位公民的上书，也许我国的收容制度至今仍不会被废除；再如2007年"厦门PX事件"，如果没有众多民众的自由表达，没有连岳等时评作者及一批专家的强烈呼吁，PX项目就会危及厦门的环境和未来。

公民写作给我们指明了一条走向正确认识的途径：在还没有取得广泛共识之前，充分听取不同意见，无疑有助于决策者作出更加科学的决断。

因此，以公民写作为参照，本书考察新时评的主体时间段是1996年至2006年。

5. 研究路径问题

对于史的研究而言，研究路径的选择十分重要。从目前新闻评论与时评研究状况来看，通常有三个路径：通史、断代史、个案史。

通史。这是研究大段历史的最常见方法，在新闻评论史中也常被采用。曾建雄的《中国新闻评论发展史（近代部分）》（1996）和胡文龙主编的《中国新闻评论发展研究》（2002）便是通史的代表作。

断代史。这是对某一重点阶段历史考察的重要路径。涂光晋的博士学位论文《新时期新闻评论研究》（2006）、苑银和的《中国抗战时期"时评"研究（1941—1945）》（2006）、张淑华的硕士学位论文《历史观照下的时评现状研究》（2005）和李劲强的硕士学位论文《转型期报纸时评发展现状研究》（2006）等正是对新时期时评的分析，虽然后两篇硕士学位论文并没有从史的视角展开研究，但里面有章节涉及历史分段。

个案史。这是对一个重要个案进行深入研究的重要方法。柳俊伟的硕士学位论文《都市报新闻时评研究》(2005)算是一个代表。

以往的新闻评论和时评研究通常以内容分析为主,以个案考察为主要形式。其中,以"时评形态变化"为主线、以新闻学与政治学交叉考察的专题史研究较少,对时评运作当事人的关注更是少之又少,特别是对新时评推进公共领域建构的系统考察几乎没有。当然,现有的许多基础研究在不同的方法、途径及史料挖掘上都作了可贵的尝试,为本书的写作提供了有益的借鉴。

(五)创新与难点

1. 创新要点

在内容上,本书对新时评的定义作了重新阐释,也对新时评的起点与发展阶段进行了重新界定和划分。本书突破了阶级分段和时代分段模式,以"时评形态变化"为划分标准,将1996—2006年的新时评发展变化分为五个阶段,并找到了其中的节点与拐点。此外,本书不采用通史、断代史、个案史的研究路径,不在传统新闻评论研究框架下泛泛考察与研究时评,而采用专题史模式,从时评本体的视角出发考察时评,并开创性地将时评作者群体分为四大类型。此研究模式和内容有助于填平新时评史研究的凹地,对以后的新时评研究起到铺垫作用。

在史料上,本书对每一个阶段的时评运作人和写作者代表及其时评观进行了采访分析。新时评发展里程中的许多鲜活素材及内幕资料,对于当前和未来的时评研究具有一定的借鉴和参考价值。

在方法上,本书突破了以往许多研究者着重于研究时评特征、时评写作的思路,以时评的本质特征——意见广场、公民写作为研究起点,结合公共领域建构的特性,采用内容分析、访谈和历史人物研究等方法,全面分析新时评的产生、发展和功能、趋势以及对推进公共领域建构和民主化进程所发挥的作用。显然，这种研究方法具有一定的突破性价值。

2. 研究难点

第一，史料收集与考证。新时评从 1996 年发端至今，总共只有十多年时间，其被人关注的素材很少，因此需要大量挖掘、收集和考证。

第二，人物访谈及史实挖掘。本书所考察的时评个案对象及时评运作者和作者遍布全国各地，有的甚至定居国外，对这些时评作者及时评运作当事人的采访显然是一件重活。更重要的是，如何从这些人身上挖掘出"活的历史"来，也不是一件易事。

第三，内容分析与述评。由于很多素材没有被当事人记录，运作模式和规律只能通过对一些作品和人物的分析才能实现。对大量的考察对象进行全面、深刻、细致的内容分析，也是一项工作量很大的工程。另外，不同研究者、当事人对许多史实，对新闻事件的认识也会出现矛盾和冲突，怎样分析，怎样平衡，怎样找出最真实的声音和素材，进行客观、公正的阐释和评述，也有很大难度。

一 时评的产生与发展

1904年6月12日，狄楚青奉康有为之命到上海创办《时报》。不久，一个以"时评"命名的栏目在《时报》上登台亮相，其"不随流俗"的体裁，"明快冷刻"的风格，让广大读者耳目一新。时评迅速走红，成为报刊言论界炙手可热的"名角"。一个多世纪以来，特别是新时期以来，时评的内容不断变迁，但其对社会发展的促进作用却是持续的、有目共睹的。为此，时评成为塑造媒体品牌和核心竞争力的一把重要利剑。

（一）时评及其产生

1. 何谓时评

至今，关于新闻评论的定义众说纷纭。对于时评的定义更是莫衷一是。大多数人把时评作为时事评论的统称，或是作为新闻评论的简称。

中国最早的"时评"，大致相当于现在报纸上的"短评"或"编后"，是言论中的轻骑兵。它抓住当天报上的一则新闻，题目具体，一事一议，开门见山，长则二百来字，短则几十字。"时评"大量且集中地出现，是在1904年上海的《时报》上。这份近代有影响力的全国性日报，独树一帜地配合新闻，专设"时评"栏，每日数篇，短小灵活，驰骋自如。

狄楚青有言："时评者，《时报》之评论也。"但时评并非《时报》首创，亦非独此一家。据复旦大学教授李良荣考证：从历史渊源上来说，时评是把《史记》中每一篇传记后面的一段评论即"太史公曰"、《聊斋志异》

中有些故事后面的一段评论即"异史氏曰"单独划出来，并加以改造，使之独立成篇。它十分清楚地显示出报纸文体对中国传统文学的扬弃。在《时报》之前，梁启超先后在日本横滨创办并主编《清议报》、《新民丛报》，开创时事短评栏目。1898年，《清议报》自第26期起，开短评之先河，创设了时评性的"国闻短评"专栏，一直维系到《新民丛报》，专门刊载针对当前时局或某些热点问题发表见解的短评、时评。

当时《清议报》、《新民丛报》上的"国闻短评"专栏还不怎么出名，社会影响也不大。时评之所以能走上中国报刊舞台，得力于梁启超的倡导与谋划。因为以时评名闻中国近代报坛的《时报》，正是根据梁启超的设想，自创刊伊始就重视运用这种言论体裁。这种应时而发、短小精悍、冷隽明利的时评，很受读者欢迎。

"时评"的问世，使报纸找到了一个新闻和评论相配合的好形式，顺应了报纸业务改革的要求，各报竞起模仿，风靡一时。当时无论大报小报，绝大多数有时评或类似时评的专栏。一直到新中国成立前夕，不少报纸还设此专栏。这当中，资产阶级革命派的报刊把时评当作锐利的斗争武器，对敌人嘲讽笑骂，对革命满腔激情。1911年7月26日，武汉《大江报》刊出的时评《大乱者救中国之妙药也》，是当时影响较大的作品之一。

"时评"的兴盛对"论说"文体提出了挑战。在报刊上，那种坐而论道的长篇论说文章在后来逐渐被时评文章取代。环顾20世纪上半叶的中国报业，大家级的时评高手至今历历在目：梁启超、黄远生、邵飘萍、陈布雷、邵力子、张季鸾、邹韬奋……不仅专业报人写政论、时评，一些知名人士、作家的政论、时评也写得很好。

近代报刊的时评运作实践表明，"时评"不一定要写国家大事，还可以写一些身边小事，成为民众表达自我的平台。

2. 晚清时期政论的产生与《时报》"时评"

晚清时期，为了推动变革运动，各类报刊如雨后春笋般创立。这些报刊的一个突出特点是十分重视报刊评论的战斗和引导功能。维新派和革命派的骨干人物大多是各种报刊的创办者,也是撰写报刊评论特别是政论的主笔。一时间,政论涌现于各大报刊。同时,政论的快速发展带动了小型言论专栏的出现。

据史料记载,《时报》首创上海报纸的"时评"专栏,对上海报界影响极大。当时《时报》的新闻专栏,由三个主要的新闻编辑专门负责。陈景韩负责"时评一",主评国内大事;包天笑负责"时评二",主评各埠要闻;雷奋负责"时评三",主评本埠新闻。每则短评文章虽然只有一二百字,但是由于其文字流畅、言辞冷峻,因而很受读者欢迎。

对"老上海"来说,《时报》产生的最大轰动效应莫过于 1937 年"八一三"事变那天,《时报》封面上加印"难关"两个极大的红字。这种破天荒的版面安排足以令人触目惊心。在此以前,日寇制造事端,大举增兵上海,战事已有一触即发之势。然而,当时的国民党上海市政府却委曲求全,粉饰太平,再三要求市民照常生活,不要惊慌。在这种情况下,8 月 13 日当市民看到《时报》上"难关"这两个血红的大字时,不能不强烈地感受到战争已经迫在眉睫,于是虹口、闸北一带的居民纷纷逃离。果然,当夜 11 时许,虹口、闸北一带枪声大作,炮火连天,日寇向中国军队发起了进攻,大批建筑物毁于一旦,而白天看了《时报》及时离开的人则幸免于难。从此,《时报》名声大噪,发行量激增,日销量超过两万份,成为沪上大报之一。

创办初期的《时报》是康、梁在国内重要的舆论阵地。后来,《时报》并未热心改良宣传。辛亥革命后,《时报》脱离了康、梁的控制,成为狄楚青独资经营的报纸,他主持《时评》长达 17 年之久。到了 1928 年,有研究者在《报纸评论的析类》中这样写道:"'时评'在今日为报纸上短评最普通之名称,吾国报纸,首设此栏者为《时报》。'时评'之'时',盖义取双关也。自《时报》以'时评'受人欢迎,各报踵为之。亦有另标'新评'、'时事小言'、'暮鼓晨钟'、'随感录'等,要之,皆短评也。"二十多年后,"时评"二字已由一个专栏名称演变为一个文体泛称,注定要在中国新闻史上写下浓墨重彩的一笔。

据考察,"时评"在当时被普遍定义为:时评,时事短评也,即一种具有新闻性和时效性的短评。作为一种新闻评论样式，时评在近代报刊史上并非一家独创。它的产生是一个偶然变异、长期积累、逐渐稳定和一朝自觉的过程。而《时报》编辑在创办"时评"专栏时也并非平地起高楼。

与《时报》同步，《中国日报》和《东方杂志》也有过以"时评"命名的言论栏目。一种新的报章文体正在萌芽中。但它们或是没有结合新闻事件进行评述，或是名气和影响不大。1904 年左右，在报刊政论中孕育产生的具有新闻评论性质的言论，日益频繁地亮相于报端。报刊言论正处于从政论向新闻评论演变的重要时代。真正"生逢其时"且形成气候的便是《时报》的"时评"。当时的报纸言论栏目大多以"论说"为名，"政论"为旨，新闻评论与学术探讨，甚至应试的八股文也都杂陈其中。而《时报》的"时评"则属于新闻评论栏目，成为新闻评论从政论中脱胎出来演进为独立新闻体裁的重要标志。

《时报》的时事短评在当时是一种创新，作者能聚精会神地大胆说话，故能引起许多人的注意，故能在读者脑海里发生有力的影响……《时报》对于影响力大的新闻事件都有很明决的主张，每日不但有"冷"的短评，有时还有几个人的签名短评，同时登出。这种短评在现在已成为日报的常态，在当时却是一种文体的革新。用简单的词句，用冷隽明利的口吻，几乎逐句分段，使读者一目了然……这的确是《时报》的一大贡献。试看这种短评，在十几年时间里，能逐渐成为中国报界的公用文体，足见它们的优势与力量。《民报》、《神州日报》、《苏报》等一批近代史上颇有影响的报纸都曾发表大量"时评"文章。

（二）时评在 20 世纪 70 年代以前的发展

1. 新民主主义革命时期时评的革新与发展

新文化运动为中国送来了马克思主义，这一新思潮带动了新一轮思想解放。为了声援新文化运动，推进思想解放，《新青年》、《湘江评论》、《共产党》月刊、《向导》、《红星报》等一批无产阶级革命报刊开始出现，并逐步发展。这些报刊都十分重视时评，特别是社评。具体表现为：第一，社评被放于首要位置刊载；第二，设置社评、时论、短评等言论栏目；第三，建立主笔制，邀请有名望、有才气的政论作家担任主笔，并建立稳定的作者队伍；第四，时评的质量成为衡量报刊质量和影响力的重要指标。

正是这种高度重视，这一时期的报纸时评有了新的发展，除论辩式的长篇政论外，出现了大量短小精悍、尖锐泼辣的时事短评，涌现出傅斯年、储安平、胡适、陈独秀、李大钊、萧楚女、毛泽东、瞿秋白、张季鸾等一大批有影响的报刊评论作家。其中，傅斯年的国际时评和储安平的《观察》政论是颇具特色的类别。这两类时评是对《时报》"时评"的重大创新，是现代报刊评论向新闻评论的可贵升华，不仅满足了读者对评论的更深层次需求，也顺应了报刊言论发展的客观趋势——视野开阔和立场独立。

现代著名史学家、教育家和社会活动家傅斯年（1896—1950）在致力于研究中国历史与现实问题的同时，还十分注重对重大国际问题的研讨。从傅斯年的国际时评里，我们可以透视出民国时期国内知识界对国际时事的一般看法。傅斯年的国际时评视野开阔，眼光前瞻，一度成为当时的民众关注和认识世界动态的窗口。

傅斯年对重大国际问题的评说，始于 20 世纪初，其影响力于 30 年代达到高峰，直到去世前仍不稍减，给后世留下了许多评析国际时事的论著。如：《朝鲜独立运动中之新教训》[①]、《法德问题一勺》[②]、《国联态度转变之推测》[③]、《今天和一九一四》[④]、《日俄冲突之可能》[⑤]、《一喜一惧的国际局面》[⑥]、《国联之沦落和复兴》[⑦]、《国际组织与世界和平》[⑧]、《欧洲两集团对

---

① 载《新潮》1919 年 4 月 1 日第一卷第 4 号。
② 载《独立评论》1932 年 7 月 10 日第 8 号。
③ 载《独立评论》1933 年 2 月 16 日第 39 号。
④ 载《大公报》1934 年 2 月 18 日。
⑤ 载《独立评论》1934 年 9 月 2 日第 116 号。
⑥ 载《独立评论》1935 年 10 月 7 日。
⑦ 载《独立评论》1936 年 5 月 10 日第 200 号。
⑧ 载《中国国际联盟同志会月刊》1936 年 5 月 15 日第 1 卷第 1 期。

峙之再起》①、《波兰外交方向之直角转变》②、《第二战场之前瞻》③、《罗斯福与新自由主义》④、《论美苏对峙之基本性》⑤、《评英国大选》。⑥ 这些影响强烈的国际时评文章均被收入台湾联经出版事业公司印行的《傅斯年全集》第5册。

傅斯年在其国际时评中，论述了重大战役、重要国际组织、国际会议和有关世界全局的关键性问题，评论了错综复杂的国际关系。其中涉及1919年朝鲜"三一运动"、"国际联盟"、"法德矛盾"、"第二次世界大战前两大军事集团的形成"、"日苏关系"、"苏美关系"、"第二战场的开辟"等众多焦点话题。由于阶级与历史条件的局限，他的这些国际时评难免有偏颇之处，如：忽视人民群众在国际时局演变过程中的作用；夸大少数西方大国对历史进程的影响，轻贬广大弱小国家和苏联在反法西斯战争中的伟大作用；对某些问题的认识、结论因条件的局限而带有一定的片面性等。

然而，他写得既有深度，又生动活泼，向关心时局的中国人介绍了重大国际问题的来龙去脉，有助于人们对有关问题的认识和理解。

有研究者对傅斯年国际时评的几个突出特点进行了归纳总结：第一，搜罗宏富，视野开阔，谨严求实；第二，浓厚的爱国主义色彩；第三，追本溯源，求本寻根；第四，实事求是的分析，准确的预见与判断。⑦

国际局势风云变幻，但傅斯年的国际时评在今天读来仍能感受到当时浓厚的时代气息。除了写作的时评外，他研究国际问题的方法及所作出的重大贡献，在今天仍具有一定的现实意义和学术价值。

傅斯年之所以能较准确地预见一些重大国际时事的发展前景和结果，关键在于他占有了详细的材料，在于他学识的渊博，并能敏感地分析和解

---

① 载《独立评论》1936年8月23日第215号。
② 载《中央日报》1938年11月29日。
③ 载《大公报》1944年7月12日。
④ 载《大公报》1944年4月29日。
⑤ 载《正论》新11号。
⑥ 载《大公报》1945年7月30日。
⑦ 陈德正：《民国时期傅斯年的国际时评》，载《学海》2003年第2期。

读时局问题，还在于他对问题的敏锐观察力以及他对世界各国历史和现状的深刻理解。

与傅斯年的国际时评有所不同，储安平的《观察》政论，却以一种超然独立的姿态，议论时事，发表看法，引来广大读者的好评。

1929 年年初，当胡适在《新月》杂志上进行人权与约法论争时，储安平还只是一个 20 岁的文学青年，虽然这时的他从资历和学识上来说还没有资格卷入这场论战，但《新月》及胡适等人的自由主义精神给他留下了深刻印象。16 年后，这位对自由主义精神强烈向往的年轻人，成长为一个成熟的满怀自由主义理想的知识分子。从此，储安平开始了他一生中最重要的活动阶段——《观察》时期。

抗战期间与储安平一起办报的冯英子曾回忆说，储安平一生对办报办刊有极高的热情，他一直想办一张类似英国《泰晤士报》那样的报纸。① 五四以后，凡信奉自由主义理想的知识分子，一般有这样几个特征：一是留学欧美的教育背景（可以理解为不仅是抽象地理解西方的社会制度，而且有直接生活的体验）；二是年轻时期对文学有高度热情（可以理解为对人生、对社会有强烈的表达欲望）；三是在文学之外有相对稳定的专业（可以理解为他们不是空发议论的文人）；四是在政治上追求欧美的政治制度，在精神上信奉自由主义的价值标准（可以理解为他们设身处地地比较过两种制度的差异）。储安平正是这批知识分子的代表。

1946 年春天，储安平匆匆搁下在重庆办了约半年的《客观》周刊，奔赴上海筹划《观察》的出版。此时的储安平从英国留学归来，思想深受费边主义的重要人物拉斯基的影响。整个抗战期间，他在湖南、重庆分别做过报纸主笔、大学教授。抗战胜利到来，他开始一展他作为自由主义知识分子的理想：这个理想就是以言论政，靠言论的力量来影响政府的决策，"我们平日的职业，就是议论政事"。②

储安平在主持《观察》时期写下了许多重要的文字，比如每卷的报告

---

① 冯英子：《回忆储安平先生》，载《黄河》1994 年第 2 期。
② 储安平：《政治失常》，载《观察》第 5 卷第 13 期。

书及其他一些时评。储安平的《观察》时评主要包括四个方面：一是对国民党腐败政治的批评；二是对学生运动的同情和支持；三是对言论自由价值的维护；四是对美国对华政策的态度。

《失败的统治》是储安平为《观察》写的第一篇时评，在这篇文章中，储安平首先指出国民党 20 年的统治是一场"失败的统治"，储安平是以欧美政府的正常运作来比较国民党的失败的。他力陈 20 年来国民党统治下国家在一切方面毫无所成，一针见血地指出国民党是"只知以加强'政治的控制'来维护其既得利益的政权"。[①] 他大声疾呼："要挽回党的颓局，当前的执政党必须赶快改变作风，换条路走，下大决心，大刀阔斧做几件福国利民的大事，以振人心。20 年的时间不算短；20 年的历史说明单靠消极的政治控制维护不了既得的政权；这条路走不通，越走越近死路。"[②]

储安平批评国民党政府的这部分时评，表现出储安平在政治上的态度和他极强的逻辑推理能力。他完全是以超然独立的姿态，对当局政权发表议论。半个多世纪之后，他的这些时评，依然让人激动。储安平所处的时代是他所特别痛恨的，但在那个时代里，他能够独立办一份《观察》，并以自由的心灵对国事发表自己独立的见解，是当下知识分子十分向往的。

2. 新中国成立至改革开放前时评的沉默

新中国成立至改革开放前的很长一段时间里，由于社会形势、舆论环境等多方面的原因，时评进入了沉默期。

新中国成立后，面对新的形势和新的任务，作为执政党的中国共产党十分注重报刊评论，特别是社论的特殊作用。《人民日报》、《光明日报》等报纸社论都是经过党中央审定，有些是直接经过毛泽东、刘少奇、周恩来等同志修改定稿的。

党中央还要求各级领导为报刊撰写社论或论文。1950 年 3 月，中共中央发出《关于各级党委及政府负责同志应经常为报纸撰写社论和论文的指

---

① 储安平：《失败的统治》，载《观察》第 1 卷第 3 期。
② 同上。

示》。大批领导干部顺应中央精神，参与到报纸社论的写作中，如《学会管理企业》① 由李立三同志撰写，《为什么要统一国家财政经济工作》② 出自陈云同志之手，《税收在国家工作中的作用》③ 由薄一波同志执笔。此外，《必须大张旗鼓地向农民宣传过渡时期的总路线》④、《帮农民算三笔账》⑤ 等一大批工作社论很好地服务了中心工作，但也占据了报纸的有限版面。正是一切都服务于政治、经济、文化等各个领域的工作，使得作为表达民众声音的时评的发展空间极其有限。因此，在党报社论和工作评论繁荣的同时，时评却见报较少，几乎销声匿迹。

在改革开放前相当长的时间里，新闻评论的大部分体裁以及报刊上发表的大部分评论，大多代表媒体编辑部的意见，如编辑部文章、社论、评论员文章、短评等，或新闻从业者的意见，如编者按语、记者述评等。一些专栏评论或杂文虽以个人名义发表，但其比重和影响远不能与前者相比。"文化大革命"十年间，后一类评论则彻底销声匿迹。"文化大革命"使得我国新闻事业遭到严重破坏，大多数报纸停办，最少的时候全国只剩下 42 种省级以上的报纸。数据显示，到 1978 年，全国报纸总数不过 1862 种。"文化大革命"期间，"四人帮"通过报纸报道和言论文章肆意煽动，盛气凌人。民主遭遇践踏，民主人士受到打压，报刊言论被迫扭曲，时评几乎失去了生存的空间。

（三）改革开放初期的新闻评论

1. 评论专栏的兴起

1978 年 12 月 18 日，党的十一届三中全会召开。随着全党工作重心转

---

① 《人民日报》1950 年 2 月 6 日社论。
② 《人民日报》1950 年 3 月 10 日社论。
③ 《人民日报》1950 年 3 月 22 日社论。
④ 《人民日报》1953 年 11 月 9 日社论。
⑤ 《人民日报》1950 年 11 月 15 日社论。

移，新闻评论宣传面临着拨乱反正、恢复党报优良传统和改革创新的重要任务和使命。我国报刊评论的品种及数量大幅度增加，直接代表政府和媒体意见的评论比例呈下降趋势。言论走向小型化、多样化，言论的针对性、新闻性和贴近性明显增强，尤其是一些党报言论已由原来的主体评论一枝独秀发展为专栏评论、记者述评及短评百花争艳的局面。平等交流、商榷研讨的评论写作姿态和风气正在形成中。

更重要的是，报刊评论已不再被当作"红头文件"，而逐渐被视为一类"意见性信息"；不仅担负着"媒体意见发布"的功能，也日益承担起"公众意见整合"的功能。《新民晚报》"未晚谈"、《北京晚报》"燕山夜话"、《四川日报》"巴蜀小议"、《羊城晚报》"街谈巷议"等都是当时知名的评论专栏。

1978年3月26日，《人民日报》发表了一组理论文章，其中有一篇署名张成的短文《标准只有一个》，提出："真理的标准只有一个，就是社会实践。"在当时的形势下引起了很大反响。

1978年5月10日，经中央党校副校长胡耀邦审阅后，党校内部刊物《理论动态》发表了《实践是检验真理的唯一标准》（文末署有"光明日报社供稿"）。次日，《光明日报》全文发表，同时新华社向全国播发了全文。12日，《人民日报》、《解放军报》和7家省市报纸均转载了此文。到5月底，全国共有30家报纸转载了这篇文章。这是拨乱反正以来影响最大、反应最热烈的一篇文章。

在20世纪70年代，不少党报的整整一大版，都是一些和彼时革命形势非常合拍的文学评论，虽然很"革命"、很"八股"，但有着年轻的血性，读得让人血脉贲张。

进入80年代，不少人的文学热情和理论视野豁然开朗。70年代非常时期的文学历练，使他们较之80年代初露头角的青年评论家们，少了一份莽撞，多了一些智性，有着一种圆熟与练达的技巧与胸襟。较之五六十年代成名的老评论家们，他们又少了一些暮气而多了些激情和锐气。文学评论的发展也为新闻评论的成长提供了良好的环境参照。批评的事实角度不囿于地域却充分散发着独特的地域魅力。更可贵的是，越来越多的评论家开始把评论视野扩展到全国，密切关注新时期文化、社会、经济等多个领域。

专栏评论一般是指在报刊固定版面上特定的专门栏目中发表的评论，广义上也包括当今电台、电视台、网站专门栏目中的评论如"新闻纵横"、"焦点访谈"、"人民时评"、"千龙时评"等。一个名牌专栏评论往往可以成为一个媒体的品牌，不仅是报纸的重要"卖点"，也是报纸的重要亮点和支点。为此，创办名牌评论专栏，一直以来都是媒体努力的目标。

专栏评论在"文化大革命"期间无立足之地，直至改革开放思想禁锢解除，广开言路，而报刊的主体评论又不能满足人们发表意见的期望，开辟新的言论渠道，直接反映群众的呼声，成为当务之急。1980年1月2日，《人民日报》的"今日谈"小言论专栏在头版面世。随后而至的包括：《天津日报》的"津门小议"、《四川日报》的"巴蜀小议"、《文汇报》的"虚实谈"、《解放日报》的"新世语"、《新华日报》的"细流集"和《羊城晚报》的"街谈巷议"等小言论专栏。此后，全国新闻界掀起了一次兴办小言论专栏的热潮。

对于一些社会问题，以"本报编辑部"名义郑重其事地发表评论似乎过于隆重，而小言论又不足以说明问题。这种情况下，以多侧面、多角度、多层次地论述社会问题的论坛式评论开始出现，其中较有影响力的有：《人民日报》的"人民论坛"、《光明日报》的"光明论坛"、《经济日报》的"每周经济观察"、《法制日报》的"法制论坛"、《北京日报》的"长安随笔"、《新华日报》的"新华论坛"、《河北日报》的"燕赵论坛"等。

1985年1月7日，《新华日报》创办"新华论坛"。这个栏目原来是以《新华日报》理论版"八十年代"为栏名出现的。1986年1月6日，正式移至一版，成为《新华日报》重头署名评论专栏。移至一版后刊出的第一篇评论是金靖中撰写的《正人·正己》。基本上每周一篇，周一刊出。这个专栏的主要特色是：抓住改革开放和"两个文明"建设中的重点、热点问题，或理论和实践中的重大问题，紧密结合江苏实际命题立意，运用马列主义、毛泽东思想和邓小平同志关于建设中国特色的社会主义理论加以剖析，具有较强的针对性，有些篇目有一定的震撼力。在分析、说理方面具有理论色彩，刻意求新，有较强的思想性和较大的信息量。文风清新活泼，文字准确严密。因此，这个专栏在省内外读者中，尤其是在领导干部中产生了较大影响，是这个时期《新华日报》的一大特色，也是该报获奖最多的专栏。其中，获全国一、二等奖和江苏省一等奖的代表作品有：《对策也可当镜子》、《橘变为枳的启示》、《以权谋私与以私谋权》、《抛弃一种僵化的思维方式》、《见红灯未可一概绕道走》、《舍孔雀而取凤尾》、《用足这项大政策》和《用足理论》等。

经济漫谈是改革开放后评论专栏的重要形态。为适应改革的需要，磨合转型期的矛盾，从 20 世纪 90 年代以来，各种经济漫谈专栏诞生。当中包括《人民日报》的"市场随笔"、"经济茶座"，《经济日报》的"星期话题"、"王府井随笔"以及《光明日报》的"经济漫笔"，《长江日报》的"经济随笔"等。

此外，思想杂感早在五四时期就在社会中有广泛影响。20 世纪 30 年代有《申报》的"自由谈"及《生活》周刊、《大众生活》周刊的"漫谈"，新中国成立之后有《北京晚报》的"燕山夜话"和《新民晚报》的"未晚谈"以及《人民日报》的"思想杂谈"和"大地漫笔"，《中国青年报》的"求实篇"，《光明日报》的"大家谈"，《解放军报》的"集思广益"，《北京日报》的"京华晨语"等。

2. 评论领域和话语平台的拓展

经历"文化大革命"长达十年的动荡后，中国报业改革只能缓慢地匍匐前进。复旦大学教授刘海贵在《中国现当代新闻业务史导论》一书中，把改革初期报纸在版面编排方面的缺陷概括如下：自上而下的新闻多，自下而上的新闻少；工作经验多，提出问题少；应景文章多，耐看的新闻少；共性新闻多，有特色的少；经济新闻多，其他方面的少。[1]

———，—

① 刘海贵主编：《中国现当代新闻业务史导论》，复旦大学出版社 2002 年版，第 303 页。

"文化大革命"期间,报纸被"假、大、空"的新闻占据,批评报道更无从谈起。改革开放以后,新闻界开始努力恢复和探索新时期的批评报道。此后,批评报道的数量有了明显的增加。

1979年8月12日,《解放日报》在一版刊登了一则社会新闻《一辆二十六路无轨电车翻车》,打破了批评报道不能上头版的传统。新闻批评和舆论监督有了很大的进步。

1980年6月15日,《人民日报》报道了山西省昔阳"西水东调"工程缓建的消息,并配发社论《再也不要干"西水东调"式的蠢事了》,说明这个"西水东调"的工程是从昔阳县境西部截住流入黄河水系的潇河水,通过人工开凿的隧洞穿过太行山,从地下引向东流,经过昔阳的五个公社,改入海河水系,每年需占用山西省十分之一的水利经费,征用大量劳力。社论指责该工程劳民伤财,完全是昔阳县个别领导人凭借自己的权势主观决定,并得到上级批准和支持。《人民日报》社论还指出:

> 我们有些做领导工作的同志,官做大了,自己不懂科学,不懂技术,又不听取专家的意见,偏要号令一切,指挥一切,甚至用个人的喜恶来左右一切。而上上下下,又有那样一些同志捧着他,护着他。明明他的主张荒谬,却要连声称赞,执行不误……什么时候我们真正吸取了教训,不再搞容不得不同意见的"一言堂",不再搞违反客观规律的瞎指挥,也就再不会干"西水东调"这类蠢事了,我们的事业就会办得好得多。①

此后,《人民日报》还揭露了昔阳县的其他问题,包括虚报粮食产量2.7亿多斤等,从而掀起对"农业学大寨"的反思。新闻界总结了深刻的教训。

1980年7月22日,《人民日报》和《工人日报》同时披露了石油部海洋石油勘探局的渤海2号钻井船,于1979年11月25日凌晨,在迁往新井位的拖航中翻沉,造成72人死亡的重大事故。接着,两报连续刊发多篇评

---

① 方汉奇、陈业劭主编:《中国当代新闻事业史(1949—1988)》,新华出版社1992年版,第252页。

论，引起国务院的重视。此外，报刊还报道了领导干部的不正之风，使社会对利用特权从事不正之风进行声讨。

这些批评报道在社会上引起广泛的影响，使得很多社会疑难问题得到解决，其力量不可小觑。

1978 年以前，几乎是报刊评论一统天下，人们更多的是把新闻评论看做报刊文体的一种。从 20 世纪 70 年代末 80 年代初开始，广播与电视几乎同时把新闻评论作为重要的节目类型加以开发，从口播自己撰写的评论，到使评论更加口语化、更宜于"口说耳听"，继而逐步把重点放在使评论更符合媒介自身的传播特征上，即：广播如何在运用声音符号进行报道与评论时，使声音符号的种类和表现力更为丰富；电视如何运用视听结合、声画兼备的手法使其评论既具有形象感，又具有思辨性。1994 年 4 月 1 日，中央电视台"焦点访谈"的开播，以及同年 10 月 1 日中央人民广播电台"新闻纵横"的创办，使广播电视评论的社会影响力得到空前增强。

伴随传播科技的革新，媒体评论从报刊评论"一枝独秀"，到广播、电视、网络评论百花齐放。与此同时，在继承和创新传统评论体裁的基础上，不同媒体特征的新兴评论样式先后出现，并得到较快发展。这些都为媒体评论提供了更大的话语平台和空间。

（四）改革开放初期的杂文

1. 杂文的高潮起伏

从新中国成立至今的半个多世纪里，杂文创作几度挣扎，几度起伏，曾呈蓬勃之态，也曾濒临绝境。在整个文学领域，杂文这个中国独有的特产可谓命运多舛。不少好的作品或是在极度宽容的社会环境下涌现的大量杂文中的精品，或是在风雨如磐、万马齐喑的岁月夹缝中成活下来的佳作。

杂文与政治气候宽松与否有着极密切的关联。杂文是"感应的神经，攻守的手足"，是最有效的舆论监督手段之一。因此，杂文需要广开言路的社会环境，需要官员们具有纳谏的襟怀，需要从善如流、闻过则喜的精神，需要有以时代的正义压住邪恶与暴戾的勇气。20 世纪 50—70 年代期间，仅有两度短暂时期给杂文以生存的权利，大家取得共识的是 1956—1957 年上半年及 1961—1962 年约一年多，总共不过三年左右的时间。除《新民晚报》总编辑林放的"未晚谈"杂文专栏之外，还有北京的"三家村札记"和"燕山夜话"。1979 年之后，除了 1989 年下半年至 1991 年又经历过一段短暂的消沉，杂文基本上是沿着其应有的规律，以势不可当的态势发展着、壮大着。尤其是从 1992 年"主要是防'左'"的告诫传达后，90 年代前期的杂文呈多格局发展，其数量之巨、内容之广，艺术表现手法之娴熟，风格流派之多样，都是五十多年来空前的。

50—70 年代，大多数杂文与杂感、杂谈相近，或讲道理，或谈感受，或图解政策，或标语口号，或逻辑推理，等同政论，忽视杂文的形象性、艺术性。题材狭窄、禁区颇多，只能温和隐晦、轻描淡写、点到为止，初步体现杂文的特有功能。

改革开放初期，由于政治上"松绑"，思想解放，杂文振兴获得契机。很多人迅速投入到杂文创作中。80 年代，《新民晚报》总编辑林放撰写的数以万篇的杂文，其自成一体而被誉为"林放式杂文"。1982 年，林放重整旗鼓，又开始了他的杂文专栏写作，直到 1992 年逝世。他创作的许多杂文至今仍有现实指导意义。

有专家把五十多年来杂文创作个性突出、成就显著的杂文作家分为三代：即 50 年代到"文化大革命"前的杂文作家为第一代；"文化大革命"前即开始杂文创作但直到 80 年代才蜚声"杂坛"者为第二代；80 年代末至 90 年代初崭露头角的杂文作家为第三代。①

第一代杂文作家大体由文化宣传战线上的领导、专业作家、编辑家组成。如郭沫若、茅盾、叶圣陶、邓拓、吴晗、廖沫沙、曾彦修；胡风、艾青、巴人、聂绀弩、柯灵、徐懋庸、吴祖光；冯雪峰、袁水拍、萧乾、孔

---

① 刘成信：《中国当代杂文精品文库》总序，长春出版社 1997 年版。

罗荪、林放、黄秋耘等。这些人组成的创作队伍当然是精悍的、高水准的，但其中只有很少几位专事杂文创作，实在谈不上是一支杂文作家队伍。

第二代杂文作家成熟于 20 世纪 80 年代，当时伴随思想解放的潮流，禁锢解除，中国才真正形成一支可观但仍不十分宏大的杂文作家队伍。这支队伍中的大多数人专事杂文创作，著作颇丰、影响较大者有邵燕祥、舒展、蓝翎、牧惠、谢云、章明、老烈、何满子、陈泽群、虞丹、王大海、黄一龙等。第二代杂文作家承上启下，不仅继承了鲁迅先生和第一代杂文作家革故鼎新、激浊扬清的斗争精神，而且具备强烈的忧患意识、超前意识、批判意识和独立思考意识，使他们的杂文发聋振聩，也为第三代杂文作家树立了榜样，从而成为中国杂文继往开来的中坚。

第三代杂文作家的代表，应该提到的是鄢烈山。鄢烈山的杂文创作起点高，其文风追随鲁迅、借鉴舒展，有短兵相接、刺刀见红之气势，无模棱两可、吞吞吐吐、温良恭俭；有引经据典、毋庸置疑、的雄辩威慑力，无捉襟见肘、浅尝辄止之平庸陋习。他的《孩子，你怎么能这样想》、《哪个魔王更可爱》、《神不灭论》、《人妖》、《冒血腥气的佳话》、《痴人说梦》等，跟踪奇闻，直击现实，恰如快速反应部队以迅雷不及掩耳之势对腐败和丑恶现象迎头痛击，颇具爆发力。以鄢烈山、朱铁志、刘洪波、杨庆春、曹亚瑟等为代表的勇气与才气兼备的青年作家，正在为更多读者提供喜闻乐见的精神食粮。

2. 杂文承载着新时代的新使命

由于现代杂文与鲁迅的密切关系，"杂文时代"一般指的是鲁迅从事杂文创作的 20 世纪二三十年代。"杂文时代"是一个政治黑暗的时代。那个时代的杂文，如鲁迅的杂文，被喻为批判现实的"匕首"与"投枪"。可见，杂文较之任何文体都更需要一个民主、宽容的社会氛围。

新时期的杂文承载着新时代的新使命。改革开放的号角吹响，曾风靡一时的朦胧诗很少有人问津了，能够不胫而走的优秀小说寥若晨星，称得上家喻户晓的报告文学几乎销声匿迹，脍炙人口的散文也逐渐难以寻觅了。

然而，昔日登不了大雅之堂的杂文，却异军突起，蔚为大观。众多的报刊纷纷开辟杂文专栏，从副刊版到周末版，从每周一篇到每日数篇，从零散刊发到杂文专版，杂文几乎遍地开花，颇有蔓延之趋势。许多优秀杂文并非都出自大报和有影响的杂志，如《说"帮闲"》刊载于《深圳特区报》；《木桶效应与人才观》刊发在《沿海时报》（广西北海市）；《阳关三叠》首发于残疾人刊物《三月风》；《"禁白酒研讨会"纪要》是在专业报纸《中国技术市场报》刊发的。

可以说，杂文是改革开放之初人们最早"重拾"起来的"批判的武器"。与各报均在副刊上刊登杂文、随笔的做法不同，1984 年年初，《中国青年报》将杂文搬上新闻版，在二版开设了一个杂文栏目——"求实篇"。最初，该栏目每周发表两三篇杂文，后来除周末的《星期刊》外，几乎每天都有杂文刊出。"着边际，关痛痒"是该栏目的编辑方针；"言路宽，文路宽"是该栏目的风格特色。[①]

"求实篇"明确办栏的出发点不是为作者写，而是为读者读；因此，也就决定了对稿件的取舍标准不是所谓"发表水平"，而是社会效益。"着边际"就是话说到实处，触及社会生活中方方面面的问题。"关痛痒"就是说到痛处，抨击时弊，批评社会不良现象，鞭辟入里，刺激人们的神经，"引起疗救的注意"。"言路宽"主要指内容，"文路宽"则主要指形式。"言路宽"和"文路宽"是紧密联系的，"言路宽"文路才能宽，"文路宽"言路才能更宽。[②]

只有懂得杂文艺术，以杂文自身的规律看待杂文，善于运用多种艺术方法表达思想，营造百家争鸣的环境，杂文才能丰富多彩，引人入胜。"求实篇"专栏的杂文，将新闻评论对于新闻事件或社会现象的密切关注，与杂文"感应的神经，攻守的手足"的体裁特色有机结合，在及时、敏锐地捕捉和议论新闻事件或社会问题时，有意识地挖掘实质，开掘深度。"文体

---

① 参见《〈求实篇〉栏目简介》，载陈小川主编《求实篇精粹》，中国人民大学出版社 1998 年版，第 15 页。

② 焦加：《中青报〈求实篇〉的成功诀窍》，载《青年记者》2006 年第 20 期。

的灵活多变，议论的语涉实事，使'求实篇'这一开放的杂文栏目，在激烈的媒体竞争中，始终是《中国青年报》的一枚鲜明的徽记。"①

《人民日报》的"大地"副刊上的杂文也是新时期杂文的一个代表。早在"文化大革命"结束之初，"大地"副刊就成为文化界人士揭批"四人帮"、清算"文化大革命"极"左"错误的重要园地，这里的杂文成为拨乱反正、思想解放的一支响亮的号角，但当时这些杂文在刊出时没有专门的栏目。进入20世纪90年代后，该版推出了一个稳定的杂文专栏"金台随感"，并成为副刊上的主打栏目，"大地"副刊的杂文开始栏目化。这个品牌栏目一直延续至今。

20世纪80年代前期杂文的兴起态势中，值得一提的是河北的杂文事业。在当时的省委书记高扬、副书记高占祥的关怀支持下，中国第一个省级的杂文学术组织——河北省杂文学会于1983年11月成立，中国第一家以刊登杂文为主的报纸——《杂文报》于1984年10月在《河北日报》旗下出版发行，廖沫沙、曾彦修、邵燕祥、牧惠、徐惟成、冯英子、罗竹风、老烈、秦似等老一代杂文家出任顾问。1984年年底，美国《时代报》指出："中国反'左'告捷，文坛欣欣向荣，《杂文报》应运而生。"一年后又办起了《杂文界》月刊，后改名为《杂文月刊》。这一报一刊一直坚持到今天，对于普及杂文知识，繁荣杂文创作，研究杂文理论，联络杂文队伍，起到了扎扎实实的推动作用。

诗人、杂文家邵燕祥对二十多年来的杂文发展有过这样一段评价："人们在描述新时期杂文的时候，指出作品数量的繁多，作品质量的提高和作者阵容的扩大，在当代大陆都是空前的，我认为更应该指出，最可贵的是批判精神的复活和高扬。"②

进入21世纪后，杂文也发生了一些变化：不少杂文向时评靠拢，杂文不"杂"的现象较为普遍；写作的高"门槛"使杂文很难拥有相对广泛的

---

① 涂光晋：《众言论走上媒体——改革开放以来我国报纸评论的一个显著变化》，载《新闻三昧》2006年第8期。

② 邵燕祥：《批判精神与杂文命运》，载《杂文界》1998年第5期。

作者群，部分作者转向更为实用的时评写作，造成原有作者队伍新的分流；杂文发展势头已不如前，甚至有人对杂文的未来持较为悲观的态度。但作为一种在报刊上生存了90年，越来越向新闻评论靠拢，但仍拥有自己独特个性的特殊文体，杂文的批判精神和文体魅力使其在报刊评论系统中仍然不可替代。

20世纪初，鲁迅先生普及了中国人的杂文意识，即反叛与抗争的意识；20世纪末，《杂文选刊》等一批活跃的杂文期刊，"把歪曲和淡化了的杂文从新扶正，继鲁迅先生之后，再度普及中国人的杂文意识，即自省与反思的意识"。①

从写作风格及读者需求来看，时评与杂文是一对难分难舍的"亲兄弟"。当然，杂文也需要顺应和适合当今受众所诉求的那种形式、内容和精神。就像政论属于官员、歌手属于歌迷一样，杂文属于百姓。杂文这块天地，会像河南省焦作市女工、曾任数届全国人大代表的姚秀荣所说的那样："给百姓一个哭的地方！"

（五）改革开放初期新时评孕育

1. 实事求是风气的形成

1976年10月，"四人帮"被粉碎，"文化大革命"结束。各报开始解放思想，以新闻评论讨伐"四人帮"罪行；同时批判"文化大革命"时期报刊上出现的"假、大、空"文风，并重新学习和宣传刘少奇的新闻思想。

邓小平于1977年4月10日，针对"两个凡是"，提出准确完整地掌握毛泽东思想体系，他说："我们必须世世代代地用准确的完整的毛泽东思想来指导我们全党、全军和全国人民。"② 他还根据当时党的现状指出"群众路线和实事求是特别重要"。③ 谈到学风问题时，他指出"培养好的风气，

① 魏得胜：《杂文的现状》，载《杂文选刊》2006年4月。
② 《邓小平文选》第2卷，人民出版社1983年版，第39页。
③ 同上书，第45页。

最主要的是群众路线和实事求是这两条"。① 后来，他展开论述实事求是是毛泽东思想的精髓，如"毛泽东思想的基本点就是实事求是，就是把马列主义的普遍真理同中国革命的具体实践相结合"。②

在历史的重大转折关头，邓小平号召全党解放思想，实事求是。他支持和领导了"实践是检验真理的唯一标准"的大讨论，重新恢复和确立了"解放思想、实事求是"的马克思主义思想路线，不仅指导了拨乱反正，而且有力地推动和保证了全面改革的进行。

"文化大革命"结束后的前两年，中国共产党和人民的新闻事业在徘徊中前进。在中国"思想大讨论"中，报纸媒体参与其中，并积极宣传。1978年5月11日，《光明日报》一版刊发了署名为"本报特约评论员"的文章——《实践是检验真理的标准》，掀起了一场空前的关于真理标准问题的大讨论。这有力地批判了"两个凡是"，并为"实践是检验真理的唯一标准"的思想在民众中根植，作出了很大努力，从而为改革开放奠定了基础。

1978年12月，党的十一届三中全会召开，冲破长期以来"左"倾错误的束缚，中国社会开始了具有深远意义的转折。随着改革开放的实施，中国社会各阶层发生了天翻地覆的变化，新事件、新情况层出不穷；同时，国外的新事物也传入了国内。人们的观念发生了剧变，迫切希望了解更多的社会动态，学习和接受更多的新事物。

然而，改革开放之初的新闻媒介并不开放，"阶级斗争为纲"仍然是报道的指导思想，报道内容与人们价值观念的需求不符，读者对此深感不满，政府及新闻工作者对此也有所体察。于是，新时期的新闻改革呼之欲出，党报进入了一个新的改革进程。这也是新中国新闻史从政治过渡到经济的根本性扭转与变革。

实事求是风气的形成，空想乌托邦的破灭，推进了中国经济的大翻身，也促进了思想文化风气的宽容与开放。

与此同时，改革开放的浪潮冲击着人们的传统观念，快节奏、多层面

---

① 《邓小平文选》第2卷，人民出版社1983年版，第57页。

② 同上书，第126页。

的社会生活使读者的兴趣和审美取向发生变化。这也使得人们不得不用全新的思维去审视、去抉择。这种社会形势，给新时评的萌芽和发展提供了肥沃的土壤。

2. 新时评零星地出现在报刊上

一篇文章，内容涉及当代人们关心的普通问题，这本身并不是新闻评论的标志。近代早期报刊上的"论说"，基本上是这样。不同的是，不少评论专栏文章在时效性、针对性及公共表达上尝试着进行了一些创新与突破。于是，在这样的传统"新闻评论"堆里，一些具有现代形态特性的新时评开始零星出现了。

《人民日报》"今日谈"——"今日的事情今日谈"

创立于1980年的"今日谈"是《人民日报》一版的一个以刊登政治性短论的综合性、群众性的评论专栏，顾名思义就是"今日的事情今日谈"。自创办起，"今日谈"就担负起传民声、达民意，正确引导民众言论的时代重担。

1984年4月24日，《人民日报》评论部就邀请"今日谈"在京的部分作者举行座谈，其中有干部、职工、军人和教授等。与会者认为，"今日谈"是《人民日报》头版上的微型言论。"如果说它是一朵花，那是戴在头上的；如果说它是辣椒面，那是撒在脸上的。它兼有政论和杂文的特点，致力于议论今日之事，力求回答群众之疑，宣传党的政策，反映群众呼声，已初步形成了自己的风格。"① 如《小巷不可小视》、《村里的农田"大"了》、《重视与重负》等言论正是"今日谈"短小精悍、凝练隽永风格的鲜活体现。

20世纪90年代初期，在"今日谈"刊发的文章中，一些评论的时效性、针对性明显增强，舆论监督、引发议程设置讨论的功能得到了初步发挥。1992年下半年，批租土地建开发区形成全国的热潮，而"今日谈"栏目发表了《热中要清醒》的评论，指出那些前来批租土地的人并非都是热心的投资者，其中一些人享受到优惠价格以后再转手，从中牟取暴利。这

---

① 黄幸群：《用方寸之地　办微型言论——人民日报召开"今日谈"作者座谈会》，载《新闻战线》1984年第6期。

篇评论透过当时征地热的背后，一针见血地指出征地中所出现的问题，以引起人们的关注和警惕。事实也证明，《人民日报》的评论发表后，引起不少地方的反思，采取了相应的措施，防止了那些不良现象的发生。

新时期关于国学热的讨论是从 1993 年开始的。这一年的 8 月 16 日，《人民日报》用整版篇幅刊登了题为《国学，在燕园悄然兴起》的文章。编者按说："国学的再次兴起，是新时期文化繁荣的一个标志，并呼唤着新一代国学大师的产生。"第二天，"今日谈"发表了署名文章《久违了，"国学"》。媒体评论的及时跟进，使国学迎来新中国的第一个春天，孔子也逐渐摆脱反动思想家的形象，以本来面目回归民间。

人事制度改革是 20 世纪 90 年代的热门话题。1998 年，湖北宜昌国税局进行全员竞争上岗，探索打破公务员"金饭碗"的创新举措。特别是提出的"学岗制"和动态管理理念，引发了全社会的关注。"学岗制"是一个缓冲地带，不是简单的"下岗"或失业，它使在岗的人感到威胁，使学岗的人感到仍有希望。针对"宜昌改革"这一话题，5 月 2 日中央电视台"新闻联播"头条播出了这条消息报道。5 月 3 日的"今日谈"专栏便刊载了言论《宜昌实行"学岗制"》，围绕"新闻联播"报道的事实进行评论，并评价"宜昌'学岗制'是一个创举"。

从内容上看，"今日谈"文章叙事与论理界限分明，层次清晰，观点鲜明，但最根本的，是有新的见解，新的思路，善于发他人未发之声，说他人未明之理，对社会起到了教益和指导作用。

从形式上看，"今日谈"改变了以往"大块头"言论形象，引领短小、精悍的"小言论"风气。"今日谈"专栏言论是各类独立成篇的评论体裁中篇幅最为短小的一种。多则五六百字，少则一二百字的小言论不仅便于阅读，更顺应和满足了社会民众在工作、生活节奏日益加快形势下的阅读心理和阅读需要，还有助于丰富和活跃版面，使严肃端庄的《人民日报》头版增添了些许活力与生气。为此，其深受读者喜爱，引来全国各地的不少报刊仿效。更值得关注的是，"以小出新，以小取胜"的鲜明特征初步具备了新时评的某些属性。

《河北日报》"杨柳青"——"从生活中来，到生活中去"

1988年2月16日，《河北日报》头版出现了一个署名"杨柳青"的言论专栏（"杨柳青"这个笔名该报于20世纪60年代曾经短时期使用过，在三版上，是作为几个人共同撰稿的杂文专栏而不是言论专栏），这个言论栏目由曾经主持《杂文报》编务（任专职副总编辑）的储瑞耕独自主笔。该栏目刊发的第一篇文章为《龙的传人　龙的精神》。从1988年2月16日诞生到2008年2月16日停办，"杨柳青"栏目20年间共刊载言论文章830余篇。

"杨柳青"坚持一个定位："从生活中来，到生活中去"。新闻评论好比是精心编织的花环。储瑞耕一直提倡"花环论"，这是他在"杨柳青"言论专栏的多年实践中提炼出来的，也是对新闻评论的定位。具体说就是："到现实生活中去，撷取一朵又一朵，一片又一片带着露珠的鲜花和嫩叶，编织成理性的花环，再献给读者。"①

"花环论"其实也是一种创作方法。这里面有几个"中心词"：一是"到现实生活中去"，就是从社会实践生活中发现和寻找题目，而不是一味地从上级文件、领导讲话、报刊甚至古书堆里去找题目。二是"带着露珠的鲜花和嫩叶"，指文章提到的问题和说明观点的材料都是新鲜的、活生生的，而不是明日黄花、陈年旧事，不是像时下不少杂文作品，动不动就引点古人古事。三是"理性的花环"，就是不能只把生活中的原材料拿来堆放在一起，那叫"花堆"不是"花环"；也不只是就事论事、一件事只讲一层道理，那样的文章就不免肤浅。而是要论理、概括、提炼和上升到"理性"的高度。由此及彼，由表及里，由浅到深，而且论及可能出现的另一种倾向，避免偏激和片面，给人以多方面的启迪。

在实际运作中，"杨柳青"栏目的定位十分鲜明。首先，努力担当起既传道，又解惑和释疑的责任。1989年政治风波之后，"杨柳青"分三次刊出《乱定思痛》18论，产生了相当大的影响。文章从实际出发，从国情出发，不讲大话套话，而是识小见大，以理服人。当时一位省领导把它称为"胡

---

① 陈栋、王丽明：《让名字活在自己的作品上——访韬奋新闻奖获得者储瑞耕》，载《今传媒》2006年1月。

箍十八拍"。《山西日报》、辽宁《共产党员》杂志全文转发了这 18 论;《人民日报》及福建、河南等地出版的书和刊物也选摘了其中几论。1995 年 8 月 6 日,《河北日报》在"杨柳青"专栏刊发《就同"大款"交朋友事向领导干部进一言》,较早地提出了一个值得引起全党和全社会关注的问题。本文获得当年的河北省好新闻一等奖,中国新闻奖二等奖,被认为是"杨柳青"最具代表性的文章之一。

其次,贴近群众,贴近生活,被读者喻为是人民群众的代言人、《河北日报》的"焦点访谈"。"杨柳青"文章的素材大多是反映与老百姓生产生活息息相关的热点难点问题。长期以来,储瑞耕拖着伤病之躯,深入基层走访了无数个县市乡村、厂矿企业,蹲地头,钻矿井,几次因劳困而犯病被救护车送回来。一次,他因吐血住院,孩子送饭时告诉他:一处街道与铁路交叉口因无人看守又发生火车轧死人的惨剧,他彻夜难眠,赶写了一则"杨柳青"——《从"道口"问题说到办实事》。文章发表后,引起当地政府和铁道部门的重视,一座地道桥不久就建起来了,群众拍手称快。《河北日报》原总编辑邢绍和这样评价道:"'杨柳青'的每一篇稿子,都不是坐在办公室里空想出来的,而是有事实根据,这让它更扎实,更有针对性,更能解决实际问题。"①

再次,形式上不断创新,特色鲜明,活泼多样。有通常的"论点—论据—结论"这种传统模式的评论,但更多的是一事一议的随感、评点或杂论;有全篇大部分是报道新闻事实,只是在最后发一两句议论以引起读者思考的形式;也有对话和通信的形式。采用这些形式,目的就是在主题符合大的路线方针政策、选题为广大读者所关注的基础上,把文章做得让读者爱看。

考察"杨柳青"专栏的文章,不难发现:越到后来,刊发的言论与新时评越接近。1988 年刊发的《凝聚力从何而来?》(11 月 15 日)、《大麻沽启示人们》(11 月 21 日)、《刮目看农民》(11 月 25 日)、《"怕吃亏"思想及解决办法论》(11 月 29 日)、《论默契》(12 月 4 日)等文章,大多属于传统新

① 引自《华彩 20 年 "杨柳青" 完美落幕》,载《河北日报》2008 年 2 月 20 日。

闻评论,但1995年刊发的《"抢花事件"随想录》(10月27日)、《三条信息引出的思考》(12月12日)、《"硬"、"软"环境哪个重?》(12月20日)等文章,与新闻事实联系得更加紧密,并且民意广场、公民写作的特性也更加凸显。

《经济日报》"每周经济观察"——"朴实语言评经济"

除了"今日谈"、"杨柳青"外,《经济日报》1988年开办的"每周经济观察"引领"朴实语言评经济"新风。阎卡林是该专栏的主笔。1994年,为进一步扩大该栏目的影响,培养名专栏作家,《经济日报》决定,将此栏目改成阎卡林的个人专栏。在专栏前期的写作和编稿实践中,阎卡林感到组织的来稿和自己的写作存在一些问题:一是记者和评论员写的稿子比较快、比较新、比较白,常常缺乏深度,高度也不够,而且内容一般较为空泛,内行看了觉得浅薄。二是专业学者的稿子深度是有了,但时效性、通畅性都要差一些,一般人看不懂。三是来自政府官员或实际工作部门的稿子,其特点是比较实,也有思想,但毛病在于官话太多,有公文滥觞之嫌。于是,阎卡林就尝试把评论员、专家、官员三位一体"摆"在一起,各取所长,优势互补,从而形成一种新闻性比较强,又有一定深度和高度的经济专栏文章。① 其中的代表作有《工业生产是否趋于过热》(1991年5月22日)、《科技人员也要进入市场》(1992年7月15日)、《机遇降临中西部》(1995年4月19日)等。其实,到了20世纪90年代初期,"每周经济观察"刊发的文章,如《让市场配置企业经营者》、《推进房改正当时》、《重新估量旅游业》、《发展旅游要开阔思路》等,不论是从形式上,还是从内容上看,与新时评都十分接近。

在评论创作中,阎卡林牢记《经济日报》前总编辑冯并的那句话:"写评论、研究问题时,必须彻底忘掉自己是谁,要把自己当成国务院总理或部长省长,只有这样,眼界才宽,思路才广,笔调才高。"② 在谈及评论写作体会时,阎卡林这样写道:"言论的开头怎么写?除了开门见山提出问题

---

① 胡文龙主编:《中国新闻评论发展研究》,中国人民大学出版社2002年版,第345页。

② 《卡林与〈每周经济观察〉》,载《中国记者》1996年第8期。

外，我还主张言论的开头能单拉出来发消息。就是说所评的事本身就是新闻，就能吸引人，这样，就更加引人往下看了。"[1] 正是以政府官员的眼光、经济学者的专业素养和记者、评论员贴近百姓的生活视角，多侧面、多角度、多层次地论述我国宏观经济发展中的热点、焦点和重点问题，"每周经济观察"经过几年的精心经营后，就已形成了独特的风格和相当的权威性，被评为首届中央主要新闻单位名专栏，成为《经济日报》的一个名品牌栏目。阎卡林在主持"每周经济观察"专栏期间，发表了《中国经济前瞻》、《走向新经济》、《关注基因革命》、《更加注重宏观调控》、《大公司大有可为》、《充分把握世界经济特点与走势》等代表作品。

在这个阶段，一些评论专栏中不时会出现融新闻性、指导性、实用性和可读性于一体的好时评文章，但是并不稳定，也不成气候。从"每周经济观察"等栏目的名称就可以看出，那时评论与分析是以周甚至以月为单位的，可见当时作者稿源处于紧缺状态，只能是报纸上偶尔一见的点缀，没有形成规模效应。

除了新时评文章零星地见诸报刊外，新时评作家、作者逐步成长为一个庞大的群体。随着舆论空间的逐步扩大，时评开始走向前台，与杂文的关系越来越密切。于是，像鄢烈山、刘洪波等资深杂文作者向新时评作者转型的越来越多。

时评家的思想基因开始萌芽，公民意识开始成形，更加明确。新时评剖析社会，批评世俗；理性思考，解读人生；反思历史，审视现实，预测未来，顺应了自由民主的理念，为此获得更多读者的共鸣。新时评的产生正在孕育中。

（六）本章小结

时评的"时"是时事的"时"，更是"时代"的"时"。时评就是"因

---

① 徐小兰：《浅谈电视评论节目的表述方式》，载《新闻知识》2004 年第 8 期。

时而评"，"合时而著"的时事短评。并且，伴随社会的发展，时评会被赋予新的内涵。

触及现实，是时评的生命力之所在，它的存在价值和社会作用取决于它与现实社会生活联系的紧密程度。在我国近代报业史上，第一次"时评热"是由1904年上海创刊的《时报》掀起的。1996年以来，时评出现中兴之势，新时评随之诞生。1904年至今的一百多年来，时评的发展充满曲折与坎坷，但是时评触及现实的本质没有改变，其对于媒体、对于社会的重要性也没有改变。

作为一种最可能产生反思力量的新闻文体，时评不能丧失合理批判社会现实的能力，不能丧失从对时事的观照中产生"活的思想"的能力。在一个正在走向开放、昌明的时代里，时评的核心就是触及这个时代的真相。

了解不同阶段时评的发展状态，特别是时评对现实的触及与反思，是研究新时评的前提和基础。为此，对时评的产生和发展脉络进行梳理，将为研究新时评起到很好的铺垫作用。

时评的成长之路是漫长的，新时评的孕育之路是曲折的。伴随社会的发展变迁，时评的内容也不断变化。比如，评论对象逐渐拓展，评论手法日渐成熟，评论方式直接有力，此外，文章在形式上更加精悍、隽利，一事一议，"攻其一点，不及其余"，与现代人紧张的生活节奏和获取信息的方式一拍即合，等等。更重要的是，在这个孕育过程中，时评文章民意广场、公民写作的特性表现得日渐明朗。这些为新时评的产生奠定了基础。然而，此类文章在规模上还不成气候，在表达"速度"、"次数"、"效率"等方面仍有所欠缺。

1904年，中国现代报刊时评产生，1996年，中国新时评产生。每一个历史事件的发生都不是偶然的。时评的溯源，能为探究新时评的溯源做参照。新时评的产生与所属的时代背景有何联系？新时评产生的动因是什么？新时评与公共领域建构有什么关系？这些都是下一步研究所必须思考的问题。

二 新时评专栏的产生与批判公共性的 有效激发（1996—1998）

在经历一段时间的孕育之后，时评在 20 世纪 90 年代后期开始勃兴，一登台便艳惊四座，好评如潮。1996 年，《南方周末》"阅报札记"（后更名为"纵横谈"）开创新时评专栏先河，有效激发了批判公共性。人们从中清醒地认识到：针对不合理现实，可以借助媒体表达平台，采取话语与交流而非暴力形式。

（一）新时评的产生及其动因分析

1. 政治原因——民主进程的推进，公开化、透明化政府逐步建立

如果说新闻事业是时评产生和发展的物质条件，那么近代政治思想的进步与活跃，则是时评产生与发展的精神条件。为什么时评与新闻事业不是同时产生并同时发展的呢？这是因为时评的产生与发展和政治思想这个精神因素有密切的关系。我国古代就有《邸报》、《京报》等原始报纸，但却没有评论，因为统治者根本就不允许"评论"。报刊上的时评文体与专制制度不相容，所以时评的产生是与民主思想的出现分不开的。

在我国，时评是伴随着资产阶级政治活动而出现的，并且随着这种政治活动的进步而进步。特别是改革开放以来，随着民主进程的不断推进，公开化、透明化政府正在逐步建立中。同时，民众意愿及权利表达在一定程度上得到了法律的保障，公平、公开、公正的舆论环境的建立，成为可

能和必然。

此外,公民社会的发展需要时评,民意的自由表达也离不开时评。在改革开放的转型期,由于法律制度还不健全,新问题、新现象、新矛盾不断出现,各种观念相互交织。"评这论那"、"议论纷纷",不同的人,对具体的新闻事件有不同的体验、不同的观察角度和不同的理解。社会乃至政府都不可能要求舆论众口一词。时评的建设性、启蒙性意见和建议,使公众不仅能通过时评解读新闻事件的意义和价值,更培养公众能多角度地理解与思考问题。这种对新问题、新矛盾的及时解析,引领公众视听,不仅体现了时评的开放和自由度,也为新时评的勃兴起到了促进作用。

2. 经济原因——新闻产品消费升级,受众需要时评文体

时评的勃兴是媒体新闻竞争日趋激烈的表现。随着新闻采集和传输方式的现代化以及互联网的推广普及,"信息的提供"已经变得越来越快捷和简易,事件性的独家新闻也越来越少。媒体的竞争已经进入"观点时代",最能体现媒体特色和水平的将是每一家报纸的"独家发言"。而时评这种短、平、快的文体,正是报纸提供观点的最佳载体。可以说,正是媒体竞争的浪潮把时评推到了风口浪尖。

另外,读者也需要时评。厚报时代,面对每份报纸几十版的信息量,读者亟须给予梳理、导航,指出某些新闻事件的来龙去脉、发展趋向等。正如"青年话题"创办时所说的那样:"对报纸读者来说,他们不仅需要好的、多的、真实的、全面的新闻报道,还需要及时的、深刻的、'说人话的'(相对于假、大、空)评论,也叫'意见表达'——读者订阅这份报纸,就希望这份报纸能说出其想说的话,更重要的是,报纸的读者已经不是单向度的纯粹接受者,他们也渴望参与,他们对报纸上登的新闻,甚至就是自己生活中的所见所闻,都有话要说——他们订阅了这份报纸,已不仅仅是为了看,也要说,也要发表,也要与不同意见者交流……"[1] 而时评

---

① 李大同:《说说〈冰点时评〉向我们的处境发问》序言,中国青年出版社 2000 年版。

操作起来简单易行，只要言之有理、言之有物即可，文本上没有过多的技巧要求，是读者表达自己观点的最佳选择。市场化有着改善话语空间的作用，受众有需要，媒体有供给，时评发展是传媒市场规律起作用的结果。

我国的传媒改革稳步向前，并向世人展示出更加开放的姿态。这就导致媒体不满足于仅充当新闻传播的"同期声"，也渴望发出自己的声音来引导读者，影响社会舆论。承担这一使命的最好载体，就是时评。报网互动更为时评的发展提供了空间。《中国青年报》"青年话题"创办初期，有部分稿件就来自"中青在线"论坛。不经意间，时评弥补了一般事件新闻的不足，拓展了新闻报道的深度，彰显了媒体个性，是新闻产品消费升级的产物。现在不少媒体提出用时评构筑媒体舆论高地的战略，正是基于这些思考。

3. 文化原因——公民素质的提升，公民文化的崛起，个性意识的觉醒

改革开放不断推进，社会的宽容度、宽松度越来越大，健康的舆论生态逐渐生成，言论空间不断扩展，公众参与评价公共事务的意识与素质日趋增强，时评的繁荣也就水到渠成。就报纸自身发展而言，其众多的版面也为时评提供了承载的空间，在以前全国报纸清一色对开四版的时代里，能像现在的许多报纸整版，甚至两个版面的时评量，真可谓是痴人说梦。

时评要发展，要兴旺发达，除来自整个社会种种客观条件外，其重要条件之一，就是离不开公民素质的提升，离不开公民文化的崛起，离不开个性意识的觉醒。其中，首先离不开那些热心撰写时评的作者和那些密切关注时评并积极参与表达的公民个体。

新时评的勃兴意味着宽松的言论氛围空前活跃，万马齐喑的时代已经过去，政通人和的大好局面正在形成。公民文化的整体提升是时评发展的重要条件。现阶段社会变迁日新月异，言论自由度加大，民众对一些新事物、新现象都可以发表自己的看法。及时、合理地评这论那，是现代法治社会中媒体义不容辞的责任，也是社会主义民主政治的应有之义。至少，时评代表了一部分人的看法和一种舆论，让这种观点得到表达，也是实现

公众"言论自由"的一个途径。另外，当前人们工作、生活节奏加快，不可能再像以往那样"一杯茶，一支烟，一张报纸看半天"，时评短、平、快的特点，正好迎合了读者的阅读需求。

4. 科技原因——网络传媒科技革新，话语平台扩大

相比传统媒体而言，网络、手机短信等新媒体则可以更快捷地传递信息。传统媒体要想挖掘优势，在时评上下工夫则更迅速、更有效。

一般而言，社会舆论的形成取决于三个方面的因素：首先，公众的个体（读者）经验；其次，新闻媒介对某事件的报道；最后才是报纸言论。尽管时评处在一场自身不占优势的竞争之中，但是，随着公共事务及个人私事日益复杂化，越来越令人应接不暇，此时，读者的个体经验常常难免过于褊狭或陈旧，他们的知识水平和思考能力也未必能够胜任对众多问题的认识和判断，特别是由于思想的惰性，使相当一部分人缺乏思考问题的自觉性。而时评应该而且可以帮助人们花较少的时间而获得较多实质性的收获。在传递信息方面，这种收获包括评论的观点、事件的背景、新闻意义，也包括评论的论题，即通过"议程设置"让读者知道哪件事是最近的新闻事件中最重要的。

随着新闻媒介的发展，以第四媒介为代表的现代新闻载体已经出现，作为"新闻灵魂"的时评被赋予更广泛的"物质基础"。当然，作为新闻评论，从形式到内容，从传播手段到效果影响，时评都会因新的社会需要而发生许多相应的变化。

（二）新时评专栏的产生与发展

1. "阅报札记"开栏成为新时评发端的标志

1996年1月12日，《南方周末》新年改版，在"时事纵横"版开办"阅报札记"专栏（后来更名为"纵横谈"），发表第一篇署名为鄢烈山的文

章《卧榻之侧怎忍他人哀号》。从此，该栏目每周推出一篇鄢烈山主笔的时评文章，直至 2001 年 4 月。

"阅报札记"这个名字已经凸显出栏目的定位：一个来自于报纸的时事评论栏目。但鄢烈山仍有自己的写作追求：重大主题，独特视角，思辨色彩，文化意味。因为有新闻由头，所以明显区别于当时盛行的杂文；因为有写作追求，所以带有鲜明的"公民写作"特点，明显有别于传统新闻评论。《鄢烈山时事评论》选辑的 76 篇"纵横谈"评论绝大多数批评的是社会阴暗面与错误思想，剩余的小部分也是对某些貌似堂皇的观点与现象提出不合"主流意见"的看法。而鄢烈山本人比较满意的《哪朝哪代〈纤夫的爱〉》、《粗制滥造的标本》、《"波尔大哥"，永别了?》、《权力资本》与《红与黑》等均是批评性评论。

1997 年 6 月 13 日的《"国耻"的耻》是一篇以古论今、以史为鉴的评论作品。作者从香港回归前夕，江苏铸钟警示国人勿忘国耻联想开来，讨论究竟何为国耻、何为历史教训。文章按历史演进秩序，分别详细地阐述了道光皇帝、洋务派、资产阶级维新派、资产阶级革命派对国耻的不同理解及其采取的不同行为，深刻说明了今天的我们一定要正确地理解国耻的意义，才能寻找到真正强国富民的道路。该文近一半的篇幅在讲述历史，却又紧紧扣住现实问题，是巧妙地运用具有现实意义的史料增强论点的说服力的佳例。

1997 年 10 月 24 日的《"波尔大哥"，永别了?》是一篇体现了鄢烈山评论"见人所未见，言人所未言"的代表作。柬埔寨红色高棉最高领导人波尔布特去世，全世界议论纷纷。波尔布特统治柬埔寨四年，推行极"左"政策，大肆进行清洗，使这个 700 万人口的国家非正常死亡人数超过 100 万人。败退山林之后，他仍然残酷地铲除异己，直到最后众叛亲离。波尔布特及其领导的红色高棉是"左"倾错误登峰造极、荼毒生灵的一个典型。但是，由于他和红色高棉与中国有千丝万缕的联系，而且他所犯的错误与中国过去的"左"倾错误极其相似，致使他的死成为一个敏感问题，中国主流报刊出于投鼠忌器的考虑，对这一问题避而不谈。鄢烈山的《"波尔大哥"，永别了？》率先在报刊上公开评论波尔布特的错误思想及行为，打破了中国报刊的沉默。这篇文章勇敢地指出，柬埔寨的灾难是极"左"路线铸就的，已经改革开放的中国要汲取教训，防止极"左"势力与思想的影响。

综观分析，"阅报札记"专栏文章与传统新闻评论有较大差别，初步具备了新时评"由事而评"、"意见广场"、"公民写作"等鲜明特征，并且在文章篇幅、刊载位置、出版周期等方面比较稳定。从这个意义上讲，"阅报札记"专栏开启了新闻时评的新时代，是新时评发端的一个重要标志。

2. "纵横谈"获得读者的空前礼遇

时评作者要想发出独特的声音，需要一种敢为天下先的勇气，它源于作者的正气、良知和社会责任感。"只有胸怀理想恪守信念的人，才会不苟且不妥协，遇事较真，必欲辩明是非而心始安；只有宁折不弯骨头硬朗的人，才会眼见不平，拍案而起。"[①]

有人评价，在鄢烈山经营的诸多评论专栏中，影响最广、最受读者喜爱的当推《南方周末》的"纵横谈"。这个以激浊扬清、针砭时弊为宗旨的时评专栏推出后，迅速获得了社会各界的关注与好评。书评家丁东评价说，其时评之所以深受普通读者的喜爱，比较突出的原因可能有这样几点："一是强烈的平民性；二是独创的勇气；三是学理的背景。"[②]

为一个布衣作家公告其健康信息，自新中国成立以来，国内报纸几乎没有这样的先例，但主笔"纵横谈"的鄢烈山获得了这样的礼遇。1997 年和 1998 年，他两度因病住院治疗，引起许多读者的强烈关注，以至于编辑部两度公告其健康信息于报端。"曾几何时，鄢氏时评的刊出或断档，竟成了政治气候变化的'晴雨表'，其为上下关注的'紧张'程度是可想而知的。"[③]

---

① 鄢烈山：《冷门话题》序言，成都出版社 1995 年版。
② 鄢烈山著，朱子庆编：《鄢烈山时事评论——纵横谈收藏版》丁东（序一），大众文艺出版社 2000 年版。
③ 朱子庆：《重大主题：一种极限言说策略——鄢烈山杂文片论》，载《唯实》2002 年第 11 期。

难怪深圳读者罗亚菲在给"纵横谈"的来信中写道："很喜欢您办的栏目及文章，给人以振奋的感觉。谢谢您的出色工作，有时，我想就算是选择自杀，也要等到周五看过了《南方周末》上您的文章，不过，看了之后，又觉得人生还是有点意义的，还是应该继续。"①

与传统新闻评论不同，"阅报札记"、"纵横谈"点燃了新时评的星星之火。之后，《中国青年报》的"求实篇"从纯杂文专栏转型为杂文化时评专栏，"冰点时评"也于1998年11月问世，国内新时评逐步兴起。

为了加强与读者的互动，《南方周末》在每期的中缝刊登"读者心中的《南方周末》"专栏，其中有不少是"纵横谈"读者的肺腑之言。虽然刊载中有所删节、编辑，但绝大多数来信仍是以原生态的面目呈献出来，给广大读者提供了强势互动平台。比如，第752期《南方周末》发表了"磁重心"与"读者群"方面的问题，后来许多读者来信讨论，很大部分读者围绕"纵横谈"展开讨论，并认为"纵横谈"是磁重心之所在。1998年，鄢烈山由于生病再次住进医院，许多读者由于好久没看到鄢的文章，便纷纷来信来电询问鄢的近况。在1999年《南方周末》推出的"元旦特刊"中，编辑部请鄢烈山写了一篇告读者的公开信《老鄢，你好吗》。信的原文写道：

> 从武汉治病归来，读到许多素不相识的读者寄来的表示关切的信件，心底不禁升起一种"冬日载阳"的感觉。读者的信任与期待就是我的"精神支柱"。长期以来，几乎每个工作日我都收到好几件（次）读者来函和来电，希望帮他们解决所遇到的难题，十分遗憾，我们无法一一回复。借此，向错爱我（们）的读者表示深深的歉疚。②

类似的正规报章上刊发一个作者的近况信息和告读者信，曾在新中国成立前的新记《大公报》时代出现过。这是一种作者与读者的互动，更体现了一个时评专栏作家在民众心目中的分量。

---

① 摘自罗亚菲1998年3月13日给《南方周末》的来信。
② 引自《南方周末》1999年1月1日。

以激浊扬清、针砭时弊为宗旨的《南方周末》时评专栏"纵横谈"影响广、读者喜爱程度高、社会各界好评多,关键在于栏目文章的质量,而这些则通过读者来信的反馈全面、生动地体现出来。

笔者从 300 封读者来信中随意抽取了 100 封,按照读者来信内容分为问候赞扬、交流探讨、批评商榷、投稿报料四大类。具体比例和主体内容如下:

类　别	篇　数	比　例	主体内容
问候赞扬类	30	30%	身体状况、表达立场、思想文笔、文化品格
交流探讨类	48	48%	热点焦点话题、重大时代主题、思想沟通交流
批评商榷类	7	7%	表达方式商榷、对《中国可以说不》的不同态度
投稿报料类	15	15%	投诉委屈、报料评论题材、投稿荐稿

通过分析得出,"纵横谈"的读者来信体现出以下几点独特之处:(1)来信作者身份多元,有工人、农民、教师、学生、公务员、公司职员以及农民工兄弟等;(2)讨论话题广泛,涉及政治、经济、文化、社会、法律等方方面面;(3)理性与感性分明,既有理性表达的,也有直白地表述自己的情感与态度的;(4)争鸣探讨风气浓厚,来信中有近一半属于交流探讨类;(5)报道与来信强势互动,《南方周末》在每期的中缝刊登"读者心中的《南方周末》"专栏,其中有不少是"纵横谈"忠实读者的肺腑之言。

"纵横谈"的读者来信也深刻地告诉我们:使鄢烈山屹立不倒的根本不是他的思想,而是他心中的那颗真诚的爱人类、爱社会之心。正是靠这颗真诚的爱人类、爱社会之心,他"发现"了永恒的"普遍真理",也正是"普遍真理"激励着他昂首前行、义无反顾。

可以说,新时评专栏的出现,推进了批判公共性的初步实现。人们从中清醒地认识到:可以借助媒体表达平台,采取话语与交流而非暴力形式进行利益诉求。"纵横谈"便是一个显例。

3. "冰点时评"等一批新时评专栏兴起

1998 年 11 月,时任《中国青年报》"冰点"专版主编的李大同在继续主编"冰点"专题版的同时，又受命创办一个每周三期的新闻版——"冰点新闻"。在这个版的办刊实践中，李大同着力突出了舆论监督与公众意见表达两个鲜明的特色，专门创立了全新的言论栏目"冰点时评"。

李大同认为，一张全国性大报，除了刊登重要的新闻，还需要有特色、受欢迎的言论。如何最大限度地满足读者（公众）通过意见传播来参与社会变革，已经是报纸最大的需求之一。为了保持对新闻事件的敏锐反应能力，"冰点时评"每周见报三次，体现出"高频率、时效性"的栏目特色。李大同把栏目定位为"对新闻事件清晰的理性判断"，并把文章的标准加以明确：低限是合国情、有道理的判断，高限是融贯民主和法治精神。

如此重要的一个重要栏目，需要一个优秀的评论编辑来主持。李大同找到总编辑，请求将时任《中国青年报》评论部评论员的马少华调至"冰点"主持"冰点时评"。

相比《南方周末》"阅报札记"每周一篇的量，"冰点时评"周期更频繁，每周三期，并有固定的位置。这为"开放式"写作提供了园地。为了提升栏目的质量和品位，马少华大规模地邀请专家、学者人群参与到时评写作中来。据马少华回忆，当时参与写作"冰点时评"的专家有着鲜明的特点：经济学者杨帆的时评特别注重社会公平和分配正义；社会学者秦晖的时评比较集中于改革过程中的公正公平问题、政府与人民的关系问题；教育学者杨东平的时评集中于环保、教育和城市建设中的文物保护问题；法学学者贺卫方的时评集中于宪政问题；历史学者蔡定剑的时评集中于法治、宪法和人民代表大会制度问题……①

这些知识精英为"冰点时评"的发展作出了重要贡献，也奠定了"冰点时评"的理性风格。

在创办初期，"冰点时评"的评论涉及面很宽，但随着时间的推移和栏目的发展，"冰点时评"渐渐抛弃了"大而全"的路线，把栏目定位于"体现民主和法治精神"，逐渐确立了自己的风格。

---

① 马少华：《我做评论编辑时联系的学者们》，马少华博客，http://msh01.blog.sohu.com/31855768.html，2007年1月31日。

　　"冰点时评"的最大特色是：每篇文章都有新闻事实作基础，然后在此基础上阐发出鲜明的现实针对性。从立法到司法到行政，从政治到经济到教育，从历史到域外到民间，从官员的义务到公民的权利，从物质的秩序到精神的空间……可以说，每篇"冰点时评"都是针对我们每位当代中国人的现实处境在发问。

　　1998年12月2日，针对洪水灾害导致3656人死亡的事实，《中国青年报》"冰点时评"发表了署名为郭光东的文章《国旗为谁而降》，第一次提出了降半旗的请求，引发社会强烈反响。

国旗为谁而降①

郭光东

　　东北的灾民早已在雪前住进了温暖的地窖子；九江大堤决口封堵处也于近日开始拆除重筑。洪灾过后，诸多善后事宜有条不紊地进行，但现在回想起来，有件事被忽略了：按照《国旗法》第十四条的规定，应为"九八"特大洪灾的死难者下半旗致哀。

　　1990年颁布的《中华人民共和国国旗法》第十四条第二款规定："发生特别重大伤亡的不幸事件或者严重自然灾害造成重大伤亡时，可以下半旗致哀。"今年我国发生洪水的河湖之多，时间之长，水位之高，损失之大，为历史罕见，更为《国旗法》颁布以来所仅有，当属"严重自然灾害"；洪灾中，人员死亡达3656人，当属"造成重大伤亡"。尽管《国旗法》对严重自然灾害造成重大伤亡时下半旗规定的只是"可以"，不是"应当"、"必须"。但如果一次灾害死亡3656人还不能适用这一法条的话，不知这一规定几时才能派上一回用场。

　　事实上，国旗不仅是国家主权和民族尊严的象征，也是民族精神和民族凝聚力的体现。而下半旗正是一种由中央政府以全体国民的名义举行的哀悼仪式。它不但能给予死难者的亲人以莫大

---

　　① 载《中国青年报》1998年12月2日。

的精神慰藉，再次体现抗洪斗争中全民族的强大凝聚力，而且更有助于增强每个公民的国家观念和爱国情感，使人真切地感受到自己是祖国大家庭的一员，从而激发为国奋斗的热情。

遗憾的是，我国还从未有过为一般民众下半旗的先例。古代的礼制，其实质是正名分，巩固等级制度。《礼记·曲礼》曰："礼不下庶人"，一直是西周以来的一条重要原则。及至现代民主政体确立，"礼"理所应当下及"庶人"，因此我国现行《国旗法》规定，除了国家重要领导人逝世应下半旗外，对国家作出杰出贡献的人、对世界和平或者人类进步事业作出杰出贡献的人逝世，以及因不幸事件、严重自然灾害造成重大伤亡时，也应或也可下半旗致哀。这项立法反映了社会进步，无疑使我国的降半旗制度走上了民主化、规范化的轨道。

但从目前实践和人们的观念看，下半旗的对象还仅限于逝世的国家重要领导人，其他几类对象尚未予以充分重视。比如，在洪灾刚过的 9 月 21 日，我国依法为不幸因病逝世的杨尚昆同志下半旗致哀；而 3656 名普通民众在洪灾中死难则几乎与此同时。

值得一提的是，就在我国洪灾前的 1998 年 6 月 3 日，德国一列高速列车出轨，酿成德国近 50 年中最惨重的铁路交通事故，100 人死亡。事故次日，德全国降半旗致哀。

两相对照，没能为 36 倍于德铁路事故死亡人数的我国洪灾死难者降半旗，我宁愿看成是有关部门的一时疏忽。倘若今后再有我们不愿其发生的重大伤亡，请切记关注《国旗法》的相关法条，以下半旗的仪式寄托全国人民的哀思，体现国家对普通公民生命的珍重。

这篇文章堪称新时评的经典之作。之后，1999 年的海军潜艇失事事故，2003 年的"非典"事件，以及频发的特大矿难和自然灾害等一次又一次的民众大量伤亡事件，五星红旗始终没有为"民众"下降过。对此，不少作者多次发表《也说"国旗为谁而降?"》、《再问"国旗为谁而降?"》、《能否为"民众"来个下半旗》等系列追问。

"冰点新闻"因舆论监督的力度及大量刊登社会有识之士生动尖锐的言论而立即受到读者欢迎,"冰点时评"很快构成了《中国青年报》的言论品牌。在这个基础上,该报于1999年11月改版时,创办了专门刊登社会各界意见的时评版——"青年话题","冰点时评"作为其中的一个王牌栏目存在至今。

自1998年《中国青年报》推出"冰点时评"之后,许多媒体开设的言论专栏,从栏目名称到文章风格,都有所效仿。一时间,以"时评"命名的栏目如雨后春笋般出现于各大报纸:《文汇报》创"文汇时评",《北京青年报》、《北京晚报》先后设"热点时评",《长江日报》办"今日时评",《南方周末》在头版辟"方舟时评"……这些时评栏目深受欢迎,一改以往新闻评论少有读者问津的局面,从而发挥了时评在反映和引导舆论方面应有的威力和魅力。

现实表明,"冰点时评"是目前中国传媒界影响力最大的时评专栏之一。该专栏于2001年获得"第二届中国新闻名专栏奖",其文章被频繁转载于各大媒体,在读者中有良好的口碑。

(三) 新时评专栏在推进公共领域建构中发挥的主要作用:批判公共性的有效激发

公共领域内虽然运行机制和运作理念有别,但有一个基本的共同点:具有批判的公共性。在某种意义上,它们是为修正或改变某些不合理的规则而存在,这种不合理不是针对个体,而是具有一种普遍性,个体的利益受损必然对其他成员的利益带来潜在威胁,由此而具有一种对政治的批判和监督功能,当他们提出修改意见时,必须对通过个人或公共决策而制定的针对他们的决策的不合理之处指明无误,从而提供一种维护或者改变现状的合法性。然而,这种批判却是以话语和交往为手段的,而不是通过暴力。比如一些地方的农民维权就是由用暴力反对侵害发展到设立"农民维权协会"的,然后用协商、谈判、呼吁等温和手段来解决问题。新时评专栏"纵横谈"在推进公共领域建构中,正是通过"批判的公共性"实现对不合理现实的表达和呼吁。

1.《粗制滥造的标本》——对"中国人可以说不"的质疑

前些年,以《中国可以说"不"》一书为代表,一股非理性的民族主义情绪高涨。这股思潮由于是在"爱国"、"民族主义"等崇高的字眼下涌起,影响了很多人的判断力。书中几乎每一页都带着浓厚的情绪化色彩,诸如"敲打日本,在必要时用力敲打日本是重要的";"台湾问题就是中国的'私处'";"应在民众中号召抵制美国货,不看美国电影,不吃美国的小麦和大米"……

这种非理性的"民粹式"思维,在草根阶层中不断蔓延。1996 年 8 月 23 日,首先以时评来给这股盲目自大的思潮注射清醒剂的是鄢烈山的《粗制滥造的标本》。当时,为这本《中国可以说"不"》叫好的声音铺天盖地,《南方周末》也刊发了基本上是"正面宣传"它的长篇报道。基于对《南方周末》"雅量"的信任,鄢烈山在"时事纵横"版的"阅报札记"栏目撰写了这篇"与本报报道唱反调"的经典时评,以抵制"民族主义"狂潮带来的非理性光荣。

粗制滥造的标本[①]

鄢烈山

马克·吐温的小说《哈克·贝里芬历险记》写到一个小镇上的人们,上了几个跑江湖的"莎剧演员"的当,走出剧场纷纷称赞演出水平高,意在让大伙儿都当一回傻瓜,彼此"扯平"。我掏 19.80 元买了一本正走红的《中国可以说"不"》,不怕独得傻瓜之名,讲一讲读后的真实感受:这是一本粗制滥造、根本不够出版水准的"畅销书"。版权页标明这本书是今年 5 月第 1 版,内文

---

① 载《南方周末》1996 年 8 月 23 日。

中写到今年 4 月 24 日的电视新闻（第 99 页），可见这本书是怎样以大跃进的速度写作并通过三审的！所论的是极其严肃的外交政治问题，而所取的是极其轻率浮躁的态度。

书中的"低级错误"（字面上的显然的错谬，若是作者语文基础太差，责编和主审应予订正的）比比皆是。例如目录中的"漫（蔓）延"、"仗义直（执）言"，"结缔（?）龙魂"，不是明显的别字，就是半通不通的生造。内文中，诸如"一惯（贯）"、"锻练（炼）"、"中国有句古语，叫做'读史可以明鉴。'意思是说读历史和照镜子差不多"。这类错误不断出现，真叫人为中国的出版界脸红：当代中国无人，还不至于要这样的滥竽充数吧？

再看选材和谋篇布局这个层面上。作者们显然是在模仿苏晓康的"抒情政论体"，但是看不出有什么章法，信口开河，想到哪里写到哪里；特别是 5 个作者互相重复之处甚多，读了前面两人的，后面三人的根本不用翻，很像时下开会作指示，主要负责人讲过之后，坐主席台的轮流"补充几句"，大多是"正确的废话"。著书立说不比官场作秀，也毕竟与"大一生"们在宿舍熄灯后的"卧谈"不同！

更令人难以容忍的是思想内容上的混乱。不错，作者表达了中国青年对企图制造台湾和西藏"独立"等侵犯中国主权的反华行径的强烈不满，但这只是中国人（除了汉奸）共有的基本的爱国情感，并不能成为作者宣扬别的错误观点的挡箭牌。

什么叫"中国可以说'不'"? 这话的潜台词是，中国现在能够说"不"了却由于怯弱或别的原因而没有说"不"。中国不是日本，新中国成立以来，从来没有当过谁的附庸，根本不存在可不可以的问题。抗美援朝、援越抗美、支持"民柬"……中国什么时候在美国面前服过软？作者说我们过去"太多好说好商量"，这"过去"无疑是指对外开放的近 18 年。难道只有闭关锁国，像从前那样"对着干"才是维护国家主权？作者动辄主张"在民众中号召抵制美国货，不看美国电影"，"不去买这些国家的商品"，这些幼稚的主意，我们早已实践过，这是一条与中国的现代化目标背道而驰的绝路。

我们需要树立民族自尊心和民族自豪感，但是不需要古老而愚妄的"世界中心"观念和文化沙文主义。几位作者以令人生厌的夸张的口吻侈谈中国有五千年的历史，而鄙视人家是"没有底蕴的民族"，诅咒人家"被人类文明抛弃"、"完蛋"，十足一副小儿骂架的腔调。最荒谬的是：谁不知日本的现代化始于向西方学习的"明治维新"？作者却宣称"日本民族飞黄腾达的内在之核实则是：孔孟之道"！一个作者说"随着西方神话的破灭，取而代之的是东方文明的复兴"，另一个说中国思想"将成为领导未来人类思潮的唯一动力"。这是否自大狂？世界进步的趋势只能是多元文化的共存与互补；中华民族尚未沦落到要自己的儿女拍马屁的田地！

大约是当"红小兵"的童年时代所受的关于"世界革命"的思想教育扎根太深，以致作者颇为不满我国在汲取教训后"决不当头"的外交战略，质问"为什么，我们不可以争取做世界势力的积极领导者和强大斡旋者？"作者说"那些战后世界革命橱窗式的中小国家，如越南、古巴、南非和正在诞生的巴勒斯坦，皆以巨大的善意和真诚的热情寄予中国以希望。上述国家可谓说（读这样的句子真像吃沙子——笔者）代表了第三世界的民意。"越南且不说了，中国人一向以德报怨；古巴在中苏不和时偏向谁也不说了；这南非至今还只承认"中华民国"，而与中华人民共和国没有邦交呢！这些小子明白他们在说什么吗？

作者宋强说："我以崇敬的心情看到伊朗革命，它以极端的形式再现了我们父辈的不屈精神。我以崇敬的心情看到圣战者的牺牲，它以严肃的人生告诫我们中国青年要对自己加以警策。"这段话虽然有点别扭（霍梅尼领导的伊斯兰原教旨主义的革命意味着什么，我不敢妄加评议，万一像写《撒旦诗篇》的拉什迪，因冒犯了人家而被在世界范围内追杀可不是好玩的；"圣战者"们再现的怎么是"我们父辈的不屈精神"?），但我能从中得到一条明白的信息：中国若再发动一次"文化大革命"，并不是没有拥护者和参加者的。

从文中可以看出，作者对《中国可以说"不"》一书煽动狂热的民族主义的论述进行了有理有据的批判，以告诫国人始终保持清醒的大脑，不能盲目自大，而要正确认识当代中国的国情，科学推进中国的现代化进程。

有不少人认为，鄢烈山的《粗》文，对当下正深受国人喜爱的《中国可以说"不"》这本书大加批评，此举无视宏旨，过于苛责。甚至，还有人将他"定罪"为"汉奸"、"民族败类"。起因自然是《中国可以说"不"》出版后，鄢烈山的《粗制滥造的标本》扫了他们的兴。不管文章观点如何，但其关注社会热点问题，言人所未言的精神显然是值得肯定的。后来，关于这场"争论"，鄢烈山写了《噩梦重温》、《两种爱国主义》、《在绝对正确的爱国之上》等5篇文章回应。

笔者对鄢烈山以真名主笔新时期中国首个时评专栏——《南方周末》"纵横谈"（起初叫"阅报札记"）期间（1996—1998）的部分读者来信进行了分析。在选取的100封来信中，有48封属于交流探讨类的。其中关于《中国可以说"不"》的探讨就有数十封之多。个别读者说《粗》文是"鸡蛋里挑骨头"。当然，更多读者赞同鄢烈山的观点和表达。广州退休干部丘杰写道："读贵报8月23日刊登的《粗制滥造的标本》一文的同时，我在外地借阅了《中国可以说"不"》一书。现已看完。我同意鄢烈山同志的看法。别的我不想说，只想从字面上的显然错谬谈点意见。为避免授人以柄，我搞了一份《勘误表》，现附上供参考。"① 这位老读者共列出了215处错误，以表示对鄢文的支持。

《粗》文是理性思考的产物，与其说该文是在批判写作的粗糙，不如说

---

① 丘杰1996年9月15日给《南方周末》的来信。

是在批判思考的粗糙。盲目的民族化、情绪化表达对于社会发展没有任何益处。正是因为该文引发了强烈的社会反思，《中学语文教学参考》1997年第6期对该文进行了全文转载。

2. 《哀小丹》——对应试教育的批评

21世纪是科技高度发展、国际经济与社会竞争异常激烈的时期，也是国民素质竞争的一个重要时期。在经济持续增长的同时，我国的教育问题却没有得到很好的解决，出现了许多"教育危机"。这些危机使我们痛苦地反省和反思：我们的教育怎么了？我们的教育在干什么？我们究竟是要培育栋梁之材，还是制造考试机器？这些问题的出现使得"素质教育"一词被提出来。

1997年2月20日，贵阳某中学初二学生小丹趁父母不在家时喝"敌敌畏"了结了14岁的生命。最重要原因就是学校老师把他打入了"差生行列"，并且他的成绩单和假期作业没有通过检查。

一个年轻的生命的结束，出自一个非常微不足道的原因，仅仅是因为没有交成绩单和补课本，仅仅是因为被打入了"差生行列"。这引发了社会广泛关注。3月14日"纵横谈"刊载的《哀小丹》便对这一事件折射出的应试教育弊端进行猛烈批评。

《哀》文质问：孩子到底为谁念书？那只把小丹们推向绝路的看不见的手，是谁在操纵？我问苍天，苍天无言；我问大地，大地无语。天覆地载的各色人等，该对这样的惨剧负什么责？

文中还写道："我有一个心愿：但愿小丹的死不是仅仅在历年一长串枉死少年的名字上新添一个而已，但愿他的死会唤醒国人麻木的心，痛下决心革除教育领域害人误国的积弊。"

试想，如果学校有一个令人鼓舞的、乐观的、温暖的环境，如果教育强调的是培养和发展身心健康，而不是成绩、升学率，学校何以会如此冷酷？教育何以会如此无情？显然，《哀》文鲜明地指出了"应试教育"这个当时被众多人忽视的社会问题，并给予了无情批判。这也为素质教育的拓展树立了舆论先锋。

素质教育是一种境界，一种整体风貌，是一种完整人格的养成。从本质上看，素质包括气质、精神、情怀、品位、人格等多方面的内涵。它需要相应的教育境界的长期濡化，需要一种真诚、公正、平等、友爱的教育氛围才能养成。而这正是应试教育中所缺乏的。

正因如此，《哀》文被收录至 1999 年 4 月中国社会科学出版社出版的《教育：我们有话要说》（杨东平主编）一书中。

3. 《"权力资本"》、《"市长经济"》等——对权钱交易、政企不分的批判

腐败行为只是一种现象，它的本质是权力资本。权力资本是一种变态资本，是在社会主义公有制基础上生长起来的资本的特殊形态。

权力资本化的现象曾广泛出现在南美洲、印度尼西亚、俄罗斯等一些国家和地区，对这些国家和地区的长远经济发展造成了很大损伤。向市场经济转轨的国家，由于市场发育不成熟，市场法规和管理机制不完善，或多或少会出现政治权力与经济权力勾结，利用市场体制缺陷和管理不规范，设定市场游戏准则、垄断一定的资源、盗窃公共财产、实现权力资本的价值增值并损害公共利益的腐败现象。如何解决这样的问题，我们是要一个权力资本化下的市场经济还是法治的市场经济？答案不言而喻。

虽然权力转化为资本是一种黑色经济，其本质上与人民、与国家不相容，另外，政企不分往往是导致权力资本的一个重要原因，但写文章直接对这类现象给予批评的较少。鄢烈山的《"权力资本"》（1997 年 3 月 21 日）、《"市长经济"》（1997 年 5 月 23 日）等文则是很好的个案。

《权》文指出，对于疯狂的"权力资本"的危害性，是不用多说的。其破坏党风、政风和民风，妨害社会主义市场经济秩序的建立都是不言而喻的。"铲除的根本途径是推进改革。"

《市》文公开质问：为什么"政企分开"喊了这么多年，就是分不开？一些行政部门维护和扩大其既得利益，置经济建设的大局和民族根本利益

于不顾，对企业的不正当干预（所谓"三乱"）变本加厉。政府的这个"准企业性"难道不是地方主义、地方保护主义猖獗的一个重要原因吗？

资本原始积累在中国，在很大程度上就是一个国有资产流失的过程，就是公有资产不断地转变为私有的过程。在从计划经济转型市场经济、公有经济转型混合制经济的历程中，权力资本一直参与其中，不断导致国有资产大量流失。同时，"权力资本腐败"使暴富了的"有权人"和"有钱人"结成了"生死利益的同盟"，在一些地区或领域已经形成了气候，成为一股能左右地方动向的势力。这就使社会反腐败斗争的难度大大增加，有不少案件本来明明是省、市自己就可处理的，然而非得要中央出面查处不可，社会反腐败的"成本"随着"权力资本腐败"的出现而大幅提高。"纵横谈"对权钱交易、政企不分的批判正是表达了大多数公众的普遍声音。

4. 《人权：人的权利》——对侵犯人权行为的谴责，对人权改善状况的期待

"人权"并不是中国文化中的概念，而是外来的一个关于人的概念。但是，在中国的历史上，很多人都在讨论人的问题，可大都集中在研究人性的问题，反复讨论人性到底是善还是恶，但很少有人认真地探讨过有关"Human Right"的问题。比如《礼记·礼运》中就这样说道：故人者，天地之德，阴阳之交，鬼神之会，五行之秀气也。故人者，天地之心也，五行之端也，食味，别声，被色，而生者也。而《说文》中也说：人，天地之性最贵者也。

人权强调个人的权利、价值和尊严，强调人格的平等待遇；强调个人的首创精神、个人的才智和潜能的发挥；人权保障既是个人得以幸福的前提，也是社会得以发展进步的前提。

针对 1998 年 10 月 5 日我国常驻联合国代表秦华孙代表中国政府正式签署《公民权利和政治权利国际公约》，鄢烈山及时发言，阐述人权对于普通民众的重要性。文章指出："这是中国人民政治生活中的一件大事，它既是我国民主建设和社会进步的一个里程碑，也是'中国政府庄严承诺，促进

和保护人权和基本自由'的真诚意愿的有力显示。"

其实，每个人都包含着一切人的价值；个人的贬值就是人类的贬值。没有个人尊严，就无人类尊严；若存在侵犯个人权利而不受制裁，就无人权可言。西方有一句谚语，"对一个人的不公是对所有人的威胁"，摧毁个人就是摧毁人类的第一步。

鄢烈山在文章最后写道："改革开放 20 年来，我国人权状况的改善是有目共睹的，但我们的人权状况还有很多课题有待解决，这只能是一个渐进的过程。"

他的期待又何尝不是所有中国人的期待。保护人权是政府的工作，也是制度的任务，是别人的义务，更是自己的权利。法律产生"人的权利"，但法律并不能产生"人权"。"人权"是高于一切法律与制度、体系的"作为人的权利"。不同制度下生活的人，都应该享有同样的、不可剥夺的"作为人的权利"。人类为争取人权的脚步永远不会停止，但这必然是一个"渐进的过程"。

（四）本阶段时评运作人代表：鄢烈山

鄢烈山，1952 年出生，湖北仙桃人，当过社员、教师、政府公务员。1984 年开始评论和杂文写作，1986 年投身新闻界，现为南方报业传媒集团高级编辑，《南方周末》总编助理。已出版《中国的羞愧》、《早春的感动》等著作十七种。2004 年，以时评杂文集《一个人的经典》问鼎中国文坛的最高奖——鲁迅文学奖，他因此成为"第三届鲁迅文学奖"唯一的杂文获奖作家。

1."鄢烈山现象"——中国新时评专栏的开拓者

1982 年，北京师范大学毕业，分配到武汉，成为机关公务员。

1984 年，开始杂文、评论写作，随后进入《武汉晚报》、《长江日报》，担任评论编辑，开启杂文、评论写作的职业生涯。

1996 年，任职于《南方周末》。

1996—2001 年，鄢烈山连续 5 年在《南方周末》撰写时评专栏。这些评论文章，皆以针砭时弊、呼唤公民权利意识为宗旨。在那个社会情绪复杂的年代，鄢烈山的时事评论产生的影响在全国一时无双，也使他个人获得了极大的声誉。

鄢烈山是近年来一名活跃于中国新闻界颇有影响力的评论作者，他自认为是个现实的理想主义者，愿做公民权利的捍卫者，不愿做任何意义上的殉道者。自 1985 年在《湖北日报》"大家谈"专栏发表第一篇评论《最佳配角》以来，鄢烈山近 20 年笔耕不倦，每年撰写百余篇评论，作品广布《南方周末》、《文汇报》、《中国青年报》、《中国经济时报》、《法制日报》等报刊，是新时期中国报刊新锐评论作者的重要代表。在长期的媒体工作中，鄢烈山积累了丰富的专栏评论写作经历。

1996—2001 年 4 月的五年多时间里，编辑《南方周末》"时事纵横"版的同时，撰写每周一篇的"纵横谈"，是鄢烈山的半职务行为。在鄢烈山的精心经营下，这个创办之初并不起眼的时评专栏，表现出强烈的平民性，发出独创的声音，显示出深厚的底蕴，在不长的时间里，引起大家的热切关注。鄢烈山的名声因此达到了顶点。

鄢烈山杂文、时评的名声远播海内外，这种名声也是"鄢烈山现象"形成的前提之一，但它同样不是"鄢烈山现象"的主要成因。

优秀的报人打造优秀的报纸，优秀的报纸成就优秀的报人。《南方周末》为鄢烈山提供了一展身手的平台，鄢烈山也以个人的努力为《南方周末》增添了光彩。

鄢烈山的杂文、时评创作多次被写进文学史教材。《二十世纪中国杂文史》（姚春树、袁勇麟著）就辟专节介绍鄢烈山杂文，《中国当代文学发展史》（金汉主编）也把鄢烈山作为新生代杂文的代表作家来介绍。这些是学术界对鄢烈山及其杂文创作的肯定和认可，鄢烈山由此而进入了当代文学史的叙述之中。

创作数量和名声显然不是"鄢烈山现象"的主要成因。"鄢烈山现象"

的主要成因同样需要从社会文化层面去寻找。

2004 年，鄢烈山被《南方人物周刊》评为"影响中国的公共知识分子50 人"之一。这次人物评选的标准为：一是具有学术背景和专业素质的知识者；二是对社会进言并参与公共事务的行动者；三是具有批判精神和道义担当的理想者。这种评选具有民间性质，体现的是正在成长的民间力量的价值取向和目标追求。

2004 年，他荣获"第三届鲁迅文学奖"散文杂文奖。这个奖项由文学界有影响的作家、批评家、专家学者联合评出，同时又以中国作协这个权威文学机构的名义颁发，从中可以看出文学界、知识界和权威机构对鄢烈山的共同认可。

有人撰文指出，"鄢烈山现象"的根本意义在于："在这个新旧交替、破坏与建设并行的时代，都争相行使自己发言的权利，或者依托代言人来表达自己的心声。这种多元共生、众声喧哗的话语实践，是我们这个时代和社会的巨大进步，是改革开放的最好成果之一，其中伴随着激情、进取、满足，也包含着痛苦、迷茫、徘徊。"①

2. "烈山形象"——牢骚要发，但信心不能动摇

世界的大趋势是思想在进步，中国也在进步。社会进步是一种合力，也是一个循序渐进的过程。但在鄢烈山看来，科技的推动作用是任何社会活动家、思想家和单个政治家号召力的作用所难以比拟的。比如，网络媒体形成的社会舆论，已经代表了一种很大的进步力量。可以说，它为公民意见表达提供了一个很好的平台，推动了很多社会事件的进展。孙志刚事件、刘涌案、嘉禾拆迁事件等，都很好地证明了这种新兴社会舆论工具的强大力量。

面对种种公民表达权利难以实现的现实，发发牢骚显然是可以理解的。但他相信，随着政治改革的推进，民主力量的壮大，将会有更多的人加入

---

① 刘小平：《"鄢烈山现象"的形成及其意义》，载《学术研究》2006 年 10 月。

到这个行业中来。在当前的媒介竞争中，人才竞争的重要性显而易见。而在有关传媒人才的统计中，新闻评论人才的缺乏是人们有目共睹的。

如何才能做一个合格的评论人？鄢烈山坦言，新闻评论人才应具备四种基本素质：

一是悟性，主要包括人的天资和思考习惯；二是知识积累，这就要多读书，最好是要能有一门专长，能够把这个领域的问题分析到位；三是生活体验，因为生活经历越丰富，观察、思考、分析问题也就越透彻；四是良知，这其实就是一个价值观的问题，主要包括价值取向和表达立场两方面。四个方面缺一不可。

关于写作的技巧，包括结构手法、语言修辞等，各人禀赋不同，各逞其能，本无定式。有争议的是，时评是否需要贯注以情感。在这一点上，鄢烈山的态度很明确："我是相信情感因素的。"他说，文要直指人心、打动人心，必须有情，情理交融。梁启超的时评为什么能打动人？人皆有七情（喜、怒、哀、惧、爱、恶、欲），精神上相通；正是因为梁启超对中国现实的深切忧惧与对变法图存的热切期盼，便能打动每个尚有感知的中国人的心。

3. "烈山印象"——"再克隆几个鄢烈山"

在新时期的中国时评界，时评作品能表现出自己的个性，并以这种个性在读者心目中建立起公信力的人，数量并不多，鄢烈山算是其中之一。

2004年，中国人民大学新闻系硕士生赵刚撰文指出，鄢烈山的"纵横谈"专栏评论的个性特征主要有以下三点："第一，强烈的批判性，积极提倡'公民写作'；第二，独特的勇气，选题立论触及'雷区'；第三，深厚的学养，纵论古今增强说服力。"[①]

鄢烈山对自己作品的总结是："我写时评的追求是：重大主题，独特视角，思辨色彩，文化意味。"

---

① 赵刚：《鄢烈山与"纵横谈"》，http://column.bokee.com/print.84746.html，2004年8月17日。

在写作中，鄢烈山是一个个性张扬的文人，但在生活中，他是一个朴实的学者，更是一个低调的杂文大家和时评大家。人们只知道"鄢烈山"这个响亮的名字，但很少人知道他的个人经历，也很少人知道他的长相。

鄢烈山认为，时评是公民写作，公民按照宪法和法律规定表达言论自由和社会意见。时评的兴起最直接的表现是公民想讲话，最本质的是政治民主化的强烈要求，这也体现了公民的政治参与意识。

之所以把自己定位为"公民"，鄢烈山对公民写作也有新的认识。他清醒地意识到，自己是作为共和国的一个公民在写作，就必须有自觉的权利意识、平等意识和社会责任感……"我手写我心"，是"我"的权利和义务。

"我"不比谁高尚，没有布道者的道德优越感，并不想居高临下地教诲任何人；也不比谁高明，既不想做"王者师"，也不想当启蒙塾师。"我"只是一个公民，是我所是，非我所非。

"我"不比谁卑贱，一不稀罕待诏金马门"代圣上立言"的恩宠；二不想要"文死谏"留名青史的虚荣，更不是出入廊庙供主子解闷的优伶或奉旨骂人的家奴阉宦。"我"只是一个现代社会的公民，思我所见，言我所想。

"我"不是当权派，也不是反对派，没有"彼可取而代之"的志趣，不愿跟着别人的指挥棒做"合唱"队员，也不想存心搅局与谁过不去。"我"只是一个公民，自认为依法享有个人权利的自由人，眼里容不得沙子，心里憋不住疑问……①

鄢烈山很欣赏马丁·路德的一句话，"我们的生命终止于我们对要紧事物沉默之时"。他甚至把这句话用到了他的新书《丢脸》的封面夹页上。如果说马丁·路德的一生是为此而活着，那么鄢烈山先生也是为了"思维"和"关注"而活。难怪鄢烈山曾说："写这些多少对现实有所针砭的文字，不在乎它天长地久，只表示我曾活过，是一个渴望有思维有尊严感的人。"

长期以来，鄢烈山都是一个备受社会、读者关注的杂文家、时评家，著名都市文学作家池莉说："再克隆几个鄢烈山吧。"即便鄢烈山个人不是中国思想者的象征，但至少他代表着一群"关注民生、为民分忧"的中国

---

① 鄢烈山：《21 世纪的"新乐府"——我的"时评"观》，载《青年记者》2004 年 9 月。

公民所走过的一行足迹和发出的一点声音。我们希望也期待这个逐步走向开放、宽容的社会能够真的缔造出更多的"鄢烈山"们！

（五）本章小结

改革开放以来，特别是近十年来，我国正经历着前所未有的、广泛而深刻的社会变革，民众的生活发生了重大变化。与此同时，民众的思想和情绪十分活跃，多种疑点、难点甚至引人焦虑的问题接踵而至，迫切需要媒体特别是时评予以引导、启迪，甚至帮助解答。在这种形势下，报刊时评不得不重视从时事、从生活、从身边挖掘评论选题。一种相对稳定、相对活泼，与社论、评论员文章有很大不同的时评专栏应运而生。

时代的变迁给了新时评应运而生的土壤。新旧体制的交替，带来了社会方方面面的剧烈变动，也使得我们认识世界的过程当中增加了许多不确定性，这种社会现实要求我们的媒体应该更加贴近时代、贴近生活，以有助于我们认识这些社会变动的意义和实质。毫无疑问，"阅报札记"、"冰点时评"的成功就是因为顺应了这种时代和社会的需要。

"阅报札记"、"冰点时评"等新时评专栏的产生和发展，是群众性专栏评论发展到一定程度的结果。它们开口较小，往往以某些新闻事实或社会现象为由头生发议论，以利于使所谈话题具体实在、针对性强、思想性突出。

作为言论的一个重要形态，新时评专栏使得时评选题的公共性和时评表达的群众性特征得到了重大拓展，使得意见性信息的发出者与接收者的范围空前扩大。媒体在满足民众知晓权的同时，也满足了民众的话语权。公众开口说话，并借助时评专栏发言，有效地激发了媒体批评的公共性，也激发了更多民众参与到媒体表达中来。这对推进公共领域建构发挥着不可估量的作用。

值得一提的是，类似"冰点时评"这样的品牌时评专栏，不仅是一个版面的亮点，也是一份报纸的重要支点。要让亮点亮起来，支点支起来，就要增强品牌意识,精心培育品牌栏目。品牌专栏不仅会在推进社会民主进步中发挥着重要作用,还会为未来时评专版的大胆尝试提供基础和依据。

实践表明,新时评专栏的"固定性"为公民表达提供了一定的平台,但这种"单一性"栏目格局在公共话题的观点争锋、思想碰撞等方面会受到版面的制约。当新时评专栏发展相对成熟时,公民表达的声音会越来越强烈,受众对观点的需求也会越来越迫切,新时评专版便呼之欲出。

三 新时评专版的发展与"自治"精神
逐渐培育（1999—2001）

1999 年，《中国青年报》率先开辟时评专版——"青年话题"，开创了中国现代媒体设立独立评论版的历史。时评从"栏"发展为"版"，有着深刻的社会意义和理论意义。时评专版一方面发挥了整合集约的优势，联合起分散的力量，能更强势地吸引人们的眼球，成为一份报纸的言论旗舰，为报纸赢得声誉；另一方面有利于开辟一片思想和观念交锋的园地，打造一个具有理性批判精神的公共话语平台。这引发了时评的群言之势，也利于促进"自治"精神的逐渐培育。

（一）新时评专版的孕育

1.《深圳特区报》"群言"版

中国较早开办的报纸"言论版"雏形，是 1998 年 9 月 4 日《深圳特区报》的"群言"专版。这个最初设在第 18 版上半版（后移至第 10 版）的言论版设置了多个评论栏目。第 1 期"群言"《致读者》中写道：

> 《群言》专版与广大读者见面了，《群言》的宗旨是贴近现实，贴近生活，贴近群众，贴近读者，关心时政，弘扬正气，针砭时弊，鞭挞丑恶。《群言》关注群众生活中的热点、难点、焦点、亮点，关注群众所思、所想、所为，关注最新发生的政治、经济、社会事件。《群言》乐于传达群众声音，欢迎短小精悍、尖锐泼

辣、生动活泼、实话实说、风格多样的言论文章。

"群言"共设置"百姓聚焦"、"有话就说"、"百家杂谈"、"针芒"、"新语丝"等栏目，其中"百姓聚焦"文章类似于时评，刊登的第一篇文章为千里冰的《合乎时势的变革》；"有话就说"是一个集纳式言论专栏，最早一期的话题是"抗洪救灾"，多为普通读者的来稿且文章一般都比较短小精悍，后来的"有话直说"一般保持每期发表4篇左右的小言论；"百家杂谈"的文章多为杂文，不强调时效性，写法上更具辛辣、讽刺文艺性特征鲜明，首篇文章发表的是由童叟所作的《好话难听》。

作为一个开放式的言论专版，"群言"上的文章基本来自媒介之外人士的投稿，发表时均注明作者姓名、单位或简要住址。在选题上，"百姓聚焦"专栏和每期3篇零散的评论由于作者来自全国各地，关注的视野较为开阔，而"有话就说"主要是讨论深圳百姓关注的话题，与媒体的目标读者在地域上、利益上和心理上更为接近。

该言论版主要是一种观点的集纳与呈现，基本不具备"交流与争鸣"的特征。"群言"最初的探索，使我国的新闻评论由耕耘评论"绿地"向搭建言论"平台"迈出了可喜的一步。

2.《商务早报》"成都评说"版

与《深圳都市报》"群言"版几乎同时出现的时评版还有原《商务早报》（后更名为《成都晚报》）。1998年10月，《商务早报》在创刊之初便开办了一个一周两期的评论专版"成都评说"。"成都评说"虽然属于时评性质，但版名并不叫时评。该版面由副刊编辑部负责编辑，在内容策划和操作程序上与《商务早报》新闻板块缺乏有机联系和互动，造成"两层皮"的现象。2001年7月，原《商务早报》合并改组为《成都晚报》后，"成都评说"名称改为"评说"。"评说"在2001年7月至2002年年底曾有过一段鼎盛期，虽然不能保证每天都有版面见报，但每期"评说"都有两个版：一个是国际时事评论版，叫"评说（前）"；一个是国内时事评论版，叫"评说（后）"。"评说"所发表文章全部为来论，因此比较缺乏对本报立场的表达，即便有部分文章由报社同人所作，也完全是以个人身份。粗具时评版格局的"评说"深受广大读者的喜爱，"评说"版在四川省多次获得新闻奖和副刊奖。

2003年，由搜狐网与《南方周末》主办、数十家媒体合办的"2003全国首届时评评选活动"中，"评说"版刊载的署名为曹林的时评文章《孙志刚案还能走多远》获得一等奖。

2006年3月15日，《成都晚报》成立了新闻评论部，开办了"锦江评论"专版，并放入新闻叠中。该版以"理性、主流、影响力"为口号，由朱达志担任首任主编。"锦江评论"发刊词《以主流影响当下，以善意构筑和谐》中这样写道：

> 在中国快速发展、人心思定、建设社会主义和谐社会的当下，作为社会公器的时评，尤其需要遵循理性和建设性这两大基本原则。我们的时评拒绝简单的情绪宣泄，主张在理性批判的基础上达成建设之目的，同时要反映社会发展的主流方向，遵从当下的主流价值秩序。

原"评说"随即转型为纯粹的副刊杂文版，专发更有文本价值和更具阅读快感的杂文和随笔。新的"锦江评论"版内容一般情况下包括：每期一篇评论员文章，绝大部分系针对当天或前一天见报的本报新闻的评论；两篇专栏；若干篇来论或来信。

"群言"和"评说"，在中国社会转型的大背景下率先诞生，并以其独特的方式和强大的生命力点燃了新时期时评的星星之火，拉开了新时评勃兴的帷幕。但《深圳特区报》和《商务早报》毕竟只是区域性报纸，影响力有限。面对新时评复兴，公民表达欲望增强的大好趋势，新时评专版发展的重任注定需要一些具有全国性影响的中央媒体来担当，而《中国青年报》正好抓住了这个历史机遇。

（二）新时评专版的产生与发展

1.《中国青年报》"青年话题"开创时评专版先河

《中国青年报》"青年话题"在中国评论界的地位有目共睹。然而，"青年话题"的创设之路并非一路平坦。

1999年9月，中国青年报社发通知说"报纸将进行全新改版"，提出"老版面淘汰，新版面出现"的方向，呼吁采编人员发挥主观能动性和创造性，写版面策划方案。

据"青年话题"创始人之一的马少华回忆，"青年话题"的创办，一开始就是一个"私人密谋"。当时，两位才华横溢的年轻人——"社会周刊"的李方、摄影部的晋永权在报纸改版时找到时任评论员的马少华商议此事："我们一起'竞标'创造一个言论版怎样？"此前，该报的吕彤也曾提出过"办言论版"的想法，但被领导认为"风险大"而遭否定。后来，吕彤离开了《中国青年报》，去了联想公司，没有延续"办言论版"的追求。

为了使改版策划方案通过，李方、马少华等尝试弱化言论版的名称。这一建议被报社编委会采纳。不久，他们的言论版策划方案竞选成功，争取多年的言论版终于有了"出生证"。

但是，版面的名字又成了困扰他们的大事。李方、马少华等提出以"观点"、"声音"等作为版名，不想限制在"青年"范围之内，可领导不同意。于是，经过多方商议，最终确定为"青年话题"。马少华称："这是妥协的产物。"

1999年11月1日，《中国青年报》"青年话题"时评专版正式与读者见面。李方担任首任主编。这期一共刊登了4篇文章，头条是一篇配有照片的《解剖"恐韩症"》，版面下方是一篇"学者观点"《在民族主义表象的背后》，版面右侧放的是从"冰点"版移至该版的"冰点时评"，刊载的是时任该报评论员、编辑的马少华撰写的《思想的顾客》。另一篇小稿是"青年话题"编辑室策划、马少华执笔的《倾听》。《倾听》其实就是"青年话题"

的发刊词。该文这样写道：

> "青年话题"是一个发表意见的场所，一只张开听您说话的耳朵。无论是脱口而出，还是深思熟虑，我们欢迎不拘形式、不论长短的观点和意见。关键是"不同"。"不同"的价值在于，它不仅仅包含着思想解放和论争的正当秩序，包含着新闻媒介求新求异的运作规律，更重要的意义是：思想进步可能就孕育在"不同"之中，而相同只能使我们停在原地。

"不同"是马少华当时坚持的提法，也是"青年话题"编辑们共同的理念。为此，"青年话题"专门设立"不同观点"栏目。这比后来报刊上涌现的"争鸣"、"观点碰撞"等论争性栏目更有前瞻性，并且"不同"的内涵比"争鸣"、"观点碰撞"等更本质，也更朴素。"'不同'几乎是绝对的。它本身就是一种绝对的价值。而'争鸣'，'观点碰撞'等则只是对栏目内容的描述。我们的国家和社会，已经经历了太多的'相同'，还从没有发现'不同'是有着积极价值的。"①

自创办时起，"青年话题"的定位就是"意见广场"，特别强调声源的"广众性"。"青年话题"几乎从不刻意把作者引导到某个话题上来，一切由作者自己去发现、议论。"编辑的任务，就是在众多来稿中，努力去发现，哪些话题真正值得议论，哪些文章有见地。在这里，编辑做的工作就像照相，不是用'加法'，而是用'减法'，这样，真正有价值的文字，真正能够'记录历史，催生未来'的文字，就在编辑的筛选下自然而然地浮出纸面。"②

"青年话题"秉持的理念就是"公民发言"，而不是"精英发言"，并且尽量不把附加个人价值观念的好恶带入稿件的遴选中。在选稿方面，"青年话题"编辑们也有一个共识：更珍视那些非职业化写手的声音，他们往往自己是教师，会对教育问题发表意见；或者自己是财务人员，有兴趣对反腐败问题谈点切身体验，等等。"纸上得来终觉浅"，人们对那些自己体会

---

① 引自马少华搜狐博客 2006 年 4 月 23 日《与"青年话题"的新老同事相聚》一文。

② 张坤：《中青报新闻时评创新思考：体现媒体思考力》，载《中国记者》2004 年 12 月。

最深的东西发表意见，往往具有打动人心的力量。也只有努力做到这一点，"青年话题"才有可能接近最初开办时"声音的广场"这个理想——让更多的人有机会发表意见。

"青年话题"长期坚持的做法是：同等话题同等质量的文章，陌生的作者、新作者优先，优先给有志于时评表达的作者腾出地盘。这种时评运作理念显得非常独特而包容。

刚开始的几期，为了改变"言论版的静态性过强"的不足，为了活跃版面，"青年话题"还添加了一些消息报道和图片，并与一版消息互动，配发评论，以增强动态性，吸引读者眼球。

另外，"青年话题"前期的"大块头"文章较多，不是很丰富，满足了读者的观点需求，但没有体现出"不同声音"。这也表明：前期运作中，编辑主导意识强，但没有体现出民众声音。

经过一段时间探索后，"不同观点"等栏目相继开辟，"意见平台"的功能日趋彰显。

2. "青年话题"成为新时评发展的一个重要标杆

"青年话题"的初衷就是让大嘴小嘴都说话。"青年话题"编辑们认为，之所以强调"小嘴说话"是因为在高度集中的政治经济体制下，民众的声音被压抑了太久，积聚了一些不说不快、不得不说的东西。相比"大嘴"说话，"小嘴"说话能最直接反映出"小嘴"的利益诉求，能最真实地反映说话者的生存状态和真实感受。为此，"青年话题"评论的话题十分广泛，政治、经济、文化、国际、伦理等领域无不涉及，既有社会各界高度关注的"热点"和"焦点"，也有其他媒体未曾察觉或虽有察觉却未曾敢言的"冰点"和"冷点"。"青年话题"版面的选题宗旨，始终把握住了两个标准："第一，与读者的切身利益息息相关，能激发起他们的参与欲望。第二，具有较强的现实针对性，能充分把握住时代的脉搏。"[①]

---

① 何颖：《中国青年报·青年话题：一个理性化的空间》，载《新闻传播》2004年第2期。

丰富的选题，使得"青年话题"版面成为真正体现社情民意的"舆论平台"，一方面能够广泛触及社会现实，与实际生活紧密联系；另一方面引发广泛的读者足够的关注和关心。

在计划经济体制下，评论又多以社论和本报评论员文章出现，这些文章往往是"轰轰烈烈，空空洞洞"。随着改革的不断深入，立论宏大的社论和评论员文章已不能真实、全面地反映转型社会中不同群体的利益诉求，普罗大众迫切需要一个能自由发言的"意见平台"。正是顺应了这一历史必然需求，"青年话题"取得了超乎想象的成功，公民写作呈现出燎原的发展态势。

由于立足于一事一议，说完说透就好，"青年话题"很快赢得了读者的认可。将"青年话题"近些年发表的文章放在社会的大环境下考量，我们不难发现——时评的复兴，特别是公共意见平台的搭建，对公民意识的唤醒起到了重要作用。

作为国内最早开办的新时评专版，"青年话题"一直秉承"平等、理性、独到"的理念，在探讨社会问题、关注百姓呼声的同时，保持清醒冷静，积极倡导言论表达的理性和建设性，努力发挥媒体舆论监督作用、推动社会民主进步。从某种意义上讲，"青年话题"起到了传达民情民意的作用。一方面，读者认为"这是一个替我们说话"的版面；另一方面，这种"下情上达"也确实引起了有关部门的重视。

作为国内第一个相对成熟的时评版面，"青年话题"带动了新时评这一文体的兴起与繁荣，具有十分重要的价值和意义。首先，体现出了时评版的理念——不同观点。很多轮次的论争勾起了不同观点，引发了激烈讨论。其次，给报纸时评版树立一个示范——言论与言论之间的关系，既可以同时同版争辩，也可以不同时不同版争辩。再次，为民众提供了一个公民表达的平台和论坛。正如李方在述职报告中所说："'青年话题'应该是一个反映读者声音和意见的窗口。这种意见和声音，作为一种民意，跟记者或专家学者发言论道有着本质区别，也不容易引起有关方面特别的注意。话题版把读者定位在社会转型期的准弱势人群上。这是一个相当庞大的人群，包括青年学生、青年公务员、乡镇教师，主要分布在中小城市乃至乡村。"①

正是这一个个创举，"青年话题"被称为中国新时评发展的一个重要标杆。"青年话题"的创办很大程度上促进了时评的勃兴，点燃了个体公民的发言热情。其所秉承的"意见广场"的办刊理念，被受众和业界广泛认可，极大地提升了《中国青年报》的公信力、影响力及美誉度。目前，在读者与专家两个评价系统中，"青年话题"持续居各新闻版"经常阅读率"前茅。该版开设的"冰点话题"、"不同观点"、"百姓语录"等众多各具特色的品牌栏目，为众多媒体时评版或频道所借鉴和效仿。

3.《北京青年报》"每周评论"开"评论"悬挂版头之风气

2000年4月17日，《北京青年报》"今日社评"栏目创办。"今日社评"的基本定位：

> 它是"今日"社评，因此它着力关注每一天的最新消息；它是今日社"评"，因此它在很大程度上代表着报社的声音，它应该具有客观、公正、严谨、认真的品格；它是由作者署名的社评，因此有必要地体现着不同作者的文风和性格；它是一份以北京市民为主要读者群体的都市报纸的时评，因此它本能地将目光投向北京的发展和北京人的生活；它是一家立足于国际大都市的现代传媒社评，因此它必然和它所在的城市一样，有开放的心态、开阔的视野，他将努力关注发生在世界不同角落但又与我们的生活相关的重大事件；它是这个时代的目击者，因此它的身上必然折射着这个时代的印记和特征，或许有一天，它将成为人们打量和关注这个时代的一个参照。②

在这一理念的指引下，"今日社评"自创办时起便深得广大读者的好

---

① 引自2000年"青年话题"编辑室主编李方的述职报告。
② 引自张天蔚《打量时代的参照——〈北京青年报〉"今日社评"的运作体会》，载《新闻实践》2002年第10期。

评，并于 2003 年荣获 "中国新闻名专栏奖"。

2001 年，《北京青年报》在 "今日社评" 的基础之上创办了 "每周评论" 版。就时评版定位而言，"北青时评" 一直坚持比较理性的立场，都是一些热点的问题，但是表达的方式比较委婉，比较 "保守"，没有许多都市报时评那么直接。《北京青年报》评论主编张天蔚认为："评论是通过它本身的内容来体现力度的，而不是通过犀利的语言。"

"北青时评" 的编辑理念是，首先话题要 "热"，是公众普遍关心的，但也不排除相对比较冷门的话题，因为冷门也可能是潜在的热门。一些公众暂时没有注意到的新闻，编辑们独到地发现了，提出来进行评论，大家就会对它有一定的热衷。其次，要有可评论的余地，这种问题是普遍性的问题，是反映社会本质现象的问题，这样的问题才有可评论的余地。

《北京青年报》时评版，包括头条的 "今日社评" 在内，从 2000 年开始就有一个比较严格的要求：评论的每条新闻基本上都是本报所登的新闻。新闻和评论之间要有联动，但随着其他媒体的扩张，关注的新闻也多了，这个要求不像以前那么严格。但 "北青时评" 还是一直坚持与当日的新闻报道结合，评论员要参加每天下午本报所举行的选题会，在这个会上各版的主编会把今天的选题进行汇报和讨论，评论员在会上选择当天要评论的题目。

"北青时评" 除了固定的栏目 "今日社评"、来论和读者来信外，还有一个相对固定的 "专栏"。七位专栏作家中，除张剑荆为《中国经济时报》副总编辑以外，其他的六位，当然中间也有一些轮换，都是中国社会科学院研究员或者各个大学的教授，即都是各方面的专家学者。"北青时评" 编辑希望通过这样的专栏从专家学者的角度对媒体评论作有益的补充。

"每周评论" 突破了 "青年话题" 在版名上的含蓄与避讳，直接将 "评论" 的旗帜悬挂于版头。它的成功运作，有效地呼应了 "青年话题"，为新时评专版的发展开辟了更广阔的空间，也为媒体时评的探索提供了宝贵经验。

从此，"评论"、"时评"、"社评" 等毫不隐讳地成为版面的名称、频道的名字。《南方日报》、《南方周末》、《羊城晚报》、《南方都市报》、《深圳商报》、《北京青年报》、《齐鲁晚报》、《江南时报》、《现代快报》、《大河报》等众多报纸都开辟了每周一次或每周五次或每天一次，并以"时评"、"声音"、"评论"、"论坛"等为版名的专版……一时间风生水起，时评又重新成为各媒体树立"社会公器"形象、争夺受众市场的新利剑。

（三）新时评专版在推进公共领域构建中发挥的主要作用："自治"精神逐渐培育

"青年话题"时评专版开创性地为民众搭建起一个"意见表达"的平台，在很多重大现实问题的讨论上，让民众亲身参与其中，很大程度上激发了公民意识的觉醒。公民意识的觉醒反映在现实生活中的表现，就是公民"自治"精神的逐渐形成。所谓"自治"精神，是相对传统的国家组织和现代市场经济中作为营利性组织的企业的行为而言的，其与国家和营利性组织相对独立而存在。"青年话题"引发的群言之势，唤醒公民的"自治"精神，强调社会参与主体的平等性与权利保障。

1. 《我们需要什么样的证人》——引发"证人权利与义务"的法律思考

1999 年 12 月 9 日，《中国青年报》刊发了题为《悬赏缉凶悬出万元债》的新闻。文章披露了发生于 1998 年的一个法律事件：

> 1998 年 7 月 21 日凌晨 2 时，新农镇团结村后胡家屯村民孔祥文被一辆三轮车撞伤，经抢救无效于 28 日死亡。孔父孔繁增老汉缉凶心切，于 7 月 23 日贴出悬赏告示，寻找现场目击证人，并许诺"有知者请您举报，给奖金贰万元"。告示发出次日下午，同村村民李水成找到孔老汉，说："我知道是谁撞了你儿子，举报确实有赏吗？"孔老汉喜出望外，连连称是。在得到肯定答复后，李水成提供了目击线索，拿走了 1000 元悬赏酬金，并让孔老汉写下一张"欠举报款贰万元，已付壹仟元"的欠条。

根据李水成提供的线索，犯罪嫌疑人很快被抓捕归案。先后拿到 3000 元酬金后，8 月 27 日，李水成再次找到孔老汉，要求修改起初写好的欠条，将欠条中的"举报款"改成"欠款"。后来，在多次催讨余款未果情况下，李水成于 1999 年 6 月 8 日以"要求立即返还欠款 17000 元及利息 5100 元"为由，将孔繁增老汉告上法庭。法院调解结果让新农镇十里八村的人对李水成的做法颇有微词，认为其是在乘人之危进行敲诈。

　　对此，新农法庭庭长认为："李水成的做法虽然不太合平常情理，但占着法理。"依据我国民法通则和合同法的有关规定，悬赏告示具备要约的特征。虽然合同法中列举的要约邀请没有悬赏告示，但悬赏告示符合要约的条件，所以悬赏告示是要约。悬赏告示发出人须承担合同责任，按约履行。否则即为违约，承担违约责任。

　　李水成夫妇坚决不承认索要的是举报酬金，称："有人向我们提供线索并要求替他们保密，我们借高利贷替孔家垫付了 17000 元酬金，我们要的是欠款。出于仗义冒着被报复的危险去举报，却被人骂是敲诈，这好人还能做吗？"

　　事件一经媒体报道便在社会上引起强烈轰动。社会各界人士纷纷参与到"我们需要什么样的证人"的讨论中来。参与者的社会背景各不相同，有的从道义上，有的从法律上，有的从程序上，但不同的声音都指向了同一个议题——我们需要什么样的证人。

　　这很容易让人联想到同一年发生的"郭志业事件"：

　　　　1998 年 10 月 16 日，北京市翠微小学教工宿舍楼停电，13 门 201 一居民划火柴打开冰箱取食物时将尚未熄灭的火柴仍在地上，引发了火灾。经过紧急的救灾后发现，201 一家没有发生任何伤亡，但消防队员从楼里抬出了因大火窒息死亡的本楼值班员郭志业。所有的邻居都说郭志业是为救火而死的，但因为缺乏目击证人，郭志业一直未能得到应有的荣誉。

　　　　郭家从此踏上了漫漫寻找现场目击证人之路。事件经过北京电视台《今日话题》报道之后，有一名姓张的河北人打电话称看到了各方面都酷似郭志业的人从传达室里往楼栋里跑，但当《今日话题》的记者冯雪霞准备采访张某时，张某开始闪烁其词，表示不愿意公开作证，因为他是一名外地人，"多一事不如少一事"。郭志业的妹妹疯狂地寻找目击证人，但迟迟没有人员愿意公开作证。时间过去了许久，郭志业的葬礼依然没有举行。

1999 年 12 月 22 日，"青年话题"结合"郭志业事件"，组织了一场名为"我们需要什么样的证人"的讨论，同时刊发了《证人的权利和义务》和《把目击证人看得过重了》的时评。《证人的权利和义务》中指出："哈尔滨市 76 岁的孔繁增老汉悬赏 2 万元寻找证人。实际上，孔繁增部分地行使了司法机关的职权，因为对刑事案件进行侦破，是司法机关的法定职责。因此，刑事案件的悬赏金，不应当由受害人来承担。"《把目击证人看得过重了》一文则写道："我们需要什么样的证人?"未必是作为目击者的证人，也未必是为法律或道德约束的证人，而是能够提供有用线索和证明问题实质的知情群众。

两篇文章分别从法律、公民权利和义务及证人的重要性等角度展开系统分析，指出了现行取证程序上的不足和弊端，发出了"不同"的声音。

两篇时评深刻地告诉人们：我国有关证人作证的相关法律很不完善。一方面，我国法律缺乏强制作证的措施，对"不履行作证义务的人应该怎么办"没有作任何的规定；另一方面，我们的法律片面强调证人的义务，忽视证人的权利，特别是欠缺对证人财产性权利的保护。这也是导致现实生活中证人不愿作证的根本原因。

可以说，目击证人借作证之机大发其财是不道德的，反映出一些人法制观念的淡薄。而这一难题只能靠相关法律的完善才能破解。

一场关于"我们需要什么样的证人"的讨论，通过对两个标本事件的深入分析，将现有取证制度中的弊端逐步揭示在大众面前，这对我国后来的取证制度改革有着直接影响。参与这场讨论的人，跟李老汉和郭家没有任何关系，但作为一个普通公民，却能拿起笔发表自己的独到见解。我们从中可以看出，时评文体的兴起在一定程度上催生了公民"自治"精神和法治意识的觉醒。

2.《支持姚丽，维护自己的劳动权利》——金钱诚可贵，生命价更高

2000 年的初春，发生在黑龙江省大庆市的"姚丽事件"成了人们的热门话题。"姚丽事件"的基本脉络是：

> 1999 年 7 月 9 日，储蓄员姚丽所在的储蓄所遭两名歹徒抢劫，在报警未果的情况下，姚丽与之周旋，以较小的损失保护了银行的巨额财产，却因"未能与歹徒进行殊死搏斗"于当年 8 月初被分行领导给予开除公职、开除党籍的处分；姚丽不服，向所在城区劳动争议仲裁委员会申诉，该委员会于 11 月 8 日裁决，撤销分行的处分决定，恢复姚丽公职；分行不服，上诉到所在城区法院，区法院一审判决结果支持区劳动争议仲裁；分行又不服，上诉到大庆市中级法院。

> 2000 年 3 月 1 日二审开庭，当庭宣判不支持上诉人的上诉理由，撤销"关于开除姚丽公职的处分决定"。

> 3 月 10 日，建行大庆分行让全行的工作人员签署了一份安全保卫责任书，在这份责任书的责任指标中提到如发生事故和案件应立即报警，全体员工要临危不惧，机智勇敢地与犯罪分子进行殊死斗争，不惜一切保护好国家资产和财产安全，并且规定畏缩不前、拱手交出国家资金和财产的要处以罚款、处分以及刑事责任。

> 3 月 20 日《中国青年报》披露了这宗官司，引起全国舆论关注。

> 3 月 22 日，建行大庆分行纪委书记李玉杰向姚丽宣布了大庆建行党委对她的新的处分决定：开除党籍，行政记大过，补交劫款 1.3 万元钱。姚丽没有在决定书上签字。

> 3 月 23 日，姚丽被调到另一储蓄所当储蓄员……

本来，抢劫银行属常发案件，若无传媒的介入，这只是一件并不鲜见的劳动争议案，而作为普通消息，也不大容易引起人们太多的关注。"姚丽事件"值得讨论的意义在于，建行大庆分行对姚丽的处理蕴涵着太多值得深思的信息。特别是在法院作出"撤销分行的处分决定，恢复姚丽公职"判决后，建行大庆分行的某些领导批判姚丽"是狗熊，是银行系统的叛徒"，并制作辩护材料《对景园储蓄所被抢案件的几点看法》。

大庆市建设银行的做法及言语让人有些匪夷所思，其中传递出一个观点——金钱高于生命。这种有违人权的言辞，要是在高度计划的政治经济体制下，谁都不以为非，即使感觉味道不正，也只能退避三舍、缄口不言。然而，现在不同了，整个社会大环境变了，不论是官方（劳动仲裁委、两级法院），半官方（中华见义勇为基金会接受记者采访的同志、中央与地方许多机关报），还是民间各行各业的人们，均不支持建行大庆分行领导的做法与说法，为姚丽鸣不平的意见显然占优势。

2000年3月24日，"青年话题"刊发三篇有关"姚丽事件"文章：《不是英雄，也有权利》（"青年话题"编辑马少华）、《职工的生命也是国家利益》（北京大学法学教授贺卫方的访谈录）和《法律保障公民紧急避险权》（法学博士江晓阳）。其中，有人指出，银行领导在未召开职代会的情况下就作出开除公职的处分决定，这不是依法办事；有人指出，法院作出终审判决后大庆分行仍不让姚丽上班（直到中央传媒介入），是蔑视法律，已经足以构成违法；还有人质疑：分行领导现在要所有职工签订类似于"生死合同"的《安全保卫责任书》，是否合法？

三篇文章分别从"公民的权利和义务"、"国家利益的界定以及责任的划分"、"法治环境下公民避险权的保障"三个不同的视角论述了"姚丽事件"的意义。多视角的分析，让普通公众明白了国家利益不仅指国家财产，公民的生命安全也应是国家利益的重要组成部分，任何人没有理由以任何名义漠视人的生命。

系列文章刊发后，引起社会舆论的广泛关注。虽然参与讨论的人不都是法学专家，不会使用"人身权高于财产权"这类法律术语，但他们能用法治的眼光来审视事件、评判是非。从中，民众可以清晰地认识到，不同社会角色的职业责任与职业道德要求会有所区分，但有一点相同：金钱诚可贵，生命价更高。

"姚丽事件"表明，以"青年话题"为代表的时评版给普通公众开辟了一个专业学者与普通大众可以一道表达不同见解或看法的、相对自由的"意见广场"。在群言并起的舆论形势下，不同见解可以进行充分的自由博弈，一方面可以促使事件得到全方位的展现；另一方面，可以促进公民"自治"精神的觉醒，法治理念的深化。与此同时，处于相对弱势的群体的利益和权利在法治光芒的照耀下，被放置到了前所未有的高度。

3.《科学，警惕有人假汝之名》——人类该怎样发展好科学，利用好科学

2000 年年初，舆论界针对不明飞行物等神秘现象发动了又一轮言论反击攻势，遂使此前甚嚣尘上鼓吹怪力乱神的论调销声匿迹。而就在前不久，新华社发布一条消息称："我国近期出现的不明飞行物现象，与可能存在的地外文明无关。"针对北京、上海等城市关于"U"形不明飞行物的目击报告，央视的一个专题节目曾通过跟踪拍摄，令人信服地证明那不过是飞机尾气在夕阳余晖中形成的一般视觉效果，并通过对一架飞机的追踪拍摄再现了这一效果。该节目只立意于解破"U"形不明飞行物之谜，而没有无限推而广之，以此来证明一切不明飞行物都是无稽之谈。

2000 年 2 月 25 日，针对"不明飞行物"引发的科学问题讨论，"青年话题"的"冰点时评"栏目刊发了李方的一篇题为《科学，警惕有人假汝之名》的文章。文章以当时被热炒的不明飞行物话题为切入口，批判了科学的非理性态度。文章指出：

> 世纪之交的中国，对科技的重视程度前所未有，科技的发展也日新月异，但同时也的确存在着一些貌似科学实则非科学的科研态度，出现了对科学盲目崇拜，对理性过度推崇和以科学之名行非科学之实的做法，这样的科技态度和做法在一定程度上反成

了窒息科学发展的阻力，也忽视了对人的价值的研究。科学理性的独断泛化为科学罩上一层神性的光环，在神圣的科学大厦前，非科学只有顶礼膜拜的自由。科学理性走向了它的反面，科学理性作为信仰的对象存在。这样的态度，注定不能得到真正的科学成果，而且科学非常异化成独断的工具。

科学是好东西，但它不是无条件无原则的好东西，我们应该小心翼翼地维护好这个好东西，而不使它产生负效应。

在"科学技术是第一生产力"、"科技是一切发展的动力"等意识理念深入人心的大环境下，李方前瞻性地指出了社会上存在的一些非理性的科学态度和一些人别有用心地假科学之名行独断之实的现象，并明确提出"科学需要为自己留出余地，为了还能够向前发展"的观点，可贵可敬。难怪一位网友读完这篇文章后留言：我们所遇见的一切打着"科学"旗号，人为划定界限的理论体系本身就带着"伪科学"的嫌疑，至少，它不具备真正的科学的精神。它的所谓的"科学体系"是建在"设有禁区"这一反科学的支点上的。设定禁区，也正好暴露出其实质上是反科学的真实面目。

科学技术能够不断地给人类带来进步和福祉，但同时也要注意科学技术的某些负面效果，特别是要警惕科学主义的傲慢与偏见败坏科学技术的名声。《科学，警惕有人假汝之名》一文以公民的视角阐释了一个朴实的道理：人类该怎样发展好科学，利用好科学？按照传统的观念，这本应是科学家们研究的事情，而与一个非科学家又非战略研究者的人无关，但《科学，警惕有人假汝之名》这篇文章，以公民"自治"精神道出了一个对现实有着思考的普通公民对科学发展的担忧与期待。

（四）本阶段时评运作人代表：李方、马少华、张天蔚

1. "表达的公民"——李方

李方，1968 年出生，北京人，1991 年北京大学中文系毕业，

曾任中国青年报记者、编辑、"中青论坛"斑竹、"青年话题"编辑室主任、网易北京新闻中心总监，现任腾讯网常务副总编。在多家媒体开辟个人时评专栏，著有《笨拙的自由》等文集数种。7年前的文章《奥运，中国的成人礼》仍然让人记忆深刻。

从北京大学的"诗坛"走到《中国青年报》编辑部，李方一直被同学、朋友公认为"很有才气"和"低调"的人，并被认为具有古典自由主义倾向。后来，他也是国内时评界比较推崇的青年时评家之一。

1999年，《中国青年报》改版，李方参与创办了国内最早的时评版之一的"青年话题"，并竞聘为编辑室主任，几个月时间内便与同事将该版做出了影响力。

2000年，《中国青年报》网站"中青在线"开办，并经营BBS——"中青论坛"。看中了"青年话题"的关注度和影响力，"中青在线"邀请李方主持"青年话题"BBS版。李方在担任"青年话题"BBS版主时，据说半年内就发帖4000多个，由此足见李方工作的认真。李方坚持一个信念：不做就不做，做就要投入，舍得花时间花力气。世界上没有投机取巧的事情，哪怕你才高八斗，也得一点一点地做。

很快，"青年话题"的互动性通过网络大大加强，很多争论和话题都是从BBS直接拿到报纸版面上做专题。"两个工作（编版和主持BBS）完全不矛盾，我通过做版主可以很好地与网友打交道，了解他们的想法，从而使报纸不至于失去源头活水。这是无比重要的事情。"①

李方曾出过名为《笨拙的自由》的著作，书名出自顾城的诗："我希望，能够在心爱的白纸上画画，画出笨拙的自由，和不会流泪的眼睛。"李方自称不太喜欢以哈耶克为代表的现代自由主义，觉得现代自由主义太好斗了，它把人放进一个二元世界。李方更欣赏那种自足的、接近一元的古典自由主义，不要太好斗，而只代表自己的人生态度，它应该相对松弛。

在2000年年底"青年话题"编辑室主任的述职报告中，李方对创办了

---

① 《专访〈中国青年报〉"青年话题"主编李方》，载《青年记者》2004年1月。

一年多的"青年话题"这样定位：

> 我们压根就不能把它（青年话题）当言论版来办，它的准确定位，应该是一个反映读者声音和意见的窗口。这种意见和声音，作为一种民意，虽然有时可能稍微冒点头，但跟记者或专家学者发言论道有着本质区别，也不容易引起有关方面特别的注意。毕竟，社会总要有一些排泄阀或抒解的渠道，青年话题版就努力做一个这样的渠道，并且时刻注意保持一个建设性而非颠覆性的姿态。

对"青年话题"的风格，他也进行过这样的总结：

> 一切求实，不在民主、自由等理念上做过多的纠缠，而立足于一事一议，说完说透就算，不搞传统评论所追求的影射、旁敲侧击那类东西。编辑尽量不要把附加个人价值观念的好恶带入稿件的遴选中，编辑甚至不可以"引导"、"弘扬"、"摒弃"什么，他只需要维护好版面的秩序，尽量保持不同作者不同观点之间的原生态。这种无为而治，接近于言论自由理想的原教旨主义。

正是在这样的编辑理念和版面定位下，李方和他的同事尝试着倡导公民写作，鼓励每个人就任何事件自由表达自己的观点，只要你有自己的想法。

李方一直有这么一个观点：表达，然后公民。自由表达是百姓与公民的本质区别。"青年话题"编辑与作者们大力试验"时评"文体写作，但没想到的是，"青年话题"的一些运作理念被越来越多的同行接受、借鉴，并共同推进。

李方认为，让更多的人把他们的意见和观点表达出来，必将导致社会进一步的透明化和民主化；更重要的是，如果越来越多的人养成通过媒体表达自己意见的习惯，他们有可能成为更积极更负责任的公民，进而形成一个建立在各方利益充分博弈基础上的公民社会，因为利益博弈首先就是意见博弈。

纵观近些年来时评的发展立场，不难发现公民表达正在成为一个有力武器，并且得到了越来越多媒体的重视。针对时评写作存在的良莠不齐现象，李方说："我宁愿把它视为公民表达的必要代价。我做版面，最重要的心得就是：把话语权交给读者，交给想要说话的人，我们编辑记者尽量少说自己的观点，让双方可以平等地发表自己的观点。"

公众发言的平衡性，对于观点争论来说十分重要。在时评运作中，李方认为，所谓"引导"是不存在的，讨论者不会因为"引导"而参加。事实上几乎所有讨论都是自发的，编辑只需要去发现，特别是为双方甚至多方提供一个可以平等地发表自己的观点的平台。

符合见报标准的评论，李方认为大致有四个境界："一、把众所周知的道理讲清楚；二、讲出别人想不到的道理；三、权威；四、有情怀。"① 他谦虚地认为，他本人基本属于第二个境界的作者。这个境界基本上属于聪明人，追求的是文字的乐趣。它不是大众的，因此也永远不会成为主流。

其实，早在 2000 年左右，李方就对未来时评运作作出了一些预见性分析，比如："时评文体将来肯定会有一个整合，日益分清楚公民表达和专业发言的区别。"如今，时评正在成为各大媒体的宠儿；并且社论、个论、来论的基本格局已鲜明体现了李方对"公民发言"和"专业发言"相区别的论断。

再如："未来报纸竞争的一个方向，就是看谁能够更大胆地把话语权更多地交给读者，那些在这方面做得更彻底的，就会拥有更显著的优势。新闻竞争在经历了拼选题、拼硬新闻、拼快速反应之后，也许会进入拼读者的阶段。"当下，时评正成为众多媒体打造"独家观点"、争取读者市场的利器。

可以说，李方的时评文章、工作实践以及运作理念，至今仍深刻地影响着时评界。这也是作为"表达的公民"的他之所以能受到时评界密切关注的重要原因。

---

① 李方：《评论的境界》，载《民坊社区》2006 年 4 月 9 日。

2. "思想的顾客"——马少华

马少华，1961年出生，北京人，1983年北京大学毕业。曾在《甘肃日报》、《中国化工报》担任记者、编辑、评论员，1984—2001年担任《中国青年报》评论员、编辑。先后在《新民周刊》、《中国新闻周刊》、《法制日报》、《东方早报》、《北京青年报》、FM365网站和搜狐网等多家媒体开设个人时评专栏。现为中国人民大学新闻学院副教授，新闻与社会研究中心研究员。

20世纪80年代末，马少华在中国社会科学院读新闻学硕士研究生时正赶上了文学评论热的末班车，当时学着写了一些文学评论。随着小说创作热情的退潮，他没有在文学评论的道路上继续走下去。但从此确认了自己的一个爱好：认识道理和说清道理。

1990年毕业后，马少华被分配到《中国化工报》做要闻版编辑。由于要为一些消息配上评论，他才真正开始接触新闻评论，并对新闻评论的规律进行思考。在1992年化工系统新闻同行的一次业务交流活动中，他以这样一个标题作为自己的发言题目——"新闻评论：行进中的判断"。这个基本观点至今还没有变更。因为在他看来，这正是对后来发展得如火如荼的时评的恰当描述。1994年，他被调入《中国青年报》任专职评论员。

1994年，他在《中国青年报》一版编辑"青年评论"栏目，这是一个五六百字左右的评论专栏，但是不能定期，也没有固定位置，刊载也没有规律，"当时苦闷了一段时间，因为想干时评的激情得不到释放"。1998年，正在他准备离开《中国青年报》，去中国青年政治学院任教时，"冰点"版负责人李大同创建每天一块的"小冰点"版。这为每期刊出评论文章提供了阵地。在报社当时没有找到合适人选的时候，正准备离开报社的马少华成了最合适的人选。1998年11月，《中国青年报》"冰点时评"诞生，马少华因此成为"冰点时评"的创始人。

一年后，马少华和李方等同事一起创办了国内最早的时评版——《中国青年报》"青年话题"。1999年11月1日，"青年话题"正式与读者见面，

第一期"青年话题"刊发了马少华撰写的开栏语——《倾听》和版面定位文章——《思想的顾客》。

《倾听》指出："'青年话题'是一个发展意见的场所，一只张开听您说话的耳朵。"《思想的顾客》的结尾写道：

> 在一个高度中央集权的社会里，策略和学术观点的顾客只是最高层的少数人（在专制王朝是一人，过去所谓"学成文武艺，货与帝王家"即是）；而在一个决策科学化、民主化逐渐成为现实的市场经济社会里，更多的人会成为顾客——他们是经济决策的参与者、评价者。所谓学者观点"争夺青年"的话头，意义就在这里。

"青年话题"时评版面的编辑理念从一开始就被定位为"意见的广场"、"听您说的耳朵"。"耳朵"之说，直到现在仍被"青年话题"的编辑团队所认可。该版的来稿邮箱延续的是创办时申请的"myear@yahoo.com.cn"，包含"张开耳朵倾听"之意。

在"青年话题"的建设和运作中，马少华很注重评论文章对新闻进行相对理性、准确的判断。他和李方等一起，大力倡导宽容、理性的编辑和写作理念。为此，他在"青年话题"上创建了一个新栏目——"不同观点"。"不同"是马少华当时坚持的提法，也是"青年话题"编辑室达成的共识。马少华认为，既然追求普遍的表达和"大嘴小嘴都说话"，那么不同观点的碰撞就在所难免。

一次，马少华与同事因为一篇稿件登载与否展开了争论。马少华认为："既然社会上有不同的声音，我们凭什么不让他们说出来？如果说我们应该只发正确的，不发错误的，那么谁又给我们权力、知识判断正确与错误呢？"同事说："你们不应该没有观点。"马少华则说，我们就应该"没观点"。《纽约时报》的一位总编辑有一天当上了评论委员会主席，他说："从现在起，我没有自己的观点了。"我们完全可以发表与那前一篇观点不同的文章。同事说："你们是不是讨论呀，要讨论那就另说了。"马少华说："我们全版都是讨论。"

"青年话题"的创办，一方面使得评论有了固定的刊期，保障了评论的时效性；另一方面也使得时评发表空间得以扩大。按照马少华偏爱的概念，它真正实现了"行进中的判断"和"更普遍的表达"。

马少华认为，时评就应该是对新闻进行的即时的判断。判断是人类理性思维的基本形态，有着认识论、逻辑学的深刻背景，它外在地对应着具体的认识对象（对于时评来说，这个对象就是新闻事实），内在地对应着作者具体的认识能力与经验。因此，"判断比传统议论文教学中的'论点'更实在，也更有动态感，更普遍地存在，更容易把握。对于时评来说，更重要的是：它突出了与认识对象——新闻事件之间的紧密联系"①。

时评作者的基本素质决定着时评的未来走向。对此，马少华认为，时评作者的基本素质是判断力，此外应该有一颗正直的心，是一个有道义感的人，也应该有以美好生活为追求的理想。

当然，在这些素质中，判断力一直是马少华所倡导的核心。"套用马克思的话（'不是我占有真理，而是真理占有我'）说：不是我占有新闻评论的'判断观'，而是'判断观'占有我马少华。"马少华风趣地说。在2003年一场关于时评应该更注重批判性还是更注重建设性的网络论争中，马少华以这样一个标题的网文介入论争：《时评：比批评和建设更优先的是判断》……

作为近年来时评文体之最有力的倡导者与笔耕者之一，马少华虽已从新闻业界转型到学界，但他对时评发展的影响让人难忘。当人们看到"冰点时评"、"青年话题"时，马少华这个"思想的顾客"不会被遗忘。

3."思想启蒙的参与者"——张天蔚

张天蔚，1964年出生，北京人。高中毕业后在北京郊区插队、北京建筑公司做工。1983年毕业于北京某大学电力工程系，进入北京电力建设公司职工学校任教；1990年考进《北京青年报》，先

---

① 陈栋：《好评论的根本是好的判断力——访时评家、中国人民大学新闻学院副教授马少华》，载《今传媒》2005年10月。

后任文体部记者、编辑，评论部编辑、主任，《北京青年》周刊编辑部主任。现任《北京青年报》评论员、社评部主任，在多家媒体开过时评专栏。

在时评界工作多年，张天蔚总结了当下时评的两个主要作用，一是划定"底线"，比如不得侵犯人权、不得歧视外来人口等；二是呼吁理想社会，即宪政民主制度。所有评论，基本都以这两把标尺为标准判断各种社会现象，突破底线的、未及理想的，就是评论的对象。

张天蔚认为："如果我们不把启蒙看作唯一的职责，则大量的社会问题，其实出现在我所说的'底线'和'理想'之间，在这个巨大、复杂的现实空间里，我们得干些什么。如果评论界对现实的发言，仅限于做出'这个突破了底线，那个不符合民主原则'的判断，则评论界就不免被政府和百姓共同看作只善凌空虚蹈的清客。我也知道这样的理论，即知识分子作为社会的守望者，只负责守住底线、描画理想，在这个空间之内的具体实务，则是政府的职责。但我以为对于中国目前的时评界来说，这基本上是一套遁词。"

他还说，时评界需要有人扮演"铁卫"，牢牢守住底线，不许政府和任何其他人越雷池一步，但也需要那种对政治实务有着深入了解，对各种社会矛盾有具体的分析，能够在复杂错综的现实中理出脉络，并给出具体意见的评论家。

张天蔚曾经在给某大学新闻系学生讲课时，把时评描述成这样一种文体：它既不创造新的思想，也不提供知识增量，它只是用一些既有的思想资源和专业知识为工具，分析、解释各种社会现象，并给公众以启发。用这个定义判断，我们，至少是我，所掌握的思想资源、专业知识，尤其是对社会现实的了解，都太单一、太简单了，以致很难于是也就很少，对复杂的社会现象作出分析和判断。这是目前时评界的整体缺憾。

在他的策划下，2006年12月23—26日，《北京青年报》时评版在"评论员观察"的栏目下，连续刊发了由该报4位评论员撰写的《"狩猎是一种保护措施"？——关于狩猎权拍卖的追访》等基层考察报告。这组"评论员观察"每天一篇连续刊发，引起读者很好的反响，在与京城同行交流时，大家也公认让评论员走进基层进行"观察"，是《北京青年报》2006 年最具创意的报道，同时对当下的时评文风，也有正面的影响。在报纸时评版上刊发由评论员撰写的考察报告，在国内报业堪称首例，得到报社领导高度肯定，也得到北京报业同人和读者的好评。

张天蔚通过自身经历告诫时评作者：让评论员离开电脑、走出书斋，深入基层、了解现实，对于开阔评论员眼界、增强对社会现实的了解，还是很有意义的。"走进基层的'观察'，只是评论员加强学习、提高水平的途径之一，坚持不懈的业务学习和知识补充，也是不可或缺的部分。但无论如何，让评论员深入了解现实，让评论接上'地气'，是写好时评、编好评论版的必要举措。"①

（五）本章小结

作为首个新时评专版，《中国青年报》的"青年话题"倡导开放理念，尽量广开言路，着力构筑"民意的广场"，体现不同观点。这正是时评专版在表达规模和空间上优越于时评专栏的地方。

哈贝马斯指出，公共领域的参与者必须是具有独立人格、能够就"普遍利益问题"展开理性辩论的"私人"。而要做到这一点，对于一份报纸而言，就只有去努力营造一种平等的气氛，让各个层次的作者都参与到表达和写作中来，让更多的民众去主动接近知识、掌握知识，并通过激烈的争辩和交流，最终学会理性的思考和表达。

"青年话题"、"每周评论"等时评专版，通过搭建意见传播的平台，发动、借助公众的热情与眼光解读世间纷纭万象，使人们对世界的认识更加丰富，使舆论的多元化和理性化实现有效结合。比如，在时评专版上，前一期刊出一种看法，然后在其后的一两期内又可以登出其反对或商榷的意

---

① 张天蔚：《让评论接上"地气"——〈北京青年报〉"评论员观察"栏目的启示》，2007 年8 月。

见，或是每一期同时登出两种或多种不同观点，为读者提供广阔的思考空间。

更重要的是，由于每一个选题都反映了社会某一个群体的立场或心声，于是时评专版的文章总能迅速吸引广大读者以个人名义在报纸上对各种新闻事实发表意见和看法，初步实现了"从群众中来，到群众中去"的办报路线。这显然改变了过去那种指导性较强、单一的评论灌输模式，使时评本身更加清新活泼、生机盎然，同时也降低了民众进入传媒的"门槛"，使大批敏于思考的普通民众有了公开表达意见的机会。

这些本身就是开放和宽容的体现，就是培育公民"自治"精神的有效实践。

"青年话题"、"每周评论"等专版的成功实践告诉我们：时评专版不仅广泛地体现了民意，也引导和提升了民意；不仅激发了民众的创造力和自主性，也充分体现了媒体自身的责任感和公信力。从某种意义上讲，新时评专版不仅为公民写作提供了机会，更为建构公共领域提供较为理想的交流模式和沟通渠道。

这些经验为未来大众报时评版面和网络时评频道的运作提供了宝贵的借鉴价值。

然而，发行面有限的《中国青年报》、《北京青年报》等报纸在一定程度上影响了读者的阅读范围。再加上"青年话题"、"每周评论"等时评专版自创办伊始均是每周推出一期，即使后来扩为每周两至三期，但从时效性上讲，它们仍有所欠缺，特别是针对重大突发事件的评论，这类专版的时评往往存在滞后现象。加快时评专版的刊载频率，拓展时评的阅读范围，是读者的需求，也是未来媒体时评发展的客观趋势。大众报，特别是都市日报时评专版的开辟，显得十分必要和迫切。

四　大众报时评版的兴盛与"公开性"、"开放性"言说风气的初步养成（2002）

早在 1998 年 11 月初"冰点时评"问世，时评在《中国青年报》崭露头角时，就有人预言："中国媒体的竞争已经进入'观点时代'。"创办于 1999 年夏天的《中国青年报》"青年话题"很快成为中青报的品牌版面，持续居于"新闻版经常阅读率"前茅。2002 年，《南方都市报》开创都市日报时评版先例，把媒体时评发展推向新的高潮。如果说"青年话题"吹响了时评勃兴的号角，那么"南都时评"的风生水起，则预示着新时评热言时代的来临。

（一）大众报时评版的兴盛

1.《南方都市报》"时评"开创都市日报时评版先例

2002 年 3 月 4 日，就在《南方都市报》扩版为常规每日出报 88 版的当天，"南都时评"面世，开始了《南方都市报》迈向"有厚度，更有深度"的主流媒体之旅，开创了中国都市日报时评版的先例。创办之初的时评版每天一版，一周 7 期。由于当时的话语空间较为开阔，"南都时评"创刊后，广东本地媒体纷纷跟进，全国媒体也群起效仿。"在这种情况下，虽然南都时评的品质总体上要高出同行一截，但在形式上已经'泯然众人矣'。不过南都时评并不是只能开风气之先的角色，而是有着足够的实力继续创新，比如增加一个版面。"① 为了给读者提供类型更加丰富的评论产品，"南都时

---

① 引自李海华《南都时评的历史》，载《SOHO 小报》2007 年 6 月 24 日。

评"率先拉开扩版序幕。

2003 年 4 月 2 日，该报专辟"来论"版。至此，《南方都市报》时评版由每天一个版增加到每天两个版：社评版和来论版。"社评"版栏目包括"社评"和"观察家"等，既有自己报纸署名的评论员文章，也有署名的特约评论员文章。"来论"版栏目包括"马上评论"、"视点"、"观点交锋"、"南方论坛"、"第三只眼"、"议论风生"、"众说纷纭"和"时事漫画"等，其所有文章均为公众评论。

2004 年 3 月 1 日，《南方都市报》再次改版。该报再次创历史性地将其时评版进行重新整合和布局：A 叠 2 版为"社论"版，代表报社立场和态度；A 叠 3 版或 4 版为"来论"版（包括众论和个论），开放为平民参与评论。社论、众论、个论构成了相对成熟的"南都时评"板块。这次改版使得"南都时评"的独特风格更加鲜明。

2007 年 10 月，"南都时评"再次改版，除了原有的两个版有所调整外，再增加一个"众论版"。力图在本报的声音（社论版）、精英的声音（个论版）之外，同等展现民间的声音（众论版），完成"南都时评"的最终框架与平衡。

在运作形式上，"南都时评"对同行媒体的时评运作有借鉴价值，比如：时评从不定期发表到定期发表，从散落于不同版面的栏目变成专版，从不定期版或数天一版变为每天两个版面以上。周期的确定、版位的明确、容量的扩大，都直观上给受众一种感觉——时评热起来了，言论火起来了。

在作者群体的选择上，后期的"南都时评"与"青年话题"有很大的差别。"南都时评"不排斥公民发言，但更强调具有相关专业知识的人和媒体自身发言。"南都时评"认为："评论写作群体不能是以某个职业为界限的划分，而应当是一个以是否掌握系统的认知工具为界限的划分。'公民写作'的时代，为数不少的人都有表达的欲望，也具备一定的表达能力，但这其中的许多发言，多是以知识的碎片为工具，论证的角度、过程与结论，也因此往往难有独特价值。与此相对，那些具有系统经济学、法学、政治学、社会学、历史学、哲学等知识背景的研究人员与知识分子，以及具备丰富阅历感知的经验主义媒体人，则能够有完整的知识架构与成体系的评说工具，这其中高度关注时事的人，便是我们需要的作者对象。这一切都表明，传媒时评完全可以在认知价值上全面更上一层楼。"①

正是秉持这一理念，"南都时评"对其布局作了大幅度调整：专家学者被越来越多地引入版面，而普罗大众的"公民写作"渐渐退出舞台的中心。"南都时评"专栏作家李方表示："他们坚持认为作为一个媒体，就是应该毫不犹豫地表达媒体自身的观点，并且通过各种手段强化某些价值观念。某种意义上，他们的精英色彩更强烈一些，包括那些观点鲜明的社论，也包括他们对于言论作者有意识的筛选和固定。"②

在实际操作上，《南方都市报》专门设立了社论委员会。社论委员会由评论部成员与大部分编务领导组成，作用是操作评论选题、讨论角度尺度、筹划长期关注、落实具体写作。此外，"南都时评"还试图在"评论记者"方面作一些探索。"南都时评"主编李文凯认为："一种更接近现代评论形态的操作模式是值得尝试的，那便是设立评论记者，以采访的方式获得选题的价值与内容，成为立论行文的背景。"③

这一点，与华中科技大学新闻学院教授赵振宇提出的评论记者建设有不谋而合之处。在赵振宇教授的谋划下，《嘉兴日报》于2007年3月在全国地市报中率先成立新闻评论部，取得良好效果。在2007年11月召开的"新世纪第三届新闻评论高层论坛"上，《嘉兴日报》在评论记者方面的创新举措介绍，受到了业界的广泛好评。

经过6年的运作，"南都时评"逐步"制定"了自身的标准：理念上，反映政治民主化、经济市场化、文化多元化的时代转型；操作上，栏目细化、选材明确化，外省事件要具有普适价值，国际事件要具有示范价值，

---

① 李文凯：《重要的是形成风格——〈南方都市报〉时评的理念与操作》，载《中国记者》2005年4月。
② 李方：《愧对南都》，载《热言时代》，南方日报出版社2006年版。
③ 李文凯主编：《热言时代》序言，南方日报出版社2006年版。

当地事件一定不能回避。

正是运作模式和理念的独特性，成就了"南都时评"在中国传媒言论建设中的显著地位。

2.《齐鲁晚报》"时评"开创晚报时评版先河

2002 年 12 月，《齐鲁晚报》开辟时评版，每周五期，主要栏目包括"头条评论"、"传媒观点"、"画里画外"、"声音"、"观点碰撞"等。"头条评论"一般针对重大事件发言，"传媒观点"专门浓缩、选登其他媒体的有见地的言论，"观点碰撞"将有分歧的观点放在一起博弈，"声音"则是将一些人对于一件事情的一两句评论进行刊登。总体而言，《齐鲁晚报》时评版所登载的文章相对比较短小精悍，字数最多也不超过一千五百字，少的只有三五十个字，视觉上错落有致，内容上包罗万象。

"齐鲁时评"中最抢眼的栏目当属"画里画外"。它通过给短评配漫画的形式，让人们不仅对评论涉及事件有了一个直观的认识，而且它在报纸的中心位置，一定程度上美化了版面，使原本显得单调沉闷的时评版变得活泼起来，使版面更有动感。

晚报作为面向社会各个阶层的大众媒介，必须把读者置于传播过程中的主体地位。读者的视角，就是时评版的视角。为此，"齐鲁时评"追求立论的民间性，就是为了更好地表达公众的价值观，表达普遍的诉求，而不是某一个阶层的诉求。这更符合现代传媒理性、客观、平衡、中性的原则，也会得到最广泛的认可。

循着这个思路，"齐鲁时评"在编发稿件中更为理性，尽可能取一种建设性的态度，力戒那种包打天下、横扫一切的文风。这也使得该时评版成为一个"安全地带"，既受读者欢迎，又不惹是生非。

可以说，"齐鲁时评"的平民化更为彻底，关注社会生活的现实问题，将目光更多地投向现实生活的琐事上，投向街谈巷议最多的事情上，投向最具代表性的思想动态上。时评由头近得可以让人看得见，摸得着。

"齐鲁时评"的基本编辑理念为：时评是表达的工具，时评版是每一个人平等表达的公共空间。在这个空间里，每一种观点都不以权威的面目出现，因此，你可以赞同或批评一个观点，当然也可以反批评。总之，既然是公共空间，这个空间里便首倡平等。①

为此，"齐鲁时评"期望来自社会各个层面的声音，既重视专家的意见，也重视社会观察者的发言，但他们的声音并不能代替公众的声音，他们的价值基准，也并不必然和公众的价值基准重合。"每一种基于自己的生活背景、文化背景、利益背景的表达，都各有自己的价值。所以，我们真诚地期待着各种各样的'社会身份'到这个公共空间里来：工人、农民、军人、教授、学生、公务员、打工者……"②

3. 大众报"时评"版纷纷创立

2003 年 11 月 11 日，光明日报报业集团和南方日报报业集团的强强联合打造的《新京报》在北京诞生，《新京报》是全国首家得到中宣部同意和国家新闻出版署批准的、具有合法地位和受法律保护的、真正意义上的媒体集团跨地区合作经营管理的报纸。与《南方都市报》号称姊妹报的《新京报》在时评上进行了新的探索，并摸索出了独特的发展模式。

"新京时评"主要设置了四大板块："社论/来信"版、"时事评论"版、"时事专栏"版、"时事访谈"版。

与同类媒体时评相比，"新京时评"的特征非常突出：

（1）形态上，实行报道和评论分开。并且，刊载量大，题材多样，架构完整。比如，从普通读者表达草根声音的"来信"栏目，到公民写作的"时事评论"、到专家学者的"时事专栏"，再到定位高端的"时事访谈"，基本上对应了社会不同层级人士的观点表达。

（2）理念上，追求重要的时评与报道同步见报。并且，突出建设性，不用讽刺挖苦、冷嘲热讽的手法评判一件事情，而是努力提供解决的途径和思路；凸显权威性，让数百位各领域的专家学者揭示事件的本质，对时

---

① 《时评是表达的工具》，载《齐鲁晚报》2003 年 12 月 22 日。
② 同上。

局提出方略；不谋求话语霸权，设有"社论批评"、"观点交锋"等栏目，欢迎读者对社论进行批评，以打造一个"声音广场"，让不同观点在这里呈现。

（3）机制上，成立"社论委员会"。社论委员会的职责是把握舆论导向、确定重大选题、审核重点稿件质量。评论部是社论委员会的执行机构。从浏览当日重点媒体报道的新闻，初步确定评论选题、提炼评论要点，召开部门会议碰撞观点，确定写什么、怎么写、谁来写等细节，再到约稿、编辑、出版。每天下午到深夜的 10 个小时左右的时间，对评论部的每个人来说，都像是一个 5000 米的比赛。观点是碰撞出来的。每天下午和晚上，在并不宽敞的办公室，常常可以听到《新京报》评论编辑们吵架般地讨论业务问题。

除了《齐鲁晚报》、《新京报》外，《江南时报》、《现代快报》、《燕赵都市报》、《羊城晚报》等众多省会城市的都市报、晚报纷纷开设时评版、声音版等。一些网站也纷纷推出了评论频道或评论性质的版块。中国传媒进入了新时评的热言时代，更可贵的是，时评运作及表达中的"公开性"和"开放性"的言说风气正在形成。

（二）大众报时评版在推进公共领域构建中发挥的作用：初步形成浓厚的"公开性"与"开放性"的言说风气

在相当长一段时间里，社会最大群体的声音并不是最强的，获得的发言机会也并不是最多的，表达的渠道也是最少的，由此受到的不公平待遇又是最多的。随着新闻事业的不断发展，特别是新时评热兴起之后，这种情况正在发生变化。全民写作正在被一些有识之士大力提倡，公民发言正在一个个时评版上成为初步的现实，这些微弱但生命力较强的声音，正在悄悄地改变着社会的原有秩序，甚至对一些不合理的制度给予致命一击。政务活动的公开和公共领域的开放性，使得公众进入公共领域开展讨论，其政治参与性也得到增强。公众在获取公共政策制定的相关信息，为自身的行为作出相关决定的同时，会主动地将自己的意见公之于众，这促进了"公开性"与"开放性"言说风气的初步形成。

1. 陕西"夫妻看黄碟"风波——公民权利在法治的阳光下获胜

2002年8月18日，延安某派出所接到举报说，一居民家中正播放黄色录像，几名民警前去调查，家中夫妻二人拒绝交出"黄碟"，冲突中一名民警手部受伤，当事人被带回派出所接受处理，随后当事人张某被警方以妨害公务罪报请批捕。事件一经报道便在社会上引起轩然大波，都市报纷纷刊发时评对这起在当时颇具争议的事件进行评论。

据不完全统计，仅《南方都市报》一家针对此事件就刊发了不同领域的专家和公众的时评5篇之多。2002年9月1日，"南都时评"同时刊发时评——《从在家看黄碟事件谈卑贱者的权利》和《从在家看黄碟事件谈"无伤害原则"》。前文开篇指出："从法律上讲，夫妻在家看'黄片'行为无罪无责。同时，从法律经济学的角度来考虑，对这种行为加以惩处也是不现实的。"文章作者认为，自由就是容忍社会里的很多东西、很多格调低下的东西存在。一个个人拥有卑贱权利的社会就是一个宽容的社会，一个多元化生活方式的社会，一个从泛道德主义走向法治的社会，一个个人自由得到充分捍卫和尊重的社会。道德论者打着各种各样的道德旗号，来对别人的私生活横加指责，岂不知自由恰恰是最高的道德准则。整篇文章从公民私域的自由权利出发，认为夫妻有在家看"黄碟"的自由，任何人不得干涉。后文则从立法的基础和精神之一的"无伤害原则"出发，认为"警察应该选择不作为"，而不是去干预私人的自由。

时评引发舆论关注，舆论改变议程设置。2002年11月5日，当事人张某被取保候审，30天后被放回家，案件也随即撤销。2002年的最后一天，"黄碟事件"终于画上了句号：由延安宝塔公安分局向当事人赔礼道歉；一次性补偿当事人29137元钱，派出所所长因此被撤职。鉴于"夫妻看黄碟"事件的巨大影响力，此事件也被列入"2002年陕西省政法工作有影响的十件大事"。

"夫妻看黄碟"事件表明，在一个法治民主的社会中，公民言论的力量是多么有力，公民的合法权利只有在阳光下才能获得尊重。正如有人形容的那样"时评，就好比是一柄寒光闪闪的剑，让丑恶的形式和势力胆战心惊"。

2. "《激情燃烧的岁月》丑化农民"事件——引发"谁在丑化农民"的大讨论

2002 年，一部讲述军旅爱情的伦理电视剧《激情燃烧的岁月》红遍大江南北，好评如潮，在全国各大电视台热播，在社会上引起了强烈的反响。但 2002 年 11 月网上流传了一篇名为《〈激情燃烧的岁月〉一剧丑化农民》的文章。文章源于《激》剧中描写了进城拜访当了"大官"的农民的一些做派，此文经《南方周末》进行了摘要发表后，同样引起很多人的讨论：《激情燃烧的岁月》到底有没有丑化农民？

显然，一部电视剧引发"有没有丑化"农民这么宏大命题的讨论，原因并非单纯一部电视剧这么简单。进入 21 世纪以来，我国的经济在保持快速发展的同时，城乡间的收入差距也在不断加大。有关数据显示：2002 年城乡差距（城镇居民人均可支配收入与农村居民人均纯收入之比）达到 3.11。① 巨大的经济落差的背后是城乡之间隔阂的不断加深，特别随着进城务工的农民的不断增多，一些城镇居民开始以农民"不卫生、不讲秩序"等为口实戏说农民，甚至"真农民"一词一度成为城里人互相丑化对方的口头禅。在这样的社会大环境下，《激情燃烧的岁月》里的某些反映农民生活习惯的某些镜头触动了这一敏感的神经，一场"《激情燃烧的岁月》有没有丑化农民的大讨论"就应运而生。

现实中一些城里人丑化农民的事实客观存在，《激》剧中描写农民生活习惯的镜头也大体真实，此时，作为大众传媒该怎样引导好这场大讨论呢？2002 年 12 月 2 日，《北京日报》发表署名为王乾荣的时评文章《〈激情燃烧

---

① 中国（海南）改革发展研究院：《2007 年中国改革评估报告》。

的岁月〉是不是在丑化农民?》。文章认为:"文艺作品'贴标签'的'惯用手法',当然不足为训;但是《激情燃烧的岁月》是否'遭贬'了农民,是可以讨论的。"王乾荣结合自己在农村的生活经验认为"剧本所写颇为真实",并指出,"丑化"论的作者批评剧本编导"贴标签",实际上他是先给某类人贴上自己设计的标签,再拿这标签为尺度去衡量人物的。

12月3日,《北京青年报》针对此话题发表了题为《别叫我农民》的时评文章。文章通过对"城里人"和"农民"在生活习惯、举止、待人接物等方面的行为对比,认为"其实在许多方面,城乡差距并不算大,有时甚至城镇还不如乡村的'以人为本'"。文章指出,在城市化已成难以抵挡的洪流之际,在农民兄弟被吸引到城里的同时,有些市民却顽强地攥着小农意识不肯撒手。由于被一些滞后观念拖住后腿,中国仍在城乡结合部徘徊。我们必须迅速告别农耕时代的种种弊病,赶上先进列车,去和第一流的经济接轨。

两篇时评文章一篇微观具体,一篇宏观透彻,分别从不同角度对"谁在丑化农民?"作出了相应的分析。文章的切入点不同、立论不同,得出的结论自然有异,但让各种声音发言正是评论的目的所在。没有达成共识不要紧,各方的情绪通过时评得以申诉和宣泄,这正是我们这个处于转型之中的社会保持稳定、维系和谐最需要的"润滑剂"。

3."妇女巴士上遭强奸"事件——公共事件考验看客的底线

据媒体报道,在一辆由四川省古蔺县开往广东省东莞市的长途卧铺车上发生了一起骇人听闻的强奸案,被告人王某和刘某,竟然在众目睽睽之下,一路上对三名女子进行了五次强奸。令人称奇的是,全车人竟无一人站出来喝止罪犯的卑劣行径。消息一经发布,马上在全社会引起轰动,公众纷纷指责在现场的其他人的冷漠与无情,于是一场关于"公共事件中的看客"的讨论由此展开。

公共场合之中,众目睽睽之下,发生类似于"妇女巴士车上遭强奸"的案件已不止一起,曾有一个妇女也是在巴士车上被歹徒强暴,全车人都看着却无动于衷，其中还包括这名妇女的哥哥。一个大学生将小狗放进微波炉中，另一个学生将硫酸泼到熊身上，种种事实指向了一个现实——对于生命，我们太缺乏同情心和爱心，看客情结束缚了人性。

2002年8月9日，"新浪时评"登载了马少华的时评文章——《看客们的底线》。文章认为，看客们的冷漠会让人们感觉到，一种原以为存在于人群中的"安全默契"实际上根本不存在，置身文明社会宛如原始森林。文章还指出："血性是一条耻辱线，它不能太高，也不能没有。对临难的个体责之以血性，是让人冒险；但在整个社会中适当培养强健的人格尊严与血性，则可以安全。"

2002年8月17日，《中国青年报》"青年话题"发表陈彤的时评文章——《看客们的哲学》。文章指出，任何一个人如果选择做一个看客的话，可以！我不反对，我也没有资格反对。但是做看客要有看客的底线——你不要像个英雄似的骄傲地宣称自己是个明白人，自己做了最正确的选择。我们都能理解你的软弱胆怯，但是我们不能容忍你给自己脸上贴金。

从先秦到现代，从《丑陋的中国人》到《药》，中国的看客文化悄悄地在民众的血脉里流淌了数千年。而在一个现代的、文明的、法治的社会里，面对突发的事件，我们该怎么办？是袖手旁观甘做看客，还是挺身而出见义勇为？《看客们的哲学》和《看客们的底线》对这个选择作出了理智的解读和分析。

4."深圳，你被谁抛弃"网文风波——网民声音得到官员正面回应

2002年11月，网名"我为伊狂"的一篇名为《深圳，你被谁抛弃》的文章在深圳各界引起了极大的关注。文章列数了一系列事件和现象，作者认为，深圳正在逐渐失去它的经济地位，而为上海所取代。无数深圳人被文中流露的浓厚个人情绪所感染。

2003年1月9日，"新浪观察"登载署名为盛大林的特约评论员文章——《会不会被抛弃，取决于深圳人自己》。文章指出："现在没有被抛

弃，并不意味着永远不会被抛弃。现在的深圳确实面临着前所未有而且非常严峻的挑战。那么，深圳应该怎么办？愚以为，一方面，深圳需要正视现实，调整心态；另一方面，则需要结合实际，重新定位。"该文还从深圳自身的优劣势及在全国发展战略中的地位进行了详细阐述，并得出结论："只要创新和拼搏的精神不丢，深圳能够创造新的奇迹！"

2003年1月2日，时任深圳市市长的于幼军在中共深圳市委三届六次全体会议上对该文作出正面回应——谁也抛弃不了深圳！《南方都市报》推出独家专题报道《深圳，抛弃了吗?》，更是在深圳市民中引发了一场关于深圳未来的大讨论。2003年1月19日，于幼军与网友"我为伊狂"（真名：呙中校）进行了长达两个小时的长谈，于幼军说："文章上网的第二天我就看见了，下载下来看了两三遍，很有感触"，并称这次交谈为"一次平等、坦诚、民主的对话"①。

配合消息报道，《南方都市报》当日发表社论《一场注定要写入深圳历史的对话》。曾和多少政要进行过会谈，曾和多少精英握过手，也许于幼军本人已经不能完全记得清楚，但他和呙先生的这次对话和握手将会让他难以忘怀。文章激情地写道："于幼军市长和呙中校先生的双手握在一起，我们可以说这是一个有负责精神的政府和有负责精神的公民，他们的双手握在了一起。于幼军市长和呙中校先生进行对话，我们可以说这是一个敢于倾听的政府和一个敢于呼喊的公民，他们在进行对话。这是一场真诚的对话，这是一场坦诚的对话，这是一场平等的对话。这样的对话，也许在一个开放的城市，在一个富有开放精神的政府和富有开放精神的市民之间才更有可能发生。"

一个网民，通过网上发帖，然后得到政府官员的重视，最后被邀请和市长进行"平等、坦诚、民主"的对话，这恐怕是史无前例的，但可以肯定的是，随着网络和时评的发展，会有越来越多的"我为伊狂"出现。他们身份虽然普通，但通过时评，借助网络，他们照样可以参政议政，为一

---

① 引自《深圳市长与〈深圳，你被谁抛弃?〉作者对话》，载《南方都市报》2003年1月20日。

个地区或国家的发展建言献策。同样，也有理由相信会有更多的政府官员会"平等、坦诚、民主"地与"我为伊狂"们交谈、对话。这不仅是一场"注定要写进深圳历史的对话"，也注定是一场要写进中国时评史、网络史的"对话"。

（三）本阶段时评运作人代表：孟波、李文凯、艾君

1. "南都时评"和"新京时评"的创始者——孟波

孟波，1970 年出生，河南淮阳人。1996 年毕业于中国新闻学院。2002 年 3 月创办《南方都市报》"时评"版，2003 年 11 月创办《新京报》"时评"版。历任《河南日报》一版编辑、《南方都市报》区域新闻部副主任、《新京报》社长助理、搜狐网副总编辑，现任新浪网副总编辑。社评代表作有《谁为一个公民的非正常死亡负责》、《永远坚守人的价值——新京报 2004 年元旦社论》。

孟波自 20 世纪 90 年代开始写作时评。2001 年，时任《城市早报》编辑中心主任的孟波厌倦了那种按部就班的工作，不想做城市新闻。当时《南方都市报》公开招聘，下决心想到外面闯一闯的孟波应聘成功。当面试通过时，孟波反而犹豫了——他在思考到《南方都市报》能做些什么？

孟波找到时任《南方都市报》副总编辑，后任《新京报》总编辑的杨斌，向其询问"能否办一个评论版"。杨斌当时没有直面许诺，而是说："先来，到新闻中心做好新闻再说。"2002 年春节刚过，孟波就接到了"可以做评论版"的电话。欣喜中，孟波赶往广州，与《南方周末》新闻部主任张平（张后因故离开）会合，开始着手创办"时评"版。

2002 年 3 月 4 日，星期一，《南方都市报》改版后的时评版正式与读者见面，受众反响异常强烈。让孟波至今仍感到遗憾的是，"南都时评"创刊的发刊词没有发表。据了解，创刊前，孟波曾写了一篇发刊词。他从"为什么开辟时评版"、"时评版立场"及"时评版目标"等几个方面阐述了时

评操作思路，提出了"弱势群体，推进社会进步"、"和而不同"、"提供一个让不同声音在这里碰撞的平台"等口号。但由于时任《南方都市报》总编辑的程益中等领导对这个文本不太满意，并且以自己的时评版思考不太明确为由，发刊词最终没有发表。

尽管如此，程益中在操作中提出了"积极、稳健、有见地"的理念方针，这有力地指导了"南都时评"的工作。积极是传媒的责任意识的体现；稳健是观点不冒进、不激进、不偏执，不需要一夜之间搭成"乌托邦"；有见地是要有独到的观点，有建设性，不仅要告诉你错与对，还要告知解决的途径在哪里。

在起初的运作中，南都时评版借鉴了西方媒体时评的操作模式，开辟了"社评"、"马上评论"、"观点交锋"、"视点"、"议论风声"、"南方论坛"、"时事点评"等栏目。"南都时评"的"约稿信"中初步体现了当时的运作理念。"约稿信"这样写道："来稿件要求对目前发生的热点新闻（时事新闻和社会新闻）进行及时的评论。社论代表本报观点，观察家等栏目也接受来稿，要求文风严谨，观点理性；来论不求层次严谨，但求提出问题，发现问题，有独到的观点，最好能加以理性的论述。"

运作一年后，孟波发现一个版的容量有限，很多优秀作品无法刊出。并且，他对"大社论＋小来论"的单版格局不太满意。2003 年 4 月，时评版正式扩展为"社论"和"来论"两个版，为普通作者发出更多的草根声音提供了阵地。

2003 年 9 月，孟波前往北京筹建《新京报》"时评"，并担任评论部主任。2003 年 11 月，《新京报》高调创刊。"新京时评"包括"社论/来信"、"时事评论"两个版面，创刊伊始就备受关注。由总编辑程益中执笔的发刊词《责任感使我们出类拔萃》发表在了首期"社论/来信"版头条。

后来，"新京时评"在"社论/来信"、"时事评论"的基础上又开辟了"时事专栏"、"时事访谈"，再加上经济版的"经济评论"、文娱版的"文娱评论"和国际新闻版的"国际评论"，"新京时评"的时评框架及运作模式已经日臻成熟，在形式上已与国际主流媒体接轨，并经常有评论被外电援引。

孟波认为，就表达理念而言，时评版作为一个平台，最忌主题先行和门户之见。"容忍比自由更重要"是胡适先生的一句话。最典型的一个事例，是茅于轼先生"为富人说话"事件。茅先生的观点如果你认为的确值得商榷，你去商榷好了，但不要去侮辱人格。我不同意你的意见，但我要坚决维护你发言的权利。如果大家都去侮辱人格，估计茅先生就不会再发言了，事实上也就失去发言自由了。不以己是非为是非，也不以他人是非为是非，宽容自有立场，但宽容允许匡正，欢迎辩驳。宽容自有底线，不是和稀泥，不是无原则。宽容不会掣肘自由，反而会拓展自由的边际。在社会进入多元时代之际，这一点就更加紧要，只有在宽容的前提下，才能找到交叠共识。就表达效率而言，时评写作要有四种境界：浅入浅出，浅入深出，深入深出，深入浅出。最高的境界就是深入浅出。他说，时评是在说事，包括专家学者在内的作者应该明白评价一个事件或现象，好的方法论，三言两语说透，就是最好的时评。正如"是真佛只说家常话"。

2. "专业发言的推动者"——李文凯

李文凯，1975 年出生，湖南冷水江人。2001 年北京大学国际政治系硕士研究生毕业，到《南方周末》"天下"版任编辑与"方舟评论"栏目评论员，并担任时事记者。2004 年调入《南方都市报》，主持"南都时评"，改版该报时事评论版块，组建评论部，并任评论部主任、总编助理。

李文凯在《南方周末》任职时做得好的大多是述评式的文章。为了发挥自身的优势，他于 2004 年年初，从《南方周末》调入《南方都市报》担任社评主笔。第一个月，他便主笔了 22 篇社评，引起强烈反响。随后，他开始主持"南都时评"。

作为新生代的时评人，李文凯的时评理念在很大程度上不同于《中国青年报》的"青年话题"等老牌媒体。在经过慎重思考后，李文凯对"南都时评"的定位有四点要求：时效性、公共话题性质、独特的认知价值、优美的文本价值。

在这一理念的支撑下，他很快起草了《南都时评版运作的细化方案》。《方案》有两个鲜明特点：一是社论由评论部内部人执笔，加强本报立场，培育自己的评论员；二是把来论压缩到社论，腾出版面做个论，即时评专栏。

后来，他撰文总结"南都时评"的运作经验时这样描述："一是紧跟新闻的评论，尤其是能够折射出社会转型变动脉络与得失的时事时局评论；二是能够表达独特认知价值的新闻评论，在取舍间要淘汰的，是那种就时事由头讲众人皆知的逻辑与观点的文章，这些文章，在我们评论部中被形容为'正确的废话'，不能挤占非常宝贵的评论空间；三是在强调独特认知价值的同时，我们还期待文本价值，也就是那些精心布局、费心行文的漂亮文章。"①

李文凯认为，假如时评写作的多个备用笔名不是出于政治方面的考量，那就是不诚信的表现，因为那只是让媒体编辑和读者感觉到版面不被这些作者所垄断。而让低水平的作者垄断时评版面，很可能会毁掉版面。

为此，"南都时评"采取了社论、来论、个论并行的运作模式。但绝大多数是约稿。个论中的1/3是投稿，但更多的是编辑与作者沟通。据了解，"南都时评"个论的作者有100多人，在写作中不断更新，优胜劣汰，不断发现、挖掘一流的作者。

对于时评的现状，李文凯说，中国时评的起点太低，"南都时评"能做出一点成绩是很容易的，但想有很大提升很难。

打造一流的时评同样需要一流的人才。李文凯对"南都时评"编辑人才的选拔十分"苛刻"：要有经济学或法学背景；要有至少两年的工作经验，不是"书斋"里的人；要善于表达、乐于沟通……

李文凯心中理想的时评框架，就是办像储安平主持的《观察》一样的言论周刊，打造中国的意见领袖，让时评版代表报纸、社会精英和民间的多方声音。

---

① 李文凯：《重要的是形成风格——〈南方都市报〉时评的理念与操作》，载《中国记者》2005年4月。

2007 年 4 月，"南都时评"推出"评论周刊"。这是全国最早推出的言论性周刊。2008 年，《南方都市报》基于一些现实考虑，将"评论周刊"与"阅读周刊"合并为"阅读与思考周刊"。相对于日常时评版刊载的短、平、快的时事评论而言，"评论周刊"有着更趋于深刻性、现实性、思想性方向掘进的价值，特别是其秉承"大言论"的概念，对许多在日报时评版上很难操作的一些评论形态和评论方式进行了有效尝试，取得了意想不到的效果。自"南都时评"推出"评论周刊"后，《新京报》、《华商报》、《青年时报》等媒体纷纷推出类似的"评论周刊"。从时评创新的角度和趋势来看，"评论周刊"已成为打造品牌竞争力的又一新式武器。

除了办好时评版面外，李文凯还通过社会平台打造"南都时评"的品牌。2005 年，由广东省社会科学界联合会主办的"岭南大讲坛"开坛。2006 年 2 月，针对广州普通市民的"岭南大讲坛·公众论坛"正式启动，定于每周六上午举办一场。

经过数年的运作，"南都时评"因为大胆和深刻，在海内外广受好评，同时也网罗了一批国内最前沿的知识分子和意见领袖，正想创办一个自己的论坛。而论坛主办方也正在寻找媒体合作。双方一拍即合。2007 年，《南方都市报》评论部正式接手"岭南大讲坛·公众论坛"。

2007 年 6 月 9 日，《南方周末》资深编辑陈敏第一个走上"南都版"公众论坛。接手论坛后，李文凯提了三个要求，其中一个是把"公众论坛"改名为"公民论坛"。不过最终广东省社科联没有同意。李文凯说，"公民"是一个非常明确地知道自己权利与义务的个体，而"公众"所诉求的并非是一个个体的概念，比较模糊。诉求于公民意识成长、公民社会的成长，这也是"南都时评"的一个宗旨。

对于选题，社科联又提供了一个嘉宾建议名单，选题大多是论文式、课题式的，李文凯等在这一点上没有再妥协。三人寸土必争，坚持选题一定要由"南都"做主。最终的结果是广东省社会科学院很信任地把选题权交给了"南都时评"。不过选题要至少提前一个月报省委宣传部和社科联审批。

李文凯的理解是，公众论坛，要讲公众关心的话题，能够为他们答疑解惑，提供正确的思想导引，满足他们的需求，并不需要太高的理论深度。他为"公众论坛"定下一个基调：关注现实，关注民生，关注热点。

3."观点消费的提倡者"——艾君

艾君，本名王爱军，1968 年出生，河南巩义人。大学毕业后，进过"衙门"，游过"商海"，后来成了"报人"，至今 12 年。2003年参与创办《新京报》，2006 年起任《新京报》评论主编，先后为《新京报》撰写 300 余篇社论。先后到清华大学、中国人民大学、中国青年政治学院、兰州大学等高校进行时事评论讲座。主编《新评论》（5 卷本）等多部著述。其主持的"新京评论"成为当今中国最有影响力的评论版面之一，2009 年 11 月获得"首届新锐媒体评论大奖"的"媒体奖"。

时评的繁荣引发了不少人对时评的各种议论，其中有一个奇怪现象，就是对时评指责的多，褒扬的少，更有甚者，对当前时评存在的问题拿"放大镜"看，发出"丑陋的时评圈"的惊诧声。殊不知，他们却忽略了近几年来时评对中国社会发展和政治文明进步所起到的巨大作用。对此，艾君表示："一个基础性的问题'时评到底是什么'都没有搞得很清楚，很多人就匆匆忙忙地下结论，这样的结论自然也很难有说服力。"①

时评到底是什么？艾君认为，时评是对新闻的评论，归根结底，时评是新闻的一种。时评不是副刊文字，不是文学作品；时评在报纸版面的位置也应该在新闻版，而不是副刊版；时评不是为了茶余饭后的消遣，而是对时政的关注和民生的怜悯；时评是公众参与社会的发言，而不是部分有较深文字造诣的"小资"抒发的一己情感。

在艾君看来，时评是分层次的，并称为时评的梯形结构。按照艾君的划分，最下边的最大的部分是"公民表达"；上面第二层可以叫"评论写

---

① 艾君：《先把"什么是时评"弄清楚》，载《青年记者》2004 年 9 月。

作"，特点是它可以把观点表达出来，可以自圆其说，但是未必非常准确、全面。现在大多数都市报时评版刊登的文章大都属此类。第三层就是"精英论述"，就是专家学者，他会对一个观点表达得非常全面和准确。第四层就是"权威评论"，他既有学者的学术研究，也对中国当前的现实非常了解，这样的人把二者结合得非常好，有些观点可能会进入政府决策中，这是最高层。

从当前报刊时评的现状来看，从普通读者的"来信"到评论作者的"时事评论"版，到专家学者精英写作的个论，再到权威评论的"时事访谈"，这四个部分基本上囊括了时评的各个层级。

艾君认为，时评要体现报纸的权威立场和严肃态度，进一步满足新闻受众的"二次消费"，即"事实消费"之后的"观点消费"。时评的基本理念应该是：逼近真相，接近真理，为时局建言，为生民代言，为社会进步鼓与呼；时评应民主有序，不谋求话语霸权，提倡和而不同，虽然我不同意您的意见，但我坚决捍卫您发言的权利。时评应恪守理性、建设性之精神，富有责任意识，拒绝不负责任的讽刺挖苦甚至幽默调侃；时评应积极稳妥，有理有节，拒绝希图一时痛快的偏执偏激和冒险。

常识的重复总是有限的，社会的发展也必然要求时评与时俱进。《新京报》地处国家政治、文化中心，北京积聚着一大批各领域的专家，如何充分利用好这一得天独厚的资源，让专家参与到公共事件的发言中来？艾君有自己的思考。他认为，许多从事专业研究的知识分子正在把头从书本上抬起来，进入时事评论写作领域，拜网络或纸媒之赐，可以在书斋里"演讲"。他们所要回答的不仅仅是"对与错"的是非判断，而是更进一步，回答"应该怎么做"的问题。

伴随民主和理性的因子的成长，中国正在由"说教时代"迈进"说服时代"。对此，艾君撰文指出，媒体履行社会责任，时评就有"说服"的使命。靠什么"说服"？盛气凌人不行，空洞的理论强灌也不行，必须理性，必须讲理。前者是说评论者要有平等、宽容、倾听、互动的态度，后者是评论的内容，要有专业判断，以现代化的价值观、充分的数据材料、贴近民众的实际需求、喜闻乐见的表达方式，把超出普通民众认知范围的新的信息告诉民众，说服民众。①

"新京时评"在发挥好专家声音功能的同时，在选稿标准上也坚持"四个标准"：讲求时效性，是新闻体对最新的新闻的解读；有自己独特的价值，说了别人没有说的东西；有建设性，不一定能看到事件背后的东西，但是你应该能看到怎么样来改变它，有什么建议出来；追求文本价值，就是非常美的文章，从语言上，措辞造句等方面也会追求。

十多年的评论工作经验让艾君有着深刻的感受：媒体需要这样专业的评论员队伍——他们对新闻媒体的特点及读者的新闻消费需求了如指掌，进而在浩瀚的新闻信息里，准确地发现公众所需要的东西；他们又具有政治、经济、历史、法律、社会、哲学、环保等专业研究的丰富积累和建树；然后，他们从自己专业的角度来解读公共政策，把新闻信息和自己的专业结合起来、以新闻评论而不是专业论文的方式写作成文，见诸报端，产生更加深远的社会效果。

艾君认为，一个优秀的评论员，就是要通过专业的思想传播成为舆论广场上"站在凳子上演讲的人"；而一个优秀的评论编辑，就是要建立一套"发现"机制，找到那些"站在凳子上演讲的人"②。

（四）本章小结

大众报时评版面和版块的兴盛，为公共领域参与者提供了空前广阔和开放的言论空间，为搭建公共意见广场、促进"公开性"、"开放性"言论风气的初步养成起到重要推动作用，同时也为各方"共识"的达成创造了条件。

一个开放社会的民众交流应该是"去权威性"的。只有每个人都能平

---

① 王爱军：《发现"舆论广场上的演讲者"》，载《新闻与写作》2009年第11期。
② 王爱军：《寻找"站在凳子上演讲的人"——时评面临的挑战与发展方向》，载《中国记者》2009年第6期。

等地参与研讨与交流，能对具体问题自由表达、沟通意见，民众的诉求和利益才不会被漠视，思想才不会被垄断。

19世纪之前的资本主义在国家与市民社会之间有一个旨在进行批判的公共领域，主要表现为各种论辩式的沙龙。哈贝马斯把"论辩式的沙龙"这种参与者亲身在场、充满口头讨论的形式与较为理想的公共领域形式等同。大众报时评版面和版块的兴盛，使得传媒越来越具有平等性、参与性、便捷性、选择性、互动性、"去权威性"等优势。从实际来看，不少时评版面在本质上已经具有了"论辩式的沙龙"的相关特性。

事实越辩越清，真理越辩越明。在公共领域中，每一个人所表达的意见都只是一种看法。没有任何意见具有优先性，足以被当成亘古不变的真理。从一个角度来讲，这似乎告诉我们公共领域之中只有意见、没有真理。但是，从另一个角度来看，每一个意见都包含了若干真理的性质。可见，每一个意见既非绝对真理，却也分别显示了若干真理。公共领域由广泛意见所构成，这些意见必须交流、沟通。只有这样，我们才能对共同所处的世界有比较完整的了解，也才能在各种意见之中欣赏到每个人及其观点的特殊性。显然，大众报时评版面和版块为这种"特殊性"的展示提供了平台。

值得思考的是，大众报时评版面或版块的确为公共领域的建构提供了必要条件，但时评版面和版块的容量相对有限，传播效率不算太高，再加上现实舆论环境的约束，与读者互动不太畅通等原因，新时评的发展必将面临转型或跨越。在传播科技不断革新的形势下，新时评正在不断地朝着跨媒体互动与整合的方向转变。

五 报网时评的互动与平民主张的崛起（2003—2004）

近年来，报刊与网络的深层互动，为新时评的发展提供了广阔的机遇，促进了舆情高潮的到来，同时也激发了平民主张的崛起。作为社会生活的"晴雨表"，新时评正在以更直观、更有力的方式，记录着社会的发展历程，推动着民主的不断进步。

（一）报网时评齐头并进

1. 网络时评的特征

2003年"非典"时期，胡锦涛总书记在视察广东时，对一位参与防治"非典"的一线医生说："你的建议非常好，我在网上已经看到了。"2005年"两会"期间，网民在新华网上提出几百个问题，温家宝总理一一浏览，动情地说："他们对国事的关心，深深感动了我。他们许多建议和意见是值得我和我们政府认真考虑的。"① 可见，网络在培育公众的评论意识方面，具有不可估量的积极意义。

2004年4月23日，中国互联网与国际互联网接通10周年，中国网民数量达到8000万人。当时，新华网开展了一项网上调查，其中有一个问题是"你主要从哪种渠道了解任长霞先进事迹？"截至2004年6月21日上午9：07，受众调查数据统计显示，从电视得知的占44.38%，网络占41.73%，报纸占10.99%，广播占2.23%，亲朋同事占0.67%。可见，互

---

① 林双川：《网络——中南海沟通民情新窗口》，载《半月谈》2006年第7期。

联网在信息传递中的作用和分量是显而易见的。

2008 年 7 月 24 日，中国互联网络信息中心在北京发布了《第 22 次中国互联网络发展状况统计报告》。《报告》显示，截至 2008 年 6 月底，我国网民数量达 2.53 亿人，首次大幅超过美国，成为全球网民规模最大的国家。此外，我国互联网普及率只有 19.1%，仍然低于 21.1% 的全球平均水平。这表明我国网络发展空间巨大。

2009 年 1 月 15 日，《第 25 次中国互联网络发展状况统计报告》在北京发布。《报告》显示，我国网民规模已稳居世界第一位。截至 2009 年 12 月，我国网民规模达 3.84 亿，较 2008 年底增长 8600 万人，互联网普及率为28.9%，高于世界平均水平。其中，商务交易类应用的用户规模增长最快，平均年增幅达到了 68%。同时，我国手机网民规模已达 2.33 亿人，占整体网民的 60.8%，手机上网已成为我国互联网用户的新增长点。从中可以看出，随着我国互联网基础建设的日趋完善，用户网龄的逐渐增长，网络技术的创新发展，网络应用已经从生活娱乐逐步向社会经济领域渗透。这必将在推动传媒变革的进程中发挥着越来越重要的作用。

在传统媒体中，由于受到出版周期等因素的影响，报纸被认为是时效性最慢的媒体；广播、电视因为技术成本高等原因，不可能事无巨细地进行现场直播。但这些传统媒体都在利用一切手段不断提高新闻的时效性。而网络是真正能够实行 24 小时全天候传送新闻的媒体。网络先天具有的时效性优势为网络时评的发展提供了后来居上的机遇。

网络时评，简言之就是基于网络技术平台上的时评，它集网络的优点和时评的特性于一体，和 BBS（论坛）、新闻跟帖一样属于网络新闻评论的一种，具有新闻评论的特点，但是独立成文，比一般的评论更具时效性、系统性、规划性，内容上更具有针对性，与报刊时评相对应，网络时评是时评的网络化呈现形式，同样具备公民写作、民意广场等特性。

为此，BBS、新闻跟帖和网络时评有很大不同。BBS 是 Bulletin Board System，即"电子公告板系统"，又被称为"论坛"。通过 BBS 可以分版块、分主题来刊登一些启事，网民对某些主题进行讨论形成论坛的跟帖；而新闻跟帖主要是针对新闻的评论，大家面对一个话题，用简短、零散的话你一言我一语形成质疑和辩论，这种形式的评论比时评要随意，但是不成文，相对于时评个体写作来说是一种集体创作过程，更像是评谈。

网络时评也可以设置回馈链接，使之成为 BBS 的评论对象；网络在时效性、公众参与、直接性、公开性等方面都达到了现代新闻所能要求的最高程度；网络时评与传统时评相比更是打破了专业和业余的界限，互动性强、反馈及时丰富。

网络时评则突破了传者和受者的角色界限，互联网强大的实时交互功能，使网民可以积极而及时地参与讨论。网民既是信息的接受者，也是评论的提供者。他们可以把自己掌握的信息或意见传播给别人，还可以针对别人的信息来发表自己的见解。在网络上，普通人也有了平等的话语权，可以不受"话语霸权"的限制，表达自己的观点和意见，真正实现信息传播的对称性。评论者是以一种"平视"的目光来关注生活，着力从受众角度去寻找、认识和衡量新闻价值，传者和受者不但实现了技术上的平等，而且实现了事实上的平等。

总体而言，网络时评具有以下三个特征：

第一，评论主题快捷、易变。网络上的评论主题是和网络新闻以及网络舆论主题的变化而相对应的。同时还跟现实社会生活中最新的事件相联系。与此同时，网络时评的主题往往不会持续很久，一个议题很快就会淹没在信息的汪洋大海中，除非网络编辑能够有意识地把有代表性的观点意见形成专题。

第二，评论的自发参与和观点的碰撞交锋。针对不平事不吐不快，看到共鸣时发帖顶之，这种网民原始的思想流露是网络时评呈现自发性的根本原因。而观点的碰撞和交锋，言语往来体现的是网络的主要特点——互动参与。

第三，表达的多元化和情绪化。网络时评呈现多种声音。网民在观点的交锋中更容易看清楚真理。但由话题的争论沦为谩骂和人身攻击的比比皆是，这就需要在自律的基础上，发挥集体的舆论力量给予正确引导。

随着我国网络技术的普及，以及民主的进步，国家舆论政策的适当调整，网络时评焕发了无限生机，一股"网络时评风"遍吹中国众多网站。无论大小如何、性质怎样、何种类型，这些网站都设有专门的时评专栏或频道。如搜狐网"搜狐星空"、新浪网"新浪时评"、网易"第三只眼"、人民网"人民时评"、千龙网"千龙时评"、红网"红辣椒评论"、东方网"东方评论"、四川在线"零点评论"等，甚至出现了分门别类的时评网站（如法学时评网等），它们都为时评设专题、为时评作者开辟专栏。

网络时评以其强大的优势功能，如较容易引起传受双方的共鸣，互动性好、开放性强，网络时评所引起的意见争锋，往往会形成一股越来越强大的"声势流"，最终可能影响到最终公共决策。"一个人的意见也许会受到个人利益的浮云遮蔽而失之偏颇、偏激甚至是荒谬的，但当发言基数的几何基数增大，千千万万不同阶层、不同学历、不同经历、不同背景的人同时发言时，其总体思路与意见是平和的、理性的、清晰的，民意也就显露出来。"[1]《人民日报》高级记者袁建达认为："网络新闻时评的兴起和蓬勃发展，体现了中国民主和法制建设的一个巨大进步。更多的人可能会因此而学会思考、学会监督，更多的领导干部、决策者、执法者可能会从这些来自专业工作者或者民间的理性声音中得到启发，而把人民和社会赋予自己的工作做得更有人性、更有成效、更具合法性和科学性。"[2]

2. 网站时评专栏、频道纷纷创建

2000 年 4 月 18 日，FM365 网站正式发布；2001 年 1 月 15 日，FM365 正式获得国务院新闻办公室批准的登载新闻业务资格。作为一个综合性门户网站，FM365 拥有一个新闻中心和 12 个内容各异的频道，而新闻中心则是它的特色栏目之一。

FM365 网站的新闻频道在与 100 家新闻媒体签约转载时事新闻的基础上，推出了签约评论员栏目，特别邀请了国内十大新闻评论员，包括以文

---

① 练洪祥：《还有什么比网意更接近民意》，载《潇湘晨报》2006 年 4 月 13 日。
② 唐维红：《网络评论人的责任与梦想——写在人民网原创评论"人民时评"获中国新闻奖之后》，载人民网 2006 年 8 月 30 日。

风犀利著称的鄢烈山、刘洪波、潘多拉、李方等"名笔",读者在FM365网站不仅可以独家领略评论员们的文采,还可以与评论员们在网上实现交流、互动,愈加形成了FM365的新闻特色。自此掀起了一场网络时评热。可以说,FM365网成为中国新时期网络时评的发端。"发展思路很好,效益也不错,但后来受有关部门干预,运营刚满一年,就被迫关停。"鄢烈山、马少华等签约评论员回忆说。

此后的2001年3月,人民网也推出时评专栏"人民时评"。这可以说是中国网络媒体最有代表性的原创时评专栏。它不仅仅是创办时间早,也不仅仅是几乎每天一篇的规模数量,而在于它产生的巨大的社会影响力。"人民时评"以围绕舆论关注的焦点、民众关心的热点、党和政府工作的重点发表评论为定位,不但在重大是非问题上旗帜鲜明,而且对大量社会事件反映出的某种社会情绪起到了积极疏导作用。人民网日发各类新闻、信息3000条左右,"人民时评"大约有四分之三的文章能够进入当日新闻阅读量排行榜的前十名,就是一个非常有说服力的指标。"人民时评"不仅被网友频频点击,论述精辟的文章还很快被其他网站乃至被众多报刊媒体广泛转载。网络时评为广大公众提供了新的发言渠道,也为政府部门打开了一扇了解民意的窗口。

与传统媒体时评相比,网络时评的特殊优势明显:栏目设置的开放性、受众参与的广泛性、传受双方的平等性、时评观点的平民化、传受双方的互动性。互动与即时反馈弥补了传统评论"一锤子买卖"的不足。

当然,网络时评的个性不仅体现在与传统媒体之间的差异上,还体现在各自网站时评的差异上。不同网站的时评要体现出自己的风格和优势,对于重大事件的评论形成"场效应",更好地促进议程设置,发挥意见领袖功能。

正是看到网络时评威力巨大,人民网之后推出了"观点"频道通过设置"人民时评"、"网友热评"、"观点碰撞"等栏目,表达了受众的心声,起到了社会的"减震器、排压阀"的作用。"观点"频道与"强国社区"已成为人民网的重要子品牌。重视时评,使人民网的声誉和影响力得到了很大提升，不少独家时评在网民乃至社会上产生了很大反响。正因为此，"人民时评"被网友誉为"网上第一评"，它的影响力很大程度上是按照网络新闻传播的特性和规律运作的结果，也是在当代社会和全球一体化的大环境中与时俱进、不断创新的结果。

"人民时评"的成功运作给其他网站带来一些启示。2002 年，刚刚从纳斯达克危机走出来的中国门户网从海量信息的比拼，开始转向深度思想的比拼。先是搜狐网"搜狐视线"与新浪网"新浪观察"对传统媒体的新闻信息进行深度整合，以及网易"第三只眼"、"千龙时评"等网络评论频道纷纷开辟，并都形成了较大的影响力。尤其是 2002 年 8 月以后，"搜狐视线"除了在每日一个深度整合的新闻专题外，又把 FM365 网当年集结国内一流的评论员的做法搬了过来，而且规模更大，几乎把当时国内一流的时评家一网打尽作为搜狐的特约作者，从而迅速形成了业界影响力。对重大新闻的全景式深度整合，以及特约评论员有针对性地解读和点评，这为广大读者及时准确地理解重大新闻事件提供了极大的帮助。"搜狐视线"以及后来改头换面出现的"搜狐星空"，推出了许多有影响力、震撼力的时评文章。尤其是在科学与伪科学的思考、孙志刚案、陕西夫妻黄碟案以及刘涌案、黑龙江宝马案等重大事件中刊载的系列时评，在传媒界产生了强烈的反响。

3. 城市党报时评的兴起

在网络时评轰轰烈烈发展的同时，全国城市党报也纷纷开始开创时评版，并设立网络版，与新华网、人民网等新闻网站合作，互相转载、摘录，加速了报网互动，深化了传播效果。

2002 年年底南京日报报业集团成立，新的领导通过调研发现，当时的《南京日报》成了被"晾"的对象。不仅一般市民不愿看，连公务员、党员们都不喜欢看。在许多机关和国有企事业单位，许多人即使不用个人花钱，报纸送到他们的办公桌上，也只是稍微翻一翻，他们真正想看的还是那些都市类报纸。南京地区拥有十三四份日报，其中 4 份都市报日发行量均超过

30万份，《南京日报》征订量有9万份，但是日有效零售量只有3000多份。《南京日报》决心进行号称是《南京日报》历史上新闻改革力度最大的一次大规模改版，被读者誉为"一次革命性的改版"。这个"革命性"主要表现在三大"突破"上，而"增加评论宣传"就是三大突破之一。

一篇好时评的影响力往往大于若干条新闻，这是传媒领域内的一个共识。为此，《南京日报》特别增加了时评版，每天一个版，而且放在A3版，版面安排本身就很有冲击力。除了做好政治评论，还在头版增加了"经济时评"。此外，又在B1版设了小言论"百姓百字文"，与A1版的短评"谈今"遥相呼应。这种言论架构，不仅南京地区的报纸没有，在全国各种报纸中也不多见。这些言论有大有小，有轻有重，形成了多层次的评论架构，而且都放下架子，说群众关心的事，说群众想说的话，还特别注意让普通群众用群众的语言说话。

2004年2月2日，南京市委书记罗志军对《南京日报》时评版文章《由上海今年不提新口号想到的》作出批示："此文写得好，有针对性，有思想性，请道强同志（南京市委常委、秘书长）转载下发，供广大干部参考。并向根生（该文作者刘根生）和报社同志致谢。好的时评起到的作用比开一次会还要有效，望多发挥这种作用。""好的时评比开一次会议还重要"，这可能是这位市委书记在实践中得出的结论，这样的话时评编辑和作者是不敢说的，也没有机会得出这样一个结论。这说明，好时评传递的信息，其实也正是官员要表达的，而通过民间意见表达，更便于群众接受，同政府的工作宗旨不谋而合。或者说有些时评对官员及政府也是有益的启发。这样的时评当然"比开一次会议还重要"。加强民主政治建设，是现代政府和民众的共同愿望，这是时评能够受到官员和民众一致欢迎的基础。

《南京日报》探索出了城市传统党报如何将新时评办出特色的路子，逐步摆脱了党报"高高在上"的形象，《南京日报》的经验在业界曾引起了不小的振动，引发了"党报评论原来还可以这么办"的研究热潮。

作为地级党委机关报，《宿迁日报》于2003年12月在全国地市党报中率先推出时评专版，每周一期，努力探索一条切合地市党报实际的办好时评版的路子。每周一期的有限容量，使得其定位依然是"围绕中心，服务大局"，但专版上开设的头条栏目"本报观察"专栏，刊发对本地重要新闻和重大事件进行评论的文章，为地市党报时评发展作出了有效探索。

2004年4月26日，《佛山日报》在全国地市报中率先开设日报时评版——"观察"。"观察"最初定为每周一期，出版第一期后，《佛山日报》即改"观察"为每周出两期，逢周一、周四出版。为了顺应读者的要求，2004年10月18日改为每周三期，逢周一、周三、周五出版。2005年12月19日，再次扩为每周五期，周一至周五出版，开设有"视点/纵深"、"众议/民间"、"语词"、"阅读"、"观点"、"漫画"等栏目。

《佛山日报》"观察"版的编辑理念是：追求现代社会公民意识的表达，体现浓郁的人文关怀，诠释当下的社会存在，力求把握中国历史未来走向，体现思想的前瞻性。

"观察"主编田继贤认为，转型时期，一切都在流变中。形成又改变着的现实需要一个平台，言说并且交流，因为这将唤醒时代的理性。而理性无疑将使我们走向彼岸的路程不致太过曲折，提供这样一个平台是媒体应尽之责。所以"观察"版的定位是：直面纷繁世象、抨击各种时弊、提出改革建议、反映民意诉求、追求社会公正、体现人文关怀。但"观察"尊重每一位渴望发言者表达的权利，希望成为大家共享的平台。

《佛山日报》如何办好时评版并且将有限的受众范围最大限度地利用好，几乎没有范本可借鉴。田继贤说，时评是针对某一具体的新闻事件、社会现象、社会存在而发。但其所关注的问题则不应当仅仅是地方的，而应当尽可能追求一种普遍性。因此在具体新闻事件、社会现象、社会存在的选择方面应当突破地市级报纸仅限于本市、本地的框架，即不以地域为选题的标准，而要以新闻事件的影响，社会现象、社会存在的普遍性、代表性以及其对时代走势的反映程度为标准，在此基础上则应做到本地优先。另外，考虑到本报是地市级报纸的实际情况，因此也应适当地体现地方色彩。而全国性和地方性题材的比例则可以根据读者的反映适时调整。

4年来，"观察"版大大提升了《佛山日报》的影响力和公信力。该报的"读者反馈"显示,许多读者是因为"观察"版订阅报纸,许多广告商要求在时评版上登载广告。作为地级党报,《佛山日报》完全是"摸着石头过河一样地办时评版",但事实表明:这是一条非常成功的道路。

4. 报网互动成就时评新力量

2006年,第十六届中国新闻奖第一次将网络新闻纳入评选的范围,此届中国新闻奖网络新闻作品评选分为三个类别:网络新闻评论、网络新闻专栏和网络新闻专题。人民网"人民时评"2005年4月16日刊发的时评文章《我们怎样表达爱国热情》,荣获中国新闻奖自评选以来开设的首个网络评论一等奖。

我们怎样表达爱国热情[①]

丁 刚

　　爱国主义是对祖国最纯洁、最高尚、最神圣的感情。爱国是一种尊严,更是一种信念。爱国主义是我们的民魂,也是我们的国魂。面对一些涉及国家利益的大是大非的问题,用一定形式来作出理性的表达是爱国热情的具体体现。最近,日本右翼势力再次通过修改教科书来篡改历史,激起了曾深受战争戕害的亚洲和中国人民的无比愤慨。连日来,针对日本政府纵容右翼分子,伤害中国人民感情的做法,中国民众表达了强烈不满,展现了爱国主义热情。

　　半个多世纪过去了,日本右翼还有如此劣行,是有着十分复杂的历史、文化传统与现实原因的。它既与日本对战争缺乏深刻反思有关,也与亚洲地缘政治格局近年来的变化,特别是中国快速发展有关,而美国的亚洲战略又一直影响着日本对待历史、对待中国的态度。这些不同层次的原因交织在一起,使日本出现了右倾化的思潮。在民族尊严和民族感情遭受严重伤害之际,我们

---

① 载人民网"人民时评"2005年4月16日。

理应表达自己的义愤。但是，仅仅表达义愤是不够的。采取一些有违法制的过激行动也无助于问题的解决。

历史的经验告诉我们，爱国既要有热情的表达，更要能够从维护国家和民族利益的大局出发。爱国需要激情，更需要理性；在表达义愤的时候，难免有一些过激的言辞，但义愤的宣泄不应超越法律，非理性的无序举动不仅无助于揭露日本右翼的真实面目，反而会授人以柄，给右翼分子攻击中国、欺骗日本民众增加口实，甚至伤害一些真心与中国友好的朋友。

我们应当看到，近年来日本右翼势力的抬头，也是有着一定的社会基础的。改变这一基础，既要有义愤和激情，更需要智慧与自信，做出长期而艰苦的努力。当年犹太人为揭露德国纳粹的罪恶，为了让世界人民认识到纳粹的危害，扎扎实实地做了许多细致的工作。他们通过深入揭露德国纳粹反人类罪行，通过对战犯坚持不懈的追查，让纳粹分子在国际上成为丧家之犬。二战的反思能够渗透到德国和欧洲社会的各个层面，与犹太人的努力是分不开的。如今，"奥斯维辛"早就超越了地名的含义，这个建有毒气室的集中营已经成为20世纪种族灭绝主义的象征。在历史学、哲学、神学、文学等诸多人文学科中，它不仅是一个学术名词，更意味着人类对历史苦难和人性的重新认识。而在战后这些学科的发展中，大都可以看到犹太人留下的深刻印记。现在的亚洲和国际政治格局虽然与当年有所不同，但道理是相同的。在这方面，我们中国人也有着许多亲身的体会。当年那些经过抚顺日本战犯改造所教育的日本军官最后有不少都成为坚定不移的反战者，日本一些年轻人就是因为受了他们的影响而站在当前反对右翼的第一线。通过对战犯的改造和教育，中国人民展示出了巨大的理性的力量。

中国的发展需要一个和平的环境。作为邻邦的日本对历史反思不足，对中国实力的增强又持怀疑态度，这无疑会带来一定的麻烦。但是，随着经济全球化的不断深化，中日之间的联系更加紧密也是大势所趋。目前，中日之间经贸交流数额很大，今后无论是在经贸还是在文化等许多方面，交流的层次还会不断加深。这就会为促使日本做出深刻的反省创造条件。当年法、德两国人民能够消除隔阂，与德国政府的道歉与反思有关，也与欧洲一体化的进程，与两国在政治、经济、文化等多方面、多层次的交流，特别是民众之间的深入交往有很大关系，后者更是增加双方互信的基础。因此，要促使日本能够以史为鉴，就不是只宣泄一下愤怒的情感能解决得了的问题，还需要我们促进更广泛的交流，更多地展示理性的力量。要用这种力量来让日本人民，让世界人民更多地认识日本右翼的真实面目和危害，营造一种让右翼难以生存的国际舆论环境。因此，激情加理性才是我们表达爱国热情的正确态度。

该文的写作背景是：日本右翼势力再次通过修改教科书来篡改历史，激起了亚洲和中国人民的愤慨，中日关系不断降温，网民的反日情绪不断高涨，网上出现不少过激言论。针对这种情况，人民网评论部及时策划评论题目，约请对第二次世界大战历史有较深入研究的丁刚撰写时评，引导大家冷静思考、理性爱国。

丁刚通过翔实的史料和透彻的说理，揭示出日本右翼种种劣行的历史原因和文化根源，正如文章里所写的："要促使日本能够以史为鉴，就不是只宣泄一下愤怒的情感能解决得了的问题，还需要我们促进更广泛的交流，更多地展示理性的力量。要用这种力量来让日本人民，让世界人民更多地认识日本右翼的真实面目和危害，营造一种让右翼难以生存的国际舆论环境。"

该篇网络时评论述层层递进，以理服人，以情感人，具有很强的说服力和感染力。文字精练，态度平等，语气平和，语言平实，充分显示了网络评论的语言特点。

文章不仅写得精彩，刊发也很适时。文章发表后各大网站及论坛纷纷转贴，连续几天居人民网网友点击量最高的新闻排行榜和热评榜中。4月19

日下午，人民网日文版将其编译成日文发布，在日本网友中也产生较大的反响。4月24日，《人民日报》"人民论坛"栏目又以同样的标题刊发了此篇评论。网络原创时评落地党报，增强了影响力和传播面。《我们该怎样表达爱国热情》从网络时评到报纸时评的对接，表明了网络时评与报纸时评"你我不分"的互动、交融关系。

近些年来，电视也经常会出现报纸的内容，比如凤凰卫视的"有报天天读"，央视的"朝闻天下"、"马斌读报"、"媒体广场"等栏目，都是汇聚报刊时评、网络时评作出自己的挑选和二次编辑。可见，时评的发展已经不仅仅局限于报网之间的互动交融。电台、电视台与报纸的互动，报纸与网络的互动，通过多次传接，在事实上已经构成了广播、电视、报刊、网络之间的全方位、深层次互动。可以说，网络时评已经深入传统媒体的运作中，并直接影响着其节目、栏目的设置及形式的更新。

总体来看，网络对报刊时评的影响主要有四个方面：（1）提升时效性；（2）提供更多内容和题材；（3）促进评论语言趋向平民化，内容更贴近民生；（4）丰富评论的形式，为时评贴上个性化的标签。网络的草根性和去中心性导致时评观点的多元性和丰富性，从一定程度上也显示了时评的个性光彩。

2003年12月，由搜狐网和《南方周末》联合举办，包括人民网、新华网、《中国青年报》、《工人日报》等中央媒体和《南方都市报》、《华商报》等地方媒体共60多家新闻单位参与的"全国首届时评佳作评选"活动正式启动。鄢烈山、马少华、李方、张剑荆、许椿、何力担任评委。

活动在起初筹划过程中并没有将网络时评纳入其中。《南方周末》副主编陈明洋表示："我们可以想象没有网络的2003年会是怎样的情形么？孙志刚案会受到如此高度的关注吗？'非典'会如此快地从秘密的危机成为公开的危机么？不设'网评'，时评评选是不完整的，也是一大损失。"这一明确意见，使得这次网评奖的设立得以确定。但考虑到网上写作与纸媒发表的作品，毕竟不是在一个起跑线上，网评与纸媒上发表的作品同场竞争是"不公平"的。因此，组委会决定网评奖单列。具有强烈时代特征的网络时评成为此次活动中的一个特别奖项，这对那些及时而深刻的网络时评文章发展是一种鼓励。整个评选活动确立了过程全面公开，评委以独立个人身份评判作品的原则。以这样的方式评选新闻作品，无论从主办主体还是规则上讲，在中国新闻史上都是前所未有的。

本届佳作评选活动，共收到新闻媒体推荐和时评作者自我推荐的已经发表的时评作品600多篇，采用网友评选和专家评选相结合的方式决出最后胜负。最终，何兵的《"实现公正，即使天塌下来"》[1] 获得特等奖。陈杰人的《除了生命，我用什么保卫自己的房屋》[2]、郭松民的《〈人民日报〉如何为自己讨"说法"》[3]、曹林的《孙志刚案还能走多远?》[4] 获得一等奖。值得一提的是，《谨慎处理"聚众滋事"的上访公民》[5]、《党政部门为大款"效劳"代表了谁的利益》[6] 等网络时评当选为"网评十佳"。这是网络时评参与的首次评选活动。评委何力感言："互联网不仅是信息的传播者，它还是新兴的意见表达平台。"

"实现公正，即使天塌下来"[7]

何　兵

在一波又一波取消收容遣送制度的呼吁声中，一些管理阶层的人员发出了微弱的质疑——废止这一制度，城市的治安如何维护?

我相信，除掉一些别有用心的人，管理层的这种忧虑是真实的，他们的用心也是善意的，似乎也是有根据的。因为根据统计数据，城市犯罪人员中，"三无"人员的比例远远高于普通市民。

但这种忧虑可以成为维持这一制度的理由吗?

---

① 载《南方周末》2003年6月19日。
② 载《南方日报》2003年9月17日。
③ 载《中国青年报》2003年9月22日。
④ 载《成都商报》2003年6月12日。
⑤ 载搜狐评论2003年10月21日。
⑥ 载红网"红辣椒"评论。
⑦ 载《南方周末》2003年6月19日。

200 多年以前，一位黑奴被从非洲带到了伦敦。在那里，他伺候主人近两年，潜逃了。主人抓获了他，给他戴上铁镣。事件被交付给曼斯菲尔德法官——英国法律史上一个界碑式的人物。全国都关注着这一案件，因为当时在英国约有 15000 名奴隶，每个奴隶价值 50 英镑。如果奴隶们都获得自由，奴隶所有者们将损失 75 万英镑，这在当时是一个很大的数字，而法律并没有禁止奴隶买卖。曼斯菲尔德法官这样判道："奴隶制度的状况是如此丑恶，以致除了明确的法律以外，不能容忍任何东西支持它。因此，不管这个判决造成何种不便，我都不能说这种情况是英格兰法律所允许和肯定的。因此必须释放这个黑人。每个来到英格兰的人都有权得到我们法律的保护，不管他在此之前受过何种压迫，他的皮肤是何种颜色。英格兰自由的空气不能让奴隶制玷污！"

15000 名奴隶成了自由的人，尽情地呼吸着英格兰自由的空气。

秉承自由和法治的传统，英国当代最为著名的法官——丹宁勋爵在其法官生涯中，一再阐明这样的立场："宪法不允许以国家利益影响我们的判决：上帝不让这样做！我们决不考虑政治后果；无论它们可能有多么可怕：如果某种后果是叛乱，那么我们不得不说：实现公正，即使天塌下来。"

为什么这样说？让我从知识论方面来简要地谈谈这个问题。

只要不是狂妄自大以至自以为无所不知的人，都会承认这样一个基本的道理，这就是，面对茫然无际的宇宙和不可确知的未来，人们时常茫然无措——人类是深可悲悯的一族。

就眼下这个收容制度而言，我们并不能确切地知道，取缔这一制度后，城市会不会更加混乱。我们同样不能确切地知道，维持这一制度到底能不能带来全社会的长期稳定。这是一个无法证实也无法证伪的命题。但如果农民不能幸福地生活，如果农民失去追求幸福生活的权利和机会，我们这些住在城里的人，又如何能够心安理得地享受这一稳定？毕竟，他们与我们一样，享有自由、平等、人权；毕竟，他们是我们的兄弟；毕竟，他们是交了国税的！

我以为，不管废止这项制度会造成何种不便，宪法必须执行——自由的空气绝不能让收容制度玷污！

"全国首届时评佳作评选"活动推动了正在日益兴盛的时评写作，使得时评的影响力得到进一步增强。网络时评的兴起和报网互动的增强在推进公共领域构建中发挥着重要作用。刊载在报刊与网络上的时评，以积极的态度关注着社会转型的大背景下或大或小的事件，客观上对民主政治改革的推进，法制社会的构建，法治理念的深入和不良权利的约束发挥了十分重要的作用。在"孙志刚事件"中，报纸和网站对该事件的报道和关注，直接导致了在我国实行了二十多年的恶法的终结，从制度层面规避了下一个"孙志刚"的出现。"非典"时期，在报刊时评和网络时评的联动呼吁下，政府建立了"零报告"制度，保障了广大普通公民的知情权。在强大的舆论压力下，黑社会头子刘涌最终难逃一死，为他的恶行付出了应有的代价……

（二）报网时评互动在公共领域建构中发挥的主要作用：推动平民主张的崛起

这是信息化时代。而网络以其庞大的容量、超链接等功能成为信息的最大聚合集散地。而作为传统媒体的报纸、广播、电视，在运作中也已经离不开网络的支持。越来越多的报刊、广播台、电视台都开办网站或开设网络版，甚至，有的利用网络发稿，利用网络来宣传自己、形成支持，并利用网络向读者提供各种服务，提高报纸的工作水平和质量。

报网互动甚至交融是传媒业发展的一个重大趋势。一方面，网络大量转载报纸上刊登的消息报道和评论，并利用其快速、灵活、无版面限制的特点对报纸的信息进行了二次传播，充当"二传手"的角色。另一方面，报纸的记者和编辑也纷纷关注网络上的动向，有很多有影响力的报道其线索都来自网友的跟帖和留言。具体到时评方面，报网时评互动就更为明显，呈现出"你中有我、我中有你、你我不分、互相补充"的态势。

1. 孙志刚案——公民呼声导致收容恶法的终结

2003 年 2 月，毕业于武汉科技学院、时年 27 岁的孙志刚，应聘到广州一家服装公司上班。3 月 17 日晚，他像往常一样出门去上网。在其后的 3 天中，他去了此前不曾去过的 3 个地方：广州黄村街派出所、广州市收容遣送中转站和广州收容人员救治站。3 月 20 日，孙志刚死于广州收容人员救治站。为什么收容？为什么不能保释？为什么猝死？为什么尸检中伤痕惨不忍睹？为什么医院的死亡结论与法医的尸检结论严重不符……一份两千余字的新闻稿，化作了数不清的问号。

《南方都市报》冲破重重阻挠，于 4 月 25 日发表了记者陈峰、王雷的深度报道《被收容者孙志刚之死》。当日的南都时评版也刊发了署名"子曰"的本报评论员文章《谁为一个公民的非正常死亡负责?》。

谁为一个公民的非正常死亡负责?[①]

本报评论员　子曰

一个 27 岁的大学毕业生之死引起了我们的关注。

今年 3 月 17 日晚 10 点，在广州工作的孙志刚上街找网吧，没有暂住证也没带身份证的他被带进派出所，后被送到收容所，最后被转到医院。20 日晚 10 点，他死了。这一刻，距这位湖北小伙子来到广州整整 20 天。他 2001 年毕业于武汉科技学院，事发前在广州一家服装公司工作。

这是一起典型的非正常死亡案例，但死亡原因十分明确。根据中山大学医学院法医鉴定中心 4 月 18 日出具的检验鉴定书可以基本判定，孙志刚系被反复击打出血致死。虽然有关部门说孙志

---

① 载《南方都市报》2003 年 4 月 25 日。

刚死于心脏病，但法医鉴定则说，孙志刚死亡之前内脏诸多重要器官未见致死性病理变化。

现在，一个显而易见的结论是，孙志刚要么是在派出所、收容所、医院被打的，要么就是在送往这三处途中被打的。现在，收容所的上级民政部门及相关医院在接受记者采访时明确表示，他们那里没有打孙志刚。警方则没有接受记者采访。

我们目前尚无法断定孙志刚到底是在哪一个环节被打的。但是，这并不妨碍我们追问这样一个问题：谁该为一个公民的非正常死亡负责？

具体而言，有两个问题。第一个问题是孙志刚该不该被收容？目前收容制度受到了一些质疑甚至人大代表的批评，但是，其作为一项正在实施的制度仍然具有效力。我们的有关部门在执法时必须依法办事。根据《广东省收容遣送管理规定》，拥有有效证件、固定住所和生活来源的孙志刚根本不属于收容对象。

第二个问题是，即使孙志刚属于收容对象，谁有权力对他实施暴力？

当然，现在事实远没有水落石出。在事实没有调查清楚之前，我们对谁都无法指责，对谁的指责都是不负责任的。但是，总应该有人对孙志刚的非正常死亡负责。

令人庆幸的是，这样的个案，在我们这个依法治国的社会里毕竟属于极少数，但其恶劣的性质却不能不引起我们的警惕。

一个风华正茂的年轻人就这样被剥夺了生命，令人扼腕叹息。但是我们在关注此事的时候，不应过分关注孙志刚的身份——一个大学毕业生，一个风华正茂的年轻人，一个拥有美好前途的年轻人，还要还原出孙志刚的普通公民身份。否则，我们就可能因为对特殊身份的义勇而淹没了对"小人物"的关怀。在强大的国家机器面前，谁不是小人物呢？谁不是普通公民呢？

该文旗帜鲜明、直截了当地提出了"人权"话题，引发了广大读者的密切关注。但《南方都市报》毕竟只是一份地方都市媒体，仅靠自身传播，影响必然有限。事实表明，"孙志刚案"的推进历程在很大程度上得力于网络传播的力量。假想一下，如果没有网络的话，在一个地方媒体发表的报道能有多大的影响力？充其量在一个局域产生轰动而不会有后来令所有人事先想都不敢想的影响。2003年的孙志刚事件正是靠着"非典"蔓延引起的媒体管理上的开放和网络技术发展的东风，引发了全国乃至许多海外媒体的报道浪潮。《南方都市报》关于孙志刚事件的报道和评论被各大网站、论坛转载，网友们也纷纷将相关的消息传阅并跟帖回应，搜狐、新浪等门户网站也制作了相关评论专题，网络世界里的谴责之声汇聚成巨大的抗议浪潮。民意通过网络得以彰显。2003年8月，"孙志刚案"刚一审结，国务院总理温家宝主持召开国务院常务会议，决定废止1982年实行的《城市流浪乞讨人员收容遣送办法》，同时审议通过了《城市生活无着的流浪乞讨人员救助管理办法（草案）》。这是民意的胜利、时评的胜利、报网互动的胜利。

2. 黄静裸死案——公民话语权的不断扩张

2003年2月24日上午，22岁的湖南省湘潭市临丰小学女音乐教师黄静被发现全身赤裸死在学校宿舍床上。截至2003年6月8日，湘潭市雨湖区公安分局、市公安局、湖南省公安厅先后三次作出鉴定，认为黄静病死。但值得注意的是，湘潭方面先后三次作出的鉴定各不相同。2006年7月10日，五次尸检出现六次不同的死亡鉴定，被称为"中国网络第一大案"，引起无数读者关注的案情错综复杂的湖南湘潭女教师"黄静裸死案"在湘潭雨湖区法院一审宣判，死者生前男友、被告人姜俊武被判决无罪。至此，距离案发时间已经3年多。

事件多次处于胶着之中，媒体除了动态消息报道跟踪外，一系列时评纷纷登场、持续跟进。比如，《女教师裸死案昭示警方"自侦自鉴"非改革不可》①、《黄静案："强奸中止"的模糊与暧昧》②、《黄静命案呼唤终局鉴定

---

① 载人民网"网友说话"2004年5月6日。
② 载国际在线2004年12月9日。

体制》①、《黄静案审理：不能以审判独立之名拒绝舆论监督》②、《从黄静裸死案看法制与舆论的博弈》③……

在时评的情绪带动下，网友们纷纷在网上针对此事发表意见，要求公安部派出专案组独立办理此案，并呼吁社会各界的公民推动"黄静案"公正解决，实现和维护公民的权利。迫于来自报媒和网络的压力，有关部门对此案进行了第四次和第五次鉴定，2003年6月，犯罪嫌疑人、黄静前男友姜俊武被刑拘。尽管湘潭市公安局向外界否认了网络呼吁与立案之间存在任何关系，但警方承认确实感受到了网络舆论的压力。2006年"黄静裸死案"终于作出一审判决，死者生前男友、被告人姜俊武被判无罪，但对于黄静的死亡承担50%的近6万元民事赔偿责任。

尽管五十多岁的黄静父母黄国华和黄淑华是"电脑盲"，可黄静案审结后，他们却由衷地发出这样的感慨："如果没有网络，黄静的案子也将不会是现在这个样子"。

3. 刘涌案改判——公共舆论的力量

刘涌，1960年11月30日生于辽宁省沈阳市，原任沈阳嘉阳集团董事长，从1989年起，刘涌纠结李志国、吴静明、宋健飞等人组织涉黑性质团伙称霸一方，垄断香烟市场，并对他人进行无端殴打，非法拥有枪支，犯下累累罪行。2002年4月，刘涌被辽宁省铁岭市中级人民法院以组织、领导黑社会性质组织罪、故意伤害罪、非法经营罪、故意毁坏财物罪、行贿罪、妨碍公务罪、非法持有枪支罪等多项罪名一审判处死刑。令人费解的是，1年零4个月后的2003年8月，刘涌被辽宁省高级人民法院改判死刑，缓期两年执行。辽宁高院的改判在社会上引起了强烈的反响，一场"刘涌改判死缓应不应当"的讨论在报纸和网络上展开，参加讨论者并非都是法律方面的专家，但通过时评纷纷表达各自不同的观点。

---

① 载《新京报》2004年12月9日。
② 载《中国青年报》2004年12月10日。
③ 载《广州日报》2006年7月16日。

上海《外滩画报》2003年8月21日率先发表了李曙明先生的质疑性时评文章《对沈阳黑帮头目刘涌改判死缓的质疑》，在网络上广泛转载，引发了网民的热情跟帖和社会的广泛关注。

对沈阳黑帮头目刘涌改判死缓的质疑[①]

李曙明

8月15日，辽宁省高级人民法院对轰动全国的刘涌特大黑势力团伙案作出终审判决。引人注目的是，犯有组织、领导黑社会性质组织罪、故意伤害罪、故意毁坏财物罪、非法经营罪、行贿罪、非法持有枪支罪、妨碍公务罪等多项罪名，一审被判处死刑的"黑道霸主"刘涌，被改判死刑，缓期两年执行。

虽说根据法律规定，"缓期执行"和"立即执行"只是死刑执行方式上的区别，但二者的"天壤之别"却是尽人皆知的。刘涌最后关头得以逃脱"鬼门关"，出乎所有人的意料。辽宁高院的改判很难经得起法律的推敲，其中的一些问题需要好好梳理：

第一个问题，留刘涌一命的根据在哪里？

按照法院的认定，"刘涌系该组织的首要分子，应该按照其所组织、领导黑社会性质所犯的全部罪行处罚，论罪应当判处死刑，但鉴于其犯罪的事实、犯罪的性质、情节和对于社会的危害程度以及本案的具体情况，对其判处死刑，缓期二年执行。"

那好，我们看一看刘涌黑社会性质组织的犯罪事实：从1995年年末这个黑社会性质组织初步形成，至2000年7月初被沈阳警方打掉，在4年半时间里，作案47起，致死致伤42人，当地百姓"谈刘色变"。这样的"犯罪的事实、犯罪性质、情节和对于社会的危害程度"，能不能作为改判缓期执行的根据，似乎不难判断。明明自己认定"应该"属于"组织、领导黑社会性质"，罪当处死，却又说"鉴于其""犯罪的性质"，当改死缓。出尔反尔，自

① 载《外滩画报》2003年8月21日。

打耳光。这无疑是在光天化日之下轻慢并开法律的玩笑。如此，缓期的根据只能是"本案的具体情况"。但是，是怎样的"具体情况"，法院却不说。这让人对有没有"具体情况"产生怀疑。适用死刑的确需要慎重，但是，对这样一名罪孽深重、民愤极大的犯罪分子，改判不适用立即执行同样需要慎重。如果真的有"具体情况"合乎法律规定，可以从轻发落，法院就有义务向社会公布，把自己的审判置于阳光下。

第二个问题，刘涌和宋健飞谁更应该被立即执行？

辽宁高院的二审，维持了对刘涌爪牙"四大金刚"之一的宋健飞的死刑判决，并已经执行。宋健飞心狠手辣，在刘涌制造的每一场血案中都有他，他的死罪有应得。但是，如果宋该死，那么，刘涌该不该留下？

法院认定了刘涌在犯罪集团中首要分子的地位。《刑法》第二十六条第三款规定："对组织、领导犯罪集团的首要分子，按照集团所犯的全部罪行处罚。"这种原则确立的根据在于，首要分子在犯罪集团中出谋划策，计划安排犯罪，指挥其他集团成员实行犯罪活动，因此，集团所犯的全部罪行都在首要分子的主观犯罪故意中，也都是在他的组织、领导、指挥下实行，理应对集团所犯全部罪行承担刑事责任。具体到刘涌案件，作为首要分子的刘涌，应该对集团所有罪行，包括宋健飞所犯罪行承担刑事责任。当然，宋健飞也是主犯，也在应予严惩之列，但从二人在犯罪集团中所起的作用看，刘涌无疑主观恶性更深，社会危害更大，留下他而送宋健飞"上路"，很难让人理解。

减少死刑是我们的努力方向，但是，在现阶段，死刑因为具有其他刑罚手段不可替代的威慑力，在打击犯罪，保护人民方面，发挥着重要作用。辽宁高院对刘涌的网开一面，让人产生这样的疑问：如果罪孽深重如刘涌都可以不死，那么，死刑留给谁用？

我以为，辽宁高院的判决是一个危险的先例。作为上级审判机关的最高人民法院，作为法律监督机关的检察机关，都有责任站出来，维护法律的尊严。

这篇质疑时评发表后，除了网站媒体相继转载外，其他媒体的质疑声不断。比如：《从"黑老大"刘涌改判看司法信息披露的重要性》[①]、《媒体质疑"刘涌改判"案是舆论观念的一大突破》[②]、《我们需要什么样的判决书？》[③]、《刘涌案改判之争的两种正义》[④]、《再审刘涌人们期待什么？》[⑤] ……这些都为推进刘涌案的重新审判发挥了重要作用。

刘涌一案，其影响之大，可谓"众所周知"。然而，在从死刑改判为死缓后，媒体曾一度失语，不能不令人深思、难堪。而相对具有自由、比较能够充分反映民意的网络媒体上，质疑之声不绝于耳，这在很大程度上影响了传统媒体，传统的主流媒体的介入，又反映、影响、引导了社会舆论，最终催生了最高人民法院重新提审此案这一体现正义的结果。在这一事件中，呼吁只是起了一种催化的作用，而真正决定这个案件提审的是最高人民法院，应该把刘涌案的判决看作是法律公正的一种体现。肖余恨发表时评指出："这固然是法律本身的胜利，因为无论是舆论还是代表舆论的媒体都没有权利作出具有强制意义的判决。但是，如果没有舆论的监督，没有媒体所发挥的强大的舆论监督作用，高法会不会提审刘涌，也是一个悬疑，因此，媒体在其中所发挥的舆论监督作用功不可没。"[⑥]

这个个案告诉我们：民意不可违。在传递信息的途径日趋多样化的今天，那种依靠强制手段来封锁信息、暗箱操作、罔顾民意的做法是不得人心的，也是不能够得逞的。媒体时评的质疑与批判对于挖掘事实真相具有十分重要的作用。

---

① 载《北京青年报》2003 年 8 月 28 日。
② 载《人民日报—华东新闻》2003 年 8 月 29 日。
③ 载《中国青年报》2003 年 8 月 29 日。
④ 载《中国新闻周刊》2003 年 9 月 11 日。
⑤ 载《华夏时报》2003 年 12 月 18 日。
⑥ 肖余恨：《判处刘涌死刑也是舆论监督的胜利》，载新浪网 2003 年 12 月 22 日。

4."非典"零报告制度——公民知情权的里程碑

2003 年春,一场突如其来的"非典"疫情从南到北,让全中国人陷入了恐慌之中。民工急着返乡和家人团聚,学校停课,工厂停工,车站、码头、机场实行了严格的监测措施。更令人可怕的是,网络和手机上散布着更加让人闻而生畏的传言。是真是假,普通公众不得而知。全社会陷入了极度的恐慌之中。面对谣言的盛传,公众需要畅通、透明、公开、权威的信息。对恐慌传言的控制和引导是市场经济的内在要求,其中政府的公信力对于恐慌传言的抑制有很大的作用。政府公信力强,政府的任何声音均会成为及时消除恐慌传言的镇静剂。反之,如果政府公信力不足,则恰恰相反,人们对于政府的声音总是从相反的方面去猜测,那么恐慌传言就很难得到及时、有力的遏制,市场就会出现可怕的扭曲。

可在"非典"肆虐之初,有关部门的官员却在想方设法地捂盖子。4 月13 日的《北京娱乐信报》头版一行标题就是:"××(地区)可疑病例正在减少"。但此时该地区的"非典"患者和疑似病例正在成几何数目的增长,这怎能不让人心生恐惧?

正在这个时候,媒体时评发言了。《准确掌握非典疫情》①、《从抗击非典看公众的知情权》②、《公民知情权与国家公共安全:非典引起的法律思考》③ 等文章,纷纷针对公民知情权问题展开呼吁,让民众更加深刻地意识到"知情"的重要性和紧迫性。

面对公共信息的知情权问题,许多学者也开始发言。中国人民大学舆论研究所所长喻国明认为:"现时传播环境有了很大的变化,非正式传播渠道正大行其道。主流媒体的缺位势必导致小道消息的横行,从而加重社会的恐慌心理。公众对于知情权的要求日益强烈,因为唯有知情才能为理性行为提供依据。"毛寿龙教授认为,在一个信息迅速传播的社会,当信息掩

① 载新华网"新华时评"2003 年 4 月 23 日。
② 载《检察日报》2003 年 4 月 30 日。
③ 载人民网 2003 年 5 月 21 日。

盖成为不可能时，以政府为主体所进行的消息封锁只能带来恐慌。媒体是大众获得信息的重要渠道。若官方媒体未能及时占领，必然使"传闻"有机可乘。①

很多时评和专家也建言，我们要学习西方社会先进经验，成立常设的公共危机管理机构，建立一套专业的危机预警系统、处理机制和循法定的程序。

人民网 2003 年 4 月 24 日消息，卫生部日前通知，传染性非典型肺炎疫情实行日报告和零报告制度，并自 4 月 26 日起，将传染性非典型肺炎的报告管理工作纳入"国家疾病报告管理信息系统"。卫生部新闻办公室有关负责人解释零报告制度时说："零报告制度不同于不报告。当某一地区没有出现疫情时，当地的卫生厅局也必须予以上报，上报疫情情况可以为'零'，但决不允许不报告。"此后的一段时间里，虽然每天公布的数字都在增长，但民众由于得到了政府方面提供的权威信息，传言在减少，恐惧感也在消退。事实证明，因为公开数字的及时准确，民众对"非典"高峰期每天攀升的病例并没有表现出太大的恐慌，而且对政府的信赖度渐渐回升，60％的北京市民表示对政府的信赖度提高。

"6 月 1 日 10 时至 6 月 2 日 10 时，我国内地没有新增临床诊断病例报告。" 6 月 2 日卫生部新闻发布会结束时，台下响起了罕有的掌声。这是我国内地新增非典型肺炎临床诊断病例首次出现零报告。这也是自 4 月 21 日卫生部实行每日"非典"疫情发布制度以来，一个最令人欣喜的数字。

在对整个"非典"危机的反思中，人们提得最多的就是对"公民知情权"的尊重，公民知情权也成为 2003 年最热门的话题。一场公共卫生危机教育广大民众：公民对于国家的重要决策、政府的重要事务以及目前社会上所发生的与普通公民权利和利益密切相关的重大事件，有及时、准确地了解和知悉的权利。这为当代民主法治国家的"社会公众权利"建设展示了一个新主题。

---

① 引自《信息披露渠道很多，公众可以发布公共信息吗?》，载《法制日报》2003 年 5 月 12 日。

5. 抨击日本旅客珠海"买春"案——民意与政府的良性互动

历史可以书写光辉，也能够承载罪恶。长期以来，在对日关系中，中国人曾经经历无数的血雨腥风，更品尝过无尽的哭泣和屈辱，整个中日关系史，已经承载了太多的悲情与死亡。

2003年9月18日，"九一八"事变72周年，国耻日。数百名日本人在珠海一五星级酒店集体"买春"，并放肆声称"就是来玩中国姑娘的!"目击者称当晚有来自娱乐场所的近500名小姐陪侍，该旅游团来自日本各地，共有380多人，全是男性。年龄最大的37岁，最小的只有16岁，有的还是学生。"其恶劣程度实在令人发指!"事件目击者，河南某医疗企业老总赵光泉对《南方日报》记者讲述了整个事件经过，"日本旅客在国耻日集体来华召妓"事件一经媒体曝光后，在全国上下引起了强烈的反响，网络上汹涌的民愤纷纷对日本旅游团伤害我民族感情的此举进行了强烈的谴责。面对万众网友发出的怒吼，2003年9月26日，广东省委常委、省公安厅厅长梁国聚亲自率队前往珠海调查。

媒体时评纷纷表达自己的态度和观点。红网"红辣椒评论"9月27—29日三天内连续登载了6篇原创时评：《"买春团"带给我们的心理凌辱》(9月27日)、《由日本"买春团"想到将来谁会当汉奸》(9月28日)、《警惕出现新时期的汉奸卖国贼》(9月28日)、《日本人"买春"，国人丧失了什么》(9月28日)、《总有一种情绪让我们愤怒》(9月28日)、《谁导演了国耻日"买春"丑闻》(9月29日)。这些时评对"国耻日日本人珠海买春事件"进行申讨和谴责。

9月28日，外交部发言人孔泉就日本人在粤集体嫖娼事件答记者问时这样说道："这是一起性质极为恶劣的违法案件。中方有关部门正在对案件进行调查，并将依法作出严肃处理。外国公民来华必须遵守中国法律。我们希望日本政府在这方面加强对本国国民的教育。"①

---

① 参见《外交部：日本人在华嫖娼违法　中方将依法处理》，载新华网2003年9月28日。

甚至,《纽约时报》9月29日发表评论文章《日本人珠海嫖娼事件损害中日关系》指出,这起事件使得中国互联网聊天室里充满了对日本的强烈抗议声,很多媒体也刊登文章严厉斥责这种行为。这起事件进一步损害了中日关系,此前,侵华日军遗弃芥子气伤害中国建筑工人一事已经对中日关系构成了危害。

12月12日,备受关注的珠海集体嫖娼案,在珠海市中级人民法院第一审判庭不公开审理,相关人员受到了法律的惩处。

6. 审计风暴席卷全国——公权力的监督日益透明

2004年6月23日,十届全国人大常委会第十次会议上,审计署署长李金华提交了一份长达22页的审计报告,有19页详尽列举了各个与公共资金有关的部门违法违规的问题,其中包括国家林业局、国家体育总局、国防科工委、科技部等中央单位虚报、挪用预算资金的违规事实,还披露了淮河灾区和云南大姚地震灾区有关地方政府虚报、挪用救灾款的事实,以及国家电力公司原领导班子决策失误造成重大损失的调查结果。件件事实,令人触目惊心。审计报告公布后,200亿资金上缴财政,700多人(次)受到处理。尽管发布审计报告披露各部委的预算执行结果不是第一次,但2004的"审计风暴"无疑是最猛烈的一次。

我国的民众还不习惯把神圣的国家部门同违法违规联系起来,何况这些部门的级别又是如此之高,涉及金额更是普通民众难以想象的。以李金华的审计报告为由头,报纸和网络纷纷刊发时评,对审计中发现的国家部委出现的财政问题,进行理性且有建设性的议论。

7月1日,《中国新闻周刊》刊发时评文章《以预算监控遏制审计黑洞》认为:"目前全国人大所审计的预算报告,存在过于粗略和弹性过大两个问题。""要杜绝预算违法违规,关键在于约束那些利用公共资金的各个部门的权力,这就需要改革当下的预算管理制度。"并提出"改革的基本思路应当是淡化决算,强化预算编制。各个部门的各个具体预算科目,事先由人大的各个专门委员会进行详尽的审议。事实上,从人大所扮演的角色来看,这些专门委员会的主要职能，就应当是审议政府各部门的预算，并对其执行情况予以监督"。

7月8日，《南方周末》发表时评《查实"审计清单"人大可有哪些作为》。该文指出："人大可在启动监督程序、启动质询程序、启动特别问题调查程序、启动任免程序上有所作为"，并提出"人民期待人大及其常委会像审计署一样能积极地行使自己的权力，忠实地履行自己的职责，不怕做'得罪人'的事。"

7月9日，《新京报》刊发社评《建议给审计署'升格'》指出："当审计署向全国人大常委会提交了令人'触目惊心'的审计报告之后，人们除了对报告本身表示了极大的关注之外，还对审计部门如何进一步增强独立性，更加专注地履行公共财政'看门狗'的职责。"文章通过对我国现阶段的财政状况和审计工作的力度分析，提出了"给审计署以及地方审计部门'升格'，让他们从行政级别上高于其他的政府组成部门，利用级别优势对其他部门构成监督的强势"的建议。文章发表后，在社会上引起了强烈的反响，很多网友发帖支持《新京报》社评的建议，有网友提出："铁面李金华揭了这么多部门的家丑，应该通过提升审计署的地位来保护审计工作的权威和相关工作者的安全。"

一份审议清单引发的讨论表明，公民的法制观念在逐渐地增强，对公权力监督的诉求也在增强。系列时评文章可能并不能从根本上解决问题，但普通公民敢于向国家机关建言并提出对不良公权力进行监督的勇气和风气，让人备感欣慰。

（三）本阶段时评运作人代表：赵牧、刘根生、杨国炜

1."搜狐视线"创始人——赵牧

赵牧，1957年出生，浙江舟山人，复旦大学中文系毕业，有二十余年媒体从业经历，主要从事杂文、时评的写作，其中大半

与腐败为敌，现任搜狐博客频道总监。代表作品有《批评罗曼·
罗兰》、《中国人的生存系统》、《要治匪，先治警》、《来路不明的
狗官》、《人民是个什么东西？》等。

搜狐网时评平台的搭建始于 2002 年 8 月赵牧加盟搜狐，创建评论部，
并担当主任兼"搜狐视线"主编。是年，搜狐网为了在门户网的新闻平台
竞争中抢得先机，聘请了出身传统媒体并以言论见长的赵牧来筹建并主持
搜狐网的评论频道，除了深度整合重大的新闻，每天推出一期专题报道外，
还扩大了原来 FM365 网特邀评论员的模式，加强外联工作，邀请鄢烈山、
马少华、张天蔚、李方、焦国标、郭光东、黎明、童大焕、潘多拉、刘洪
波、谢泳、方舟子、张维迎等知名评论家和学者成为"搜狐视线"特约评
论员，建立了一时无二的时评队伍，并为所有作者建立了专栏页面。

当时的运作模式是每天整合一个专题，而且每个专题都有针对性地邀
请当时一流的特约评论员撰写评论，赵牧本人也不时为新闻专题配发时评，
很快"搜狐视线"就在网民中形成了巨大的影响力。

从这个作者群上不难看出，"搜狐视线"时评文章的写作领域和写作风
格呈现多元化，涉及政治、经济、文化、社会等多方面。

更重要的是，由于报纸和电视等传统媒体无法为时评设置充分的表达
空间，而"搜狐视线"时评的自由表达很快赢得了时评作者和广大读者的
青睐。"搜狐视线"除了提供优厚的稿酬（自选稿 300 元/篇，专栏稿 500
元/篇，明显高于当时传统媒体的稿酬）外，更重要的是选题开放，作者自
由度大，并且每天至少更新一篇原创时评，保证了量的充足。

赵牧回忆说，当时随着互联网更新速度加快，容量增大，网民跟帖、
互动等参与需求的不断强烈，"搜狐视线"的影响力也越来越大。这对搜狐
网的内容品质的整体美誉度、公信力的提升起到了很大的促进作用。

2003 年，时任网易总编辑的李学林在广州坐出租车时问司机师傅："你
上网不？"司机回答："上，看搜狐。"李怀疑地问："为什么看搜狐？"司
机回答道："看'搜狐视线'。"李学林这时猛然体会到了网络时评的影
响力。随即，网易开辟了"第三只眼"版块，并开设"网易时评"

专栏。

"搜狐视线"的火暴也引发了那些曾经没有意识到互联网威力的有关部门的密切关注。这也为后来商业网站网络时评被叫停埋下了伏笔。

赵牧认为,人的一切权利从表达的权利开始,不表达是一种放弃。表达的权利要靠自己争取。对于网络时评的发展走向,赵牧认为,过去的时评队伍,一向以专业的媒体评论员为主,而互联网使时评作者的队伍发生了重大变化,一是专业评论队伍迅速形成规模,如律师、法学家就重大案件比如"刘涌案"发表意见;另一个是在海量网民自由表达中屡见不鲜的独到见解,这个变化决定了网络时评从品质上讲,会越来越好。并且,随着越来越多的受过严格训练的传统媒体人员加入互联网,使得互联网媒体运营的水平越来越高,网络时评的水平也会显著提高。此外,由于网民的表达成为习惯,互联网这个意见平台也为公民社会的形成提供了极好的训练场所。

2. "根生时评"主笔——刘根生

刘根生,1955 年出生,江苏南京人。电大毕业后进入《南京日报》工作,从事新闻工作多年,现为《南京日报》要闻部主任、评论工作室主任、"根生时评"主笔,江苏省杂文学会副会长,南京大学新闻传播学院(新闻评论学)兼职教师。著有《独白》、《活着,我只欣赏生命》、《与生命约会》、《走出思想陷阱》、《有话就说》、《中国新闻评论范文评析》等。

刘根生从事杂文、时评写作二十余年,撰写文章数千篇。刘根生的时评立意高远、观点新颖、分析透彻、通俗易懂,在读者中具有较广泛影响。所撰写言论,三次获江苏好新闻一等奖。时评集《走出思想陷阱》获南京市第二届精神文明建设"五个一工程"奖。获南京市第二届优秀编辑记者称号。1999 年 8 月 11 日,《南京日报》召开了"刘根生新闻评论作品研讨会"。2004 年 9 月,刘根生获得了江苏省新闻人才最高奖——第四届"戈公振新闻奖"。

长期的积累使得他的文章充满思想性。刘根生曾这样说过："一张报纸，应该厚在思想，没有思想，再厚的报纸也是薄的。"他认为，身处地方报纸，要写出好的评论，既要吃透全国，又要明白地方，如果胸无大局，眼前也说不到位。简而言之就是：中央精神，地方实际。烂熟于心，文章自然倚马可待。

2004年年初，《南京日报》改扩版后，刘根生担纲主持每天一版的"时评"专版，并推出个人时评专栏"根生时评"，在社会各界产生较大影响，获得广泛好评。有研究者这样评价"根生时评"："《南京日报》推出的以刘根生名字命名并由他担任主笔的时评专栏'根生时评'以思想性强、贴近性强、时效性强的特征得到了南京市委市政府领导、广大老百姓以及报业同行的三重认可，为把《南京日报》打造为'有思想的大报'作出了贡献。"①

在时评写作上，刘根生特别注重交流。有一年"七一"，他接到撰写评论的任务，而且要求很高，他当即与《人民日报》评论部一位同志联系，《人民日报》的同人告诉了他两个关键词，一是"三个代表"，一是"对比两个80年"。这使刘根生豁然开朗，很快完成了任务，还受到好评。

他认为，时评需要多些理论含量，为媒体提供思想支撑。

3."红辣椒评论"创始人——杨国炜

杨国炜，1963年出生，湖南安乡人。农民出身，一无学历，二无职称。但是，他热爱网络，靠自身不断努力，在互联网的论坛上博得登高一呼的"江湖地位"。认同这种特有的资源和影响，湖南红网直接录用他为正式员工，后破格提拔他任评论部主任，并支持他创办了时评频道——"红辣椒评论"。

"红辣椒评论"频道是湖南红网开办的一个以发挥网络媒体优势、广泛反映民众声音、解读新闻现象的本质、正确引导舆论的言论栏目。开设有

① 尚婷婷：《党报如何办好时评专栏——从〈根生时评〉谈起》，载《传媒观察》2005年第2期。

"马上评论"、"辣言辣语"、"谈经论政"、"观点撞击"、"文艺评弹"、"体育观察"、"娱乐麻辣汤"、"幽默一刀"、"杂感随笔"、"媒体言论"、"特别关注"、"焦点周刊"等特色专栏。"红辣椒评论"是目前全国所有新闻网站中发表原创评论文章数量最多、转载率较高的原创评论基地。经过数年的发展,"红辣椒评论"逐渐成为在网络上有很大影响力的知名品牌,得到了中宣部、国新办、湖南省委省政府的重视和肯定,以及网友们的广泛好评。

它用一面看不见的网络旗帜凝聚草根思想大军,用一种听不见的虚拟声音呼唤正义与良知,以思想的广度和锐度站在网络评论的中央广场,使"红辣椒评论"不仅成为网络品牌,更成为公民意见表达的殿堂⋯⋯

"红辣椒评论"先后荣获第十七届中国新闻奖一等奖——新闻名专栏奖、第十四届湖南新闻奖——名牌栏目奖,2005年湖南好新闻奖网络新闻好专栏一等奖,被国务院新闻办公室互联网新闻研究中心、中国互联网协会互联网新闻信息服务工作委员会连续三年推荐为"中国互联网站品牌栏目"。2009年荣获首届中国新锐媒体评论大奖——网络类年度媒体奖。

"红辣椒评论"能够成为网络时评发展的一个范本,与杨国炜的时评理念是分不开的。杨国炜认为:"网络评论是介于纸质媒体评论与网络论坛评论之间的一种评论。相比纸质媒体的新闻时评不论是语境,还是写作方式上,都要相对宽松些。但又比那种比较随意的网络帖文严谨些,讲求些逻辑关系,写作技巧。"

杨国炜表示,报纸时评和网络时评是有分工的,报纸时评因囿于报纸版面,故刊登的文章具有一定的精英色彩。而网络时评,因具有门槛低、不受版面限制等优势,具有一定的草根味道。基于此,他认为,随着民主进程的推进和社会的不断发展,网络时评还有提升的空间。他认为,广义的网络评论,不应该是时评家们的专利,应该包括论坛的一些评论性质的帖文,新闻后面的跟帖。QQ、MSN中流传的那些评论性质的段子。

在杨国炜看来,公民写作不仅仅是怀着"公民精神"来写作,还包括人人都敢说、会说,每个人都可以说话,不管对与错,只要他说的话在一定的范围内，或者在一定逻辑层次上，是有道理的就行了。只要不超出一定的道德与法律底线，都应该包容。当大家都认为某种现在看似合理的东西，是一种束缚的时候，这种呼声就代表了民意。当草根的声音汇成海的时候，影响的就不只是草根了，而高层人士也会思考这个问题了。

（四）本章小结

报网时评的互动与整合，很大程度上激发了平民主张的崛起，催生了"舆论场"的形成，推动了公民社会的建设。

公共舆论是公共领域的核心，在国家社会生活中处于十分重要的地位。在市场和观念的双重鼓励下，各种传媒结合自身特点以不同形式，给公众民意和多元意见的表达提供机会。而时评则是引发公共舆论、引导公民参与的一种重要途径。比如，一些时评栏目、版面的开设，不仅吸引了众多读者"眼球"，更重要的意义在于它为公共搭建起了开放、民主的言论平台和展开公共辩论的舞台，也成为思想碰撞的有力载体。

近几年来，一些主流网络媒体为公众表达民意、参与经济社会及政治生活，提供了一个方便快捷的舆论平台。通过对人民网"强国论坛"、"新华论坛"、"天涯社区"、"凯迪社区"等论坛及网络博客的考察发现，网民借助论坛自由表达意见的空间十分广阔，也十分活跃。并且，网络构建的公共领域相比于传统媒体的公共领域极大地推进了民主性和自由性。公众通过网络参与国家政治、经济和社会发展重大话题讨论的机会，是在传统媒体时代不可想象的。

当下，信息传播正在从"道德传授"走向"大众交流"，从"单向传播"转为"互动传播"。"我为伊狂"和"孙志刚事件"等重大公共事件的媒体互动过程，就是公共领域模式的成功试验。其给予人们的启示是：传统媒体形成一个有意义的话题，继而网络论坛讨论这个话题并形成强大的民意，最后传统媒体报道民意以推动政府解决所讨论的问题。简单地说，就是三部曲："话题—民意—解决"。

不在媒介大融合之中涅槃，就在媒介大融合之中湮没。时评与网络的联姻与融合是传媒发展的必然趋势。这也为时评自身发展提供了更大的舞台。在公共空间里，时评借助网络论坛、网络博客等方式传播，不仅拓展了交流模式和沟通渠道，也在一定程度上延伸了受众表达权。

在新媒介生态环境下，面对受众的互动参与，面对诸多的声音管道和"舆论场"，如何夺取新闻舆论的话语权和主导权，是各大媒体应该也必须积极思考的课题。

六 权、钱入侵与新时评的坎坷转折 (2005—2006)

自诞生之日起，时评的发展从来都不是一帆风顺的。几度坎坷，几度勃兴。新时评同样逃离不了这样的命运。2004 年前后，商业门户网站的网络原创时评纷纷停办，采访权管理更加严格；2005—2006 年，一批报纸时评版停办、转型与缩水。

新时评发展道路逼仄的原因，主要有二：一是在中国的现实国情下，不同地区、不同管理部门对舆论引导和监管的尺度有很大不同；二是经营状况的约束，使得市场化媒体要靠强大的资金链支持才能维持运转，一旦经营状况出问题，就会引发采编变局，促使媒体放弃对公共话语的争取。权、钱入侵传媒，直接导致了新时评的坎坷转折。

（一）新时评的缩水与坎坷折射公共领域建构的艰辛：
权力与商业的入侵致使公共空间的压缩

1. 门户网站时评纷纷停办

伴随互联网"门户网站"概念的提出，从 1998 年下半年起，三大门户网站涉足网络新闻，新浪网率先开辟新闻频道，将新闻发布作为自己的主营项目。在一系列重大事件（尤其是突发事件）报道中，新浪网在时效性、连续滚动报道、全方位报道等方面令受众感受到了网络传播的威力。

网络媒体往往通过对众多新闻的选择、排列和组合间接而含蓄地表达自己对事物的判断。这得益于互联网的快速、海量和平等。然而，在现代网络传播中，网络新闻不仅要注重快速与海量，传递新闻事实本身以及全面展示各界观点，还必须高度重视观点、评论的力度，发出媒体自己的声音。

为此，2002年前后，搜狐、新浪、网易三大门户网站先后推出"搜狐视线"、"新浪观察"、"第三只眼"等专题频道，其中均有原创时评，并且为特约评论员建立网络文集。

搜狐网的赵牧和同事一道，先后创办的"搜狐视线"和"搜狐星空"红极一时。如果说"搜狐视线"是以专题为主导，那么"搜狐星空"则以时评为主导，但均秉承一个理念——"拒绝平庸的原创"。

2004年4月，出于舆论监管的需要，新浪、搜狐、网易等商业门户网站有影响力的原创时评频道和栏目均停办，这为新时评的坎坷埋下了转折的伏笔。新华网、人民网、红网等国家和地方政府新闻网的网络时评频道和栏目虽然被保留了下来，但是原创时评的刊载量和评论尺度有了更多的规定。

此后，商业门户网站与政府新闻网站的最大区别就在于商业网站没有新闻的采访权。它们只能从人民网、新华网等转载新闻，把报纸、杂志这些传统媒体的新闻"拿过来"，进行编辑后再发布出去。而人民网、新华网等政府新闻网站则有新闻的采访权和发布权。比如，人民网先后推出"记者连线"、"网上看民意"、"《人民日报》报系观点集粹"、"中央媒体观点集粹"等新栏目，同时加大了对"人民时评"的重视力度。建设这类栏目和频道的资源优势和品牌优势显然是商业网站所不具备的。如今，新华网、人民网等新闻网站正在向原创、独创、首发方面全面转型，大幅增加原创、独创和首发文章。"人民网的目标是，以新闻信息发布为核心，推动人民网多方面、多层次的发展，把人民网建设成为一个功能齐全的大型综合性新闻网站。"①

商业门户网站由于没有原创，便努力在网络服务、娱乐等方面大做文章。2004年5月，新浪网总编辑陈彤在接受《北京娱乐信报》记者提出的

---

① 李雪昆：《人民网总裁何加正：向原创独创首发全面转型》，载《中国新闻出版报》2007年3月19日。

"如何看待媒体有自己的声音和见解"的问题时说："真正的高手在网民当中。我们的使命是把事实本身准确客观并尽可能翔实地反映给受众，不要加进去过多自己的东西，认为'媒体视点高于一般受众'其实是不对的，很多受众的观点是高于媒体的。再者，我认为'时评'永远不是网络媒体的主要方向和思路。媒体只是社会的一分子。主要使命是传达信息，不要忽略受众的力量。其实我们的评论有些是非常客观的，有些则过分渲染。我们拒绝低水平的深刻。"

2004 年 5 月 22 日，在出席由南京大学新闻传播学院与中国江苏网联合主办、南京大学网络传播研究中心承办的"2004 年中国网络传播学年会"时，陈彤再次阐述了新浪网的基本理念："新浪网一直秉承'快速、全面、准确、客观'的原则，力图为网民提供最好的新闻信息服务。门户网站不过是社会基本信息的传递者和沟通者。商业网站的从业人员，要以平民的心态和身姿为同样是平民的网民服务。"

商业门户网站更加看重网络新闻的整合能力，充分发挥互联网在新闻整合方面的优势，而不是刻意追求原创。随着互联网从业人员素质的提高，特别是一些经过传统媒体训练的从业人员进入互联网媒体中，网络新闻及时评将会运作得更好。

2. 一批报纸时评版停办、转型与缩水

2005 年前后，一批报纸时评版停办、转型与缩水。2005 年年初，运作不到一年时间、较受读者欢迎的《武汉晨报》时评版——"说吧"关停。

随后，《中国青年报》、《武汉晚报》等媒体的时评版纷纷转型。"青年话题"由以前的周一至周五每周五期，恢复为扩版前的每周一、三、五的三期，后来更改为每周二、四、六的三期。

2004 年《武汉晚报》"声音"版创刊时，提出"追求新和快，对国内新近发生的人和事及时地表达一家之言。或斥恶扬善，或激浊扬清，我们希望将这个小栏目打理成颂扬真善美、鞭挞假丑恶的园地"。2005 年 4 月，当读者翻开《武汉晚报》的"声音"版时，发现其中找不到关于武汉及武汉媒体（包括纸质媒介与非纸质媒介）的半点信息。如 4 月 6 日的"声音"版，评论由头来源于《现代快报》、《中国青年报》、《三秦都市报》、《成都商报》和央视；再如 4 月 7 日的"声音"版，其来源分别为《北京晨报》、《新京报》、《南方都市报》、《中国青年报》和央视，而且事件与武汉没有半点关系。一份以武汉市民为主要阅读对象的报纸时评版，却不能同市民生活和武汉保持密切的联系。2005 年年底，《武汉晚报》"声音"版主要以转载其他媒体时评为主，不久后，"声音"版正式取消。2007 年，《武汉晚报》开辟了每期半个版的"说吧"版，但以聊侃性的话题为主，带有浓厚的副刊性质，已经失去了时评的味道。从武汉的"声音"版没有武汉的声音，再到武汉的"声音"版完全没有了声音，这其实是一件令人忧心的事情。

2005 年，《南京日报》扩版，从对开大报的 8 版、12 版，扩展为 32 版、40 版。其中开辟"时评"版，设置"大江时评"、"新闻观察"等栏目。不到一年，《南京日报》由于成本太大，经营效益不佳，重新把版面缩为 8 版、12 版，"时评"版缩减，恢复为原来以"根生时评"为主的传统党报评论布局。经营状况引发采编变局，导致《南京日报》时评版缩水，这也成为当今媒体时评坎坷的一种重要类型：糟糕的经营状况促使媒体放弃对公共话语的争取。

当然，时评缩水还有一个主观原因，那就是报纸时评的趋同性导致媒体竞争的消解，使得时评不再是媒体在差异化竞争中的"独门绝技"。甚至可以说，现有的许多时评版面存在着不少弊病，作者、题材、写法、版式上的雷同，评论娱乐化现象、浮躁之风日盛，无不吞噬着新时评的生命，制约其进一步的发展。

（二）新时评伴随公共舆论在公共领域建构中曲折前行：媒体带动民间力量推动规则转变

一个公民社会的健康发展离不开民间内生的力量。这个力量在本质上就是民主的力量，就是公民的力量。如何把民间内生的力量引入公共治理，用以重建秩序，正是当下中国面临的一个重大课题。

欣慰的是，在一些公共事件中，媒体时评引导公民表达，推进公共舆论，从而带动民间力量，推动政策、法规及一些制度的改变和完善。在这个过程中，媒体及公众不以政权为目的，只以规则为诉求。并且，每推动一个公共事件，就在一定程度上改变一条不合理规则。这是公民社会之幸，这是公民表达之幸，这也是公共领域建构之幸。

1. KTV 收费之争——时评为行业协会呼吁，与行政权力博弈

2006 年 7 月 7 日，国家版权局正式批复同意了由中国音像协会和中国音像集体管理协会筹备组对卡拉 OK 厅使用音乐电视作品收取使用费的报告。这意味着，卡拉 OK 收费成为定局。

国家版权局 2006 年 11 月 9 日正式发布公告，宣布卡拉 OK 经营行业以经营场所的包房为单位，支付音乐作品、音乐电视作品版权使用费，基本标准为每天每间卡拉 OK 包房收取 12 元人民币。

这种所谓的版权使用费受到了卡拉 OK 厅经营者的普遍质疑，有人说收费未经听证，程序有错；有人说年收费将有百亿元之多，版权局如何管理和使用这笔费用，凡此种种消息，都不胫而走。

以卡拉 OK 经营业主为会员的广州文化娱乐业协会，在国家版权局的卡拉 OK 版权费收费标准公布后提出质疑，公开发表声明：该协会会员不接受国家版权局公布的卡拉 OK 版权使用费收取标准，不向中国音像协会支付卡拉 OK 版权使用费。

广州文化娱乐业协会公开对"12 元包房费"说"不"，实际上是来自行业内部声音的最直接表达。

针对这一事件，媒体纷纷推出时评文章，对行业协会的做法表示声援，比如《娱乐协会抵制收费标准的喜与忧》[①]、《敢说"不"的行业协会有勇气》[②]、《广州文娱协会"无博弈则不缴费"符合程序正义》[③]、《行会代言 K

① 载《南京晨报》2006 年 11 月 22 日。
② 载《广州日报》2006 年 11 月 22 日。
③ 载《羊城晚报》2006 年 11 月 22 日。

厅，谁来代言著作人?》①、《KTV 版权费博弈中的法治期待》② 等。

时评对 KTV 收费之争进行了解码：冲突的根源在于利益。如果害怕与行政权力结怨，面对国家版权局的卡拉 OK 版权收费决定，行业协会完全可让会员们接受收费标准。虽然版权局是向经营业主收费，但行业协会凭借某种垄断权能，完全可以联合业主们通过涨价将成本转嫁给 K 歌者，这样既不会与权力冲突，又不会承担成本。然而这一次，行业协会敢于站在行业利益立场上，直接向上与行政权力进行合理博弈，而不是回避与权力的冲突，向下端的弱势消费者转嫁成本。媒体报道，特别是时评清晰地告诉人们：整合行业力量与权力进行合理博弈，或许这才是行业协会本应扮演的角色。

本是一场利益之争，但媒体为行业协会呼吁，对有关部门的利益给予回应，使得民间协会与有关部门的行政权力博弈得以延续。

应当说，作为一个民间行业协会，广州文化娱乐业协会敢于向有着官方背景的中国音像协会说"不"，其行业维权意识可敬。抛开其中的利益诉求不谈，单就一个行业协会的作用来说，能够真正替自己的行业说话，能够促进市场化的行业协会发展，这就是一个进步。

相比很多协会不仅不为会员服务，还趁火打劫，以各种名义收取会员的钱财，这种态度就更可敬了。也正因如此，此次协会以务实的形象出现在民众面前时，大家初感耳目一新，继而为此狂"顶"一番。社会批评家龙应台曾指出"民间力量强大才是真正国力所在"。在"民间力量"中，各种协会就是重要组成部分。它们也是构建公共领域的重要主体。只有各种民间协会和团体正常地运转，才能更好地使社会性的利益博弈摆到台面上，然后利益各方通过更充分的争议和辩论，以获得均衡各方利益、大家都能接受的妥协方案，这对于化解各种社会矛盾大有好处。

2. 圆明园湖底防渗事件——重大公共决策需接受社会监督

2005 年 3 月 22 日，兰州大学生命科学研究院教授张正春在游览圆明园

① 载《南方都市报》2006 年 11 月 22 日。
② 载《东方早报》2006 年 11 月 23 日。

时发现工人正在湖底铺设防渗膜，感到问题严重。

3月28日，人民网发表张正春的署名文章《圆明园铺设防渗膜是毁灭性的生态灾难》，其他媒体随后进行集中报道，引起社会关注。

3月31日，国家环保总局表态，圆明园湖底防渗工程未经环保审批，属违法开工项目，应立即停工，并补办环境影响评价审批手续。

4月6日，国家环保总局宣布："将于4月13日召开圆明园湖底防渗工程公开听证会。"期间，《北京晚报》做了相关调查。对在校大学生的调查数据显示，只有5.79％的人支持这个工程，84.46％的学生认为不妥或者强烈反对。只有10％的人认为它就是一个公园，71.78％的人认为它是一个文物，有76.83％的人认为这是一个历史。①

此时，众多媒体发表了系列时评，如《圆明园管理者为何与公众如此隔膜》。② 这样质问："怎样管理才是最经济最科学的，在这个问题上，圆明园管理者恐怕应该多尊重些、听取些公众意见。"《保护圆明园需要加强公众的参与与监督》③ 指出，在每一个涉及公众利益的公共政策领域中，鼓励公民对决策过程的直接参与和监督，就具有格外重要的意义。圆明园事件则证明了，良好的民主参与制度，是环境的保护神。希望这次听证会是一个新的起点。

4月21日，《中国新闻周刊》发表时评《圆明园听证会让一切展现在阳光下》。文章指出，听证会作为一种制度，有着它独特的意义。它要求决策者在决策之前必须按照既定的程序，同等地听取利益和主张不同的人群的意见，并在梳理和分析这些意见的基础上作出决策。而一切利益和主张不同的人们都能按照既定程序平等地在决策者面前陈述自己的意见，用证据支持自己的意见，则是他们为法律所保护的权利。

7月5日，国家环保总局全文公布了清华大学的圆明园防渗工程环境影响评价报告。环保总局副局长潘岳向新闻界通报，环保总局已组织各方专

---

① 数据摘自《北京晚报》2005年4月13日。
② 载新华网"新华时评"2005年4月11日。
③ 载《南方都市报》2005年4月16日。

家对环评报告书进行了认真审查，同意该报告书结论，要求对圆明园湖底防渗工程进行全面整改。至此，圆明园防渗工程从叫停到听证、环评、评审直至最后决策，国家环保总局都践行了当初"全过程公开透明，公众广泛参与"的承诺。

2005年7月21日，《南方周末》发表"总结性"时评《圆明园事件从百日维旧到百日维新》。文章指出：在圆明园事件中，政府依法公开行政与公众的理性参与相结合，提供了一个官民良性互动的样板。圆明园"百日维新"彰显了现代治理理念，弥足珍贵。应该说，圆明园的"维旧"尚未成功，"维新"也待推进。我们还认为：这种"维新"，不能结束于"百日"，也不要随圆明园事件将来的解决而中断，应该让解决圆明园事件所体现的民主与法治精神继续下去。苟日新，日日新！

圆明园事件让人们看到我国世界文化遗产管理中存在的许多问题。专家们认为，地方政府对风景名胜的破坏是最根本的破坏。不从根本上杜绝这种破坏，"圆明园事件"就难免有下一个。破坏风景名胜和世界遗产的行为难以约束，是因为我国缺乏有效制衡机制保护遗产，目前没有统一的自然和文化遗产定义和专门的遗产管理机构。而社会各界对圆明园事件的特别关注，体现出时代的进步。

媒体的参与，时评的解读，使得圆明园湖底防渗事件从始至终，都被置于公众视野之内，并且在公众的监督下，事件的本质越来越清晰，越来越深入，政府部门的态度也越来越开放，越来越科学。

该事件唤起了公众参与热情，是一次公众参与决策的尝试，也是公众不断提高认识水平的过程。公众参与这一事件，一开始并不是计划中的，但从初期的情绪化表达，上升到后期的公众建设性意见，说明公众参与在形成一种常态后，理性层面就会形成主流。圆明园遗址公园水的节约利用、植被的繁衍、文物的保护甚至历史的重温，都纳入各种媒体的广泛报道中，公众从中受到了一次集中的科学知识的"培训"。环保是"公众环保"，不是少数人的事，是全民的事，需要全社会的共同行动。环保个案的演进过程，无疑会大幅度提高全社会尊重自然规律的认识水平，促进人与自然、人与人、人与社会的最终和谐。

值得一提的是在这一事件中政府的态度。对于公众自发地维护公共利益的行为，国家环保总局能够采取积极的态度，主动引导，组织由各方面专家参加的论证会，使各种意见得以充分表达。同时，欢迎媒体的报道。这些行动使公众更全面了解了圆明园防渗工程的利弊得失，使公众最初的不满情绪得以化解，转而积极地提出建设性建议。政府从中学到了政务公开的经验：民主决策的过程体现了现代执政方式的新理念。政府只有充分发动群众，充分发挥公众参与的作用，才能实现双赢甚至多赢的局面。

3. 550万元天价医药费事件——公共舆论压力推进医疗制度变革

2005年11月，中央电视台《新闻调查》节目一则关于"天价医疗费"的报道，引起举国关注。该报道详述了患者翁某与哈尔滨医科大学附属第二医院的医疗费纠纷，历数医院过度收费、管理混乱和过度治疗等行径。经过几轮密集追踪报道，此事因花费总额达到"500万元以上"的天价，成为2005年影响最大的医疗纠纷案。在多数人的印象中，此事件正是一起黑心医院榨取无辜病患的超常恶性事件。以此为典型，反观中国医疗业之全局，则医患矛盾大有激化之势。

花"天价""买"来"昂贵的死亡"，背后的症结何在，要等有关部门的调查结果出来才能知晓，而已经深深刺痛人们神经的，是此事件引发的一系列有关医疗收费及医疗改革的追问。

追问一："重症监护"收费，谁来监督？追问二：开"大处方"、重复检查，为何屡禁不止？追问三：患者应该知道什么、如何知道？追问四：医院"自己监督自己"，何时到头？追问五：医疗制度改革，医院与百姓谁该受益？

医疗制度改革该往何处去？其实人们只想要，也只要一句话——最好的改革，就是让老百姓都能看得起病、看得"好"病！

《"天价医药费"不仅是医德问题》①、《天价药费暴露医疗监管惊人漏洞》②、《医生独立可遏制医疗腐败》③、《医生的职业底线就是履行法律义务》④、《一个医者对天价医药费事件的感触》⑤、《看病难折射医疗体制困境》⑥、《哈尔滨天价医疗费事件真相调查》⑦ ……

人们从事件报道,特别是时评的解读中,可以清晰地看到,要让老百姓看得起病,一定要打破行政垄断,打破了行政垄断才是真的市场化了,市场的最低价也才不会再是天价。靠痛骂医生起不了实质作用。

整个事件中,公共舆论风起云涌,而时评则扮演着不寻常的角色。各类媒体的时评报道分别从制度层面,从监管层面,从医院自身管理层面,对天价医药费事件进行了深入解剖,让民众能清晰地认识到问题的本质。

比如,严格的制度,是维护社会秩序与公共道德的准绳和尺度。规范医疗行为,仅仅靠医务人员的道德自律是远远不够的,还必须依靠制度的刚性约束。而制度一旦缺失,或者虽制定了但不落实,必然使各种违法违规行为接踵而至。

又如,为了遏制愈演愈烈的医院乱收费行为,除了切实加大政府主管部门对医院的监管力度外,必须抓紧完善医院内控机制,在医院推行规范化科学化管理。坚决纠正一切向钱看的错误倾向,把追求社会效益、维护群众利益放在首位。

再如,解决乱收医药费问题,关键在院长。医院院长要坚持有令必行,有禁必止。对乱收费问题严重的医院,院长应当受到责任追究。

在众多时评的科学解读下,在公共舆论压力的推进下,中国医疗制度变革步伐至少会走得更快一点。

---

① 载《大河报》2005 年 12 月 6 日。
② 载新华网"新华时评"2005 年 12 月 8 日。
③ 载《新京报》2005 年 12 月 8 日。
④ 载《工人日报》2005 年 12 月 8 日。
⑤ 载《南方都市报》2005 年 12 月 10 日。
⑥ 转自中央电视台《新闻调查》2005 年 12 月 13 日。
⑦ 载《财经》杂志 2006 年 2 月 19 日。

4. 哈尔滨停水事件——再次彰显"信息公开才有生命安全"

2005 年 11 月 21 日、22 日，哈尔滨市政府先后发布停水公告，公告中说，自 2005 年 11 月 22 日 20 时左右，市区市政供水管网将临时停止供水，停水时间约为 4 天（具体停止供水和恢复供水时间另行公告）。请市区内的机关、企业事业单位、个体业户和居民以及供水经营单位做好生产、生活用水储备，保证正常生产、生活需要。据环保部门监测，目前松花江哈尔滨城区段水体未发现异常，但预测近期有可能受到上游来水的污染。

21 日中午开始，许多正在上班的市民纷纷赶回家或打电话给家人、亲友，赶快储备生活用水。各大超市、小食杂店从 11 时许开始就涌进大批抢购水和饮料的市民，大街上、小区内到处是人们大量搬运矿泉水的身影。

22 日零时，哈尔滨市全市正式停水。

22 日，哈尔滨市教育局发出通知，从 24 日开始，哈尔滨市中小学放假至 30 日。

22 日下午，黑龙江省政府召开重大突发事件应对会议，黑龙江省委副书记、省长、松花江水污染事件应对处置工作领导小组组长张左己强调，松花江水体受到污染，省直各有关部门和沿江各市县必须把保障城乡生产生活用水作为当前的头等大事，密切监控水源，切实维护好正常的生产生活秩序。

22 日下午起，哈尔滨市已启动应急预案，部署协调饮用水市场供应，并已从省内各市（县）调水，由各区对口接收省内各市（县）的送水。

23 日，国务院总理温家宝主持召开国务院常务会议，研究加强环境保护工作，讨论并原则通过《国务院关于落实科学发展观加强环境保护的决定》。就关涉公众环境权益的重大危机，因其可能危及公众健康与社会秩序的突发事件，有关方面如何做到就或有的危险及早晓之公众，并果断地采用强制性的行政指令措施来应对危机。

23 日下午，吉林省副省长、吉林市委书记矫正中代表吉林省委、省政府对"吉化爆炸事件"给哈尔滨市民带来的饮水安全问题表示慰问和深深的歉意。

24日，国家环保总局有关负责人向媒体通报了事件进展情况，该负责人表示，因受到中石油吉林石化公司爆炸事故的影响，松花江发生重大水污染事件。污染带长约80公里，持续时间约40小时。

12月2日，中国国家环境保护总局局长解振华因松花江环境污染事件提出辞职，国务院2日免去了他的局长职务，并任命周生贤为局长。

12月30日，中国城市科学研究会和中国城市网共同发布了"2005影响中国城市发展十件大事"，11月发生的哈尔滨停水事件凭借其对中国城市公共安全的深层启示高居首位。

对于停水事件，媒体和网友先后推出了系列评论：《东方早报》的《信息公开才有生命安全》、《中国青年报》的《有坦诚政府才有理性公民》、《南方都市报》的《要学会"未雨绸缪"》、"新华时评"的《给忽视环保者猛敲一记警钟》、《南方都市报》的《局长虽已辞职　责任尚未问清》、《新京报》的《勇于担责乃官员应有职业伦理》、《人民日报—海外版》的《解振华引咎辞职凸显中国官员问责制日趋健全》、网友文章《哈尔滨停水事件——看看我们政府的脆弱》……

一篇又一篇时评都在向社会展示一个又一个简单却深刻的道理：政府的信息不仅关系到公共利益，也关系到每个公民的切身利益，信息公开是政府应承担的法定责任与义务。只有把信息公开，公民才能有效地监督政府，政务活动才能做到高效、廉洁、勤政、顺应民意。只有公开信息才能体现政府真心接受监督，才有利于打造"阳光政府"。

松花江污染事件再次暴露了有关灾情信息发布的缺陷。在这场灾难中，我们看到了人祸。

在现代社会，良好的信息报告和披露制度是人民安全的生命线。任何对信息的垄断、封锁和迟滞，都是对人民生命的漠视。毫不夸张地说，如果没有值得民众信任的政府，便不会有理性的公民。

接受教训的不仅仅是哈尔滨市，每一座城市，每一个乡村，每一个企业，每一个社区，都不可避免会突发公共危机事件，"水不来，先叠坝"，只有把"防患于未然"的理念深深植根于政府及其部门领导干部的心中，才能有做好充分准备的意识，只有领导干部真正把人民的疾苦和利益放在心上，才会时时刻刻想着如何避免危机影响群众生产生活。当然，抗击危机也不只是政府的事，民间力量的参与和监督，会更好地促进危机的解决。

（三）中国公共领域建构的不稳定性与不平衡性

1. 公共领域建构的不稳定性

在公共领域中，组织的行为目的不是或不仅仅是追求经济效益和自身利益的最大化，更在于自身价值的实现。在一个不同于传统意义上的集体中实现个体的强力自由，成为缓和各个矛盾体张力的重要因素。

在社会变迁、社会转型和社会现代化过程中，以公众的反映、议论、评价和呼吁为表现方式的舆论监督，在媒体所营造的信息环境中发挥着越来越重要的作用。公共领域的建构，是基于这样一种力量和功能，展示其独特的价值存在。

公共舆论是公共领域的核心，而时评则是引发公共舆论的一种重要途径。媒体参与公共领域建构的实现途径和实施手段是多种多样的，比如公开地报道事实、树立典型、批评越轨、及时褒贬、设置议题、组织讨论等。在新闻事业高度发达的今天，时评显然承担了舆论监督最重要的社会批判任务。

舆论监督的最大功能在于对社会环境的监视。一方面，它高度敏感，及时表达，总能率先感悟到并紧紧抓住时代与社会在这个时期呈现出的一切重要问题。另一方面，它以"旁观者清"的客观姿态观察和评论事物，常常会取得看清"庐山真面目"的效果。2004 年 2 月 24 日，新华社的消息显示，湖北省原省长张国光严重违纪违法被开除党籍。消息一出，很多媒体相继发出评论，但这些评论往往只说出张国光落马的警示意义等，关于张国光如何在辽宁省任职期间犯事的情况只字未提，直到 4 月 6 日，《杂文报》发出了作者署名为赵振宇的一篇早已投去的文章《张国光是怎样当上湖北省省长的》，起到了良好的监督作用。

然而，在现实生活中，舆论监督存在延时性特征，公共领域建构存在很大的不稳定性。特别是对于很多公共事件，公民表达的空间受到限制和压制，舆论监督也出现戛然而止的现象。

从整个社会形态上分析，媒体在舆论监督上出现的延时现象，最根本的是作为一种意识形态的工具，我们的舆论监督与西方的舆论监督的含义不同，在我国，它是一种有领导的监督，是作为行政职能的延伸而存在的。因此它既有解决问题的力度大的优点，但同时，杀伤力过大和对上监督的问题，始终是一种制度性的难题。这种宣传机制的制约必然导致媒体的"惧上"心理，"我惹不起，难道还躲不起吗"？这大概就是多数采用异地、异时监督策略的媒体的心态，这也是舆论监督异地和延时现象存在的根源所在。

舆论监督的异时化还与各地舆论环境有很大关系。有的报纸为了免遭麻烦，对大多的本地新闻在特定的时期内都不敢发表批评性的评论。取而代之的是隔岸观火，等待火候早点过去，有的甚至玩起了"远攻近交"、"隔山打虎"的游戏。但是舆论监督功能的最大发挥往往是在本土化和同步化中发挥作用，也是地方报纸的读者所期望和欢迎的，同时也应是我们政治体制改革的题中应有之义。如果报纸一味地滞后批评，延时监督，读者最终是不会买账的。

此外，作为社会组织的大众传媒的内在矛盾也不可避免地导致了延时监督现象的产生。作为受经营目标制约的媒介，特别是商业媒介，其目的是追求利润，争夺市场，必须生存，必须立足。如何做到既不唯上又不犯上，既开展传媒批评又不置自己于死地，实现彼此之间的协调，"异地和延时现象"或许也就是部分媒体不得已而为之的"万全之计"。

2. 公共领域建构的不平衡性

公共领域重要，毋庸置疑。同时，建构公共领域难，也众所周知。受现有传媒体制与舆论环境的影响，媒体在推进公共领域建构中存在一定的不平衡性。比如一个地方报纸，它作为地方政府的喉舌，在此地生存就要受此地的管辖，想要批评本地暴露的问题难度自然可想而知。在当前的形势下，舆论监督的异地化演变为一个可行的路径。

这种现象在一些都市类报纸中显现得最为明显。《南方都市报》的"深度"专栏，是专门以对事件的追踪深入报道为特色的专栏，其中很大一部分是带有质疑性质的批评报道，可以说是发挥舆论监督功能的典型。笔者对其在 2003 年 6 月 2 日到 10 月 9 日发表的 83 篇稿件进行粗略统计，其中报道广东本地的仅为 23 篇，只占稿件总数的四分之一，另有 10 篇报道深圳，加起来也还不到一半。其余的数十篇稿件所报道的事件涉及全国各省市，甚至包括日本福冈等国外地区。

客观而言，这样的舆论监督有利于公共领域的建构，但也显现出其不平衡性的鲜明特征。正如原"搜狐星空"主编赵牧在一篇题为《天边的大事和身边的恶》的文章中所写的那样："身边的恶虽'小'，制止却难；天边的事虽大，表达义愤却很容易，也没有人身危险。"

在公共领域建构中，媒体报道的监督特征表现得十分突出，而时评在舆论监督方面的异地化倾向也显得更为明显，即本地发生的事情，本地的媒体不便于评说，于是将此评论发到外地媒体发表，再通过本地媒体或文摘类报刊转载使本地受众知晓。最常见的就是，北方的敏感事件，南方媒体来评论；东部的敏感事件，西部媒体来评论；地方的敏感事件，中央媒体来评论；甚至会出现一些具有普遍关注意义的事件，除了本地媒体之外的全国媒体都来评论的现象。比如广东发生的孙志刚事件，全国评论界掀起了一股关于评说收容与救助问题的热潮，在舆论的压力和民意的推动下，导致违宪审查，并且废除了收容制度。另外，还有 2003 年湖北高考文科状元周迅落榜事件，第一篇报道是《武汉晚报》7 月 23 日刊发的，因为当时涉及湖北省教育厅的一些规定问题，当地媒体没有率先评论。本文作者于当天中午在"新浪时评"上发表了一篇评论稿件《高考状元落榜冤不冤》，对这一事件进行评说，当然涉及当地的某些领导机关。随后全国几十家媒体，也包括武汉地区的媒体纷纷转载，其中一些媒体也纷纷发表文章评论这个事件，在全国引起了一场关于高考状元落榜问题的讨论。

其实，舆论监督的异地化现象在每天的报纸、广播、电视或网络等媒体上都可以看到。这已经是一种普遍现象了。殊不知，在舆论监督异地化取得相关成效的同时，其所导致的公共领域建构的不平衡性的弊端又是显而易见的，不容忽视。

首先，"种了人家的田，荒了自家的地"，这是跨地区错位监督的必然结果。最明显的是，异地舆论监督会使本地媒体在本地受众眼中形成一个"遇事绕道走"的形象。甚至，舆论监督的异地化在某种程度上易于助长不良风气的蔓延。2003 年春天，当 SARS 刚刚突袭中国时，本土媒体的集体失语至今仍值得人们深思。

其次，容易造成监督的错位，影响最终监督效果。外来媒体很难像本地媒体那样熟悉情况、深知内情，容易出现错误，甚至制造伤害。2003 年，武汉某媒体在没有得到当地检察机关以及有关新闻主管单位配合的情况下，仅凭传言、推断，就在新闻报道中对湖北枣阳市市委副书记、市长尹冬桂用"保姆市长"、"女张二江"、"与多名男子有染"、"霸占司机 6 年"等这些词句定性。一起普通的官员受贿案，由于媒体报道不当而引发官司，在全国引起反响。

再次，严重阻碍政治体制改革的进程。一个地方舆论监督的好坏应是衡量一个地方政治是否昌明，领导人素质是否优良的重要标志。甚至可以说，舆论监督的加强与领导干部素质的提高是相辅相成的关系。舆论监督的异地化其实就是政治体制改革滞后的重要体现。它必然会阻碍改革发展的进程。

（四）本章小结

新时评的缩水与坎坷，折射出的是大众传媒思想传播在权力和金钱占主导地位的社会环境下所面临的现实难题。

改革开放以来，市场经济体制改革成为社会发展的直接推动力。同时，市场经济发展也造就了社会利益的细化与分化，使得社会各阶层越来越明晰自己的利益诉求。

当前中国改革的关键是转变政府职能。具体怎么转？国内著名经济学家吴敬琏说："我想是'三个依靠'：一是靠唤起政府工作人员对人民负责的精神；二是靠决策者对情况有清醒认识，有克服和破除阻碍的决心；三是靠公民维护权利的自觉性。"[①] 这道出了中国社会问题的本质。中国市场经济的真正建立，归根到底，还是需要法制建设、政府体制改革和完善民主政治等配套改革。

解决当前问题的关键，是要有一个正当的程序来解决改革发展问题。改革应该是政府和社会、富人和穷人、社会精英和公众互动的结果。只有政府权力，没有民间力量；只有富人的强大资本，没有穷人有组织的协商和自卫；只有精英的独唱，没有公众的喊声，出现权力资本化和资本权力化是必然的。作为公权力的政府部门，不能被部分利益俘房，而应保证公权力的善用，构建利益博弈的平台，让利益主体在平等博弈中实现共赢。

中国已经进入利益时代或者利益博弈时代。一个成熟的体制，同时也应是一个各方利益交织、充分博弈的舞台。如果各种利益诉求都能够得到有效的表达，从而及时影响和促动对利益格局的调整，那么社会就不会出现冲突乃至不稳定。

实践表明，普通民众迫切需要一种能够将其表达欲望有效转化为表达能力的代言机制与渠道。媒体则成为了不同利益阶层表达自身诉求的一个重要路径，其中报网时评理应承担起公民自由表达的重要使命。

然而，传播媒介自其诞生之日起，就带有商业与公共的双重属性，既有游戏娱乐、商业广告等功能，同时还有新闻监督、传播知识的功能。特别是中国的媒体，既要讲政治，又要会赚钱，使得媒体运作受到很大的限

---

① 吴敬琏：《把握三个关键环节 实现可持续发展——在"〈财经〉年会：2006 预测与战略"上的讲话》，载《财经》杂志 2006 年 1 月 17 日。

制。比如，一些具有批判功能的报刊在一定程度上刚刚摆脱意识形态的压力，向商业化媒体转变，但由于新闻版面与广告版面越来越密不可分，媒体又变成了有钱、有特权的私人利益侵略公共领域的入口。此外，报刊在市场化过程中也越来越容易被某些财团操纵。换言之，在当前的体制下，权力与金钱的双重制约，将是大众传媒长期面临的现实难题。

伴随市场经济的发展，社会利益阶层的分化，时评作者群体也正在逐步分化。为此，媒体特别是新时评应为不同利益主体的平等博弈提供公正、公平、公开的平台，同时还要在其中发挥好监督和平衡作用。

七 新时评作者群体及其类型划分

时评是公民写作的重要路径之一，应当言为心声，有感而发，不平则鸣。优秀的时评家应该具备演讲家的风度、战略家的高度、学者的广度和思想家的深度。中国新时期活跃的时评家群体正在用自己的行动向民众诠释时评的内涵，展示着大家的风采。

时评的形态越成熟，对写作者的要求就会越高，时评作者的分化就会越严重。就当前来看，时评写作也正在实现从"报人写作"到"精英写作"，再到"公民写作"的转变。并且，时评作者正在分化为四大类型：职业型时评作者、学者型时评作者、自由型时评作者、草根型时评作者。

（一）职业型时评作者

1. 主要特征与特殊作用

面对瞬息万变的社会，传统的新闻报道方式，无法满足现代受众的需要。现代受众不仅需要在第一时间知道事件的发生，而且还需要随时随地了解事件的进展情况以及事件背后的真相。可是，新闻的审批制度和重大事件采用新华社通稿的惯例，难免使新闻报道变成了"旧闻"报道。

网络媒体凭借其技术上的优势，既可以在事件发生的第一时间进行报道，也可以在事件发生的第一时间进行互动、跟帖、评论，不受时空的限制。当这种评论形式成为一种"公民表达"的手段后，各大知名网站和媒体都乐于向读者提供这样的平台。言论的表达成为不可阻挡的潮流。

网络媒体的兴盛将人们带进"观点时代"。读者、网民爱看时评，主要是因为它简短精悍，注重的是对作者观点的审视，或偏激或理性、或肯定或否定，完全由他们自己决定。开始习惯于说"不"的中国人对于那些只会唱颂歌、说好话的评论文章充满了反感。虽然无力改变现实世界，但人们都有想听到不同声音的心理诉求。

在传统的新闻报道失去优势，网络媒体迅猛发展的局势下，时评作为一种抒发民众情感与观点的文化载体，备受青睐。在这种情况下，时评专栏、时评版面、时评版块的快速兴起，从事时评运作工作的专职编辑、评论员，渐渐地成为时评界的重要职业作者。在纷繁复杂的变革时代，他们发出社会最需要听到的声音，特别是民众最想听到的"不同声音"，尤其是清晰而理智的声音。一批职业型时评作者由此出现。

职业型时评作者一般有以下三个特征：（1）媒体评论工作者；（2）经验型写作的代表；（3）"内编外写"模式明显。当前，我国市场化媒体时评版面或栏目的许多编辑也是其他媒体时评版面或栏目的作者，有的甚至是特约评论员。

时评作者对那些有悖于公平公正、良知正义的事，发出直率的怒喝与呼喊，对社会的发展提出自己的想法和见解。社会公众通过阅读时评，能引导他们用自己的眼力和智慧观察并且思考着周围发生的一切。在一系列的公共事件中，职业时评作者的出色表现，不论是他们的写稿，还是他们的编稿，抑或是他们的专题策划，均对促进社会发展发挥着不容忽视的作用。

对于职业型时评作者的现状，不少读者和作者也有些疑虑。如今，在报刊上频频亮相的时评作者，大多自己掌握一定的媒体资源，如主持报刊、网络时评版等。他们"利用'行业'优势而同'行'相怜，'权力'互换，你用我的版面发稿，我用你的园地赚钱，或者干脆自种自收"。① 这样一来，"时评"成为"时评家＋编辑"们之间的买卖，要引起警惕。

然而，职业型时评作者队伍的健康发展，除了严格自律、提升素养外，

---

① 引自《杂文选刊》2004年4月"卷首语"。

还需要一个更为宽松的舆论环境。今日，中国大多数报刊和网站仍然没有开辟时评版或评论频道，这是未来公民写作和职业型时评写作有待开发的一方处女地。活着，顽强地活着，这是当前时评的生命价值，也是职业型时评作者维护好时评写作平台和公民表达阵地的重要信念。

2. 主要代表：鲁宁、刘洪波、童大焕、曹林

"'专业问题'的深刻解读者"——鲁宁

鲁宁，本名王天鹰，常用笔名钱塘人、河杉，1955年出生，浙江绍兴人。15岁走上社会，下过乡、扛过枪、当过工人、上过大学、坐过机关，直至从事记者职业，现任《东方早报》首席评论员。20世纪90年代中期开始政经类时评写作。先后在《南方周末》、《南方都市报》、《21世纪经济报道》、《广州日报》、《当代经理人》、《瞭望东方周刊》等报刊开设个人时评专栏。先后已经出版《阳光会回来》、《卯粮还能吃几年》、《拷问经济生态》、《想清楚再玩》、《有所顾忌》等多本个人评论文集。

鲁宁从20世纪90年代中期开始时评写作，到90年代末期是个转折点，转型为以撰写"经济时评"为主。

他在2001年年初（《21世纪经济报道》创刊号起）至2003年年末的3年间，在《21世纪经济报道》开设个人"民间观察"专栏，每期一篇，以民间视角解析和评论各类政经现象。3年内，"民间观察"成为该报评论版的一个品牌。

鲁宁从2003年7月7日《东方早报》创刊时起，就开始主持该报的时评版。"社评"、"东方评论"等栏目，在上海乃至国内时评界独树一帜。"东早时评"现在已是上海、长三角乃至整个华东地区的媒体品牌，以稳健和理性的特点别具一格。

鲁宁认为，时评版的定位着重于以理性、建设性的立场，用言论参与改革开放，推动中国社会转型进程，立足于做一个批判的建设者而不是建设的批判者。读者定位于上海和国内的中产阶层群体，坚持主流意识，不

偏激，不"愤青"，以理服人，追求时评的心智启迪和思想传播价值，追求时评的知识性与专业解读。

在时评写作这个领域，比起许多更年轻的作者，鲁宁不是写得最早的人，但可能会是写得最长久的人之一。根本原因有二：一是接"地气"。中国人民大学新闻学院副教授马少华曾这样评价鲁宁："他是少数从基础起就真正深刻而持续地观察和研究中国社会的人，具体说就是观察和研究他所评论的中国经济领域。在如今社会对时评的需求超越了早期对观念冲击和价值判断的期待阶段，而越来越多地转向对事实判断和专业判断的期待时候，许多早期的时评作者感到力不从心，感到已被或将被甩下，鲁宁则肯定会是写得最长久的人。"[①]

二是鲁宁"胸有大判断"。在许多时评停留于简单的"事评"的时候，鲁宁及时转型到以撰写"经济时评"为主，很快进入"时势"、"时局"、"时代"评论的阶段。

公民写作是时评复兴过程中特有的或相对于国外最具典型的一种现象。因为有公民写作打底，近十年来时评界新人辈出，老作者中的佼佼者脱颖而出，成为当下时评写作队伍的领军群体。鲁宁便是其中的一个代表。

鲁宁认为，中国社会转型的渐进特征，很大程度上决定着时评读者队伍的层次性。换句话说，决定着中国民众思想启蒙、解放、思考、认知深度的渐进性。公民写作的庞大作者队伍中，大量的新成员基本是从阅读时评开始，逐渐产生"我也要发声"的内在需求，并逐渐参与其中，逐步找到时评写作的感觉而一发不可收。

他表示，公民写作现象的兴起，在中国代表着言论传播作为思想传播的复兴。大量公民写作的存在，一方面以广阔的范围和纵深，扩大着时评读者的队伍；另一方面，则为培育更多的精英时评作者队伍提供着生生不息的后备军。而这也为中国民众思想进步和解放提供了并将继续提供源源不断的精神养料。

---

① 马少华：《鲁宁与时评的命运》，载《中国保险报》"鲁宁评论专栏"序言，2007年1月。

他预言："未来几十年间，中国时评的主流形态仍然是公民写作，当然，精英写作也会在与公民写作并存中不断开掘自身的地盘。"

"思考的个体"——刘洪波

刘洪波，1966 年出生，湖北仙桃人。毕业于武汉大学图书馆学系，做过图书管理员，做过大学教师，也做过自由撰稿人，曾多次获得中国新闻奖和湖北省新闻奖，并在《南方周末》、《南方人物周刊》、《南方都市报》等多家媒体开设个人时评专栏。现为《长江日报》理论评论部主任、高级记者、华中科技大学新闻与信息传播学院兼职教授。已有《文化的见鬼》、《高雅的落俗》、《苍蝇的光荣》、《读出滑稽》、《淳朴的异议》等多部时评、杂文集出版。

作为杂文家转型为时评家的重要代表，刘洪波对于时评和杂文的异同有着更深刻的认识。刘洪波说，时评现在已经被人们看得很狭隘了。时评是由事而发的评论，"快"是它的最大优势，它最大地运用了新闻的评论空间。但它也存在着弊端，比如说新闻事实本身还未完全呈现，时评就已经出来了，这样的结果会导致评述的根基不牢，使得时评内容可能失真；同时，"快"也成为一种思维简单化、模式化的形式，导致时评缺乏深度。时评应该是思想信息的传达，而不只是对事实的褒贬。而杂文应该是一种短小的思想表达文体，它的表达方式非常丰富，除了学术方式外，也可以用生活语言、文学语言等多种语言方式来表达。如 20 世纪 50 年代的小品文就是杂文的一种表达方式。

当前，不少时评作者的写作，往往是在精神上寻章摘句，在思想上引经据典，理学家式地摇头晃脑，方程式般地导入导出，板板正经，不苟言笑。而刘洪波则认为，宽容自己只会使自己丧失写作的尊严。"我不允许自己变成这样，因此我现在写文章尽量不写重复的观点，有新的思想就继续表达，没有新的就不写，不会为发表而发表。"

对于当下时评的一些现象，刘洪波表示，在肯定时评现状的同时，还需要警惕一些现象。

第一，不要模式化写作。当前时评的模式化主要呈现为这几种形式：（1）众口一词，即简单复制；（2）唯政府反对，唯民间支持，即简单反对；（3）先摆事实，后论理，即简单框架，其实这种模式最初是为了避免评论因缺少由头而出现内容的异议，可现在人们却把策略性的应对措施变成了格式化的写作模式。

第二，不要神化公民写作。以公民立场、公民态度去写作是值得肯定的，但这种写作也要有个度。在公民权益得不到切实维护的时候，就要尽可能运用公民写作来维护公民权益，这时的公民写作是有深层次价值的。但人们绝不能神化它，要知道公民身份是有局限性的，更不能排除公民是基于国家而存在，一定时候也可能是恶的。换句话说，公民也会有丧失人性的时候。无论在什么情况下，人性应该是第一位的，它要高于公民性。评论也要基于人的立场，而不仅仅是公民的立场。写作可以是反公民立场的，反公民社会的，但绝对不应该是反人性和反人类的。

刘洪波一直主张，写文章要尽可能地把自己的观点和思想通过媒体传达出去，而不是尽可能被"枪毙"。尖锐不止是语言的尖锐，有个性的思想尖锐才是更好的。由于受社会环境的制约，个性化思想确实需要曲折或婉转的表达方式。所以写杂文和时评首先要保证文章能发表出来，给读者提供一个接收思想的渠道和途径。而要达到传播思想的目的，也就必须考虑到语言的表达技巧问题。

刘洪波对自己的思想定位是杂文、时评写作者，而不是宣传家、鼓动家。"对于我自己而言，我只希望是一个与别人一起思考问题的个体。因为我会想到自己文章的读者不是所有大众，而是一些有着共同思考兴趣的人，我应该努力为他们提供能够一起思考问题的可能性。"①

刘洪波说，时评家、杂文家的核心在于个人思考的兴趣，表达的愿望、较高学养和丰富的生活历练。思想源于个性的价值判断和思维方式，它是一种内化的过程，因此它应该是带有人气和体温的。时评的公共情怀不能丢。

---

① 陈栋、王丽明：《"我"只是一个与别人思考问题的个体——访青年杂文家、时评家刘洪波》，载《青年时代》2005 年 5 月。

"职业议论家"——童大焕

童大焕，1968 年出生，福建长汀人。曾在地市级政府机关工作十年，2002 年应邀加盟《中国青年报》，成为"青年话题"版面编辑，现为《中国保险报》评论版主编，在《东方早报》等多家报刊和网站开设时评专栏。作品入选《中国当代文学作品精选（1949—1999）》等众多选本，已出版《俯仰天地间》、《江湖上的中国》、《冰封的火焰》、《中国钥匙》等多本时评文集。

在今天公民普遍受教育水平不高的状况下，绝大多数百姓并没有养成用言论表达的习惯。也许他们善于用口头表达、用行动表达，但是却无法或不善于、不习惯用文字表达。于是，这个社会必然有一批"职业议论家"出场。童大焕踊跃地成为"职业议论家"群体中的一员。

童大焕认为，这个时期的时评必须永远是睁着一双批判的眼睛的，是与邪恶、黑暗的势力唱对台戏的，是着眼于人权的实现的，是始终防止公权力的滥用和扩张的。对人性、人权的呵护和对公权力的警惕，一脉相承，对人性、人权的呵护能否实现，往往取决于对公权力的监督和制约能否实现。

他认为，时评必须有三大功能：一是记录历史特别是记录历史的荒谬的功能，让今天和后来的人从历史中看到未来；二是对重大问题发出自己的声音，从而影响社会和历史进程的功能；三是启蒙大众提醒权利的功能。哪里有陷阱，哪些是疼痛，哪些表面上是典型的个案实则是普遍性的问题，还有，读者应该从你的行文逻辑中学会独立思考的能力。"启蒙"的意义，就在于让逻辑的理性成为每个人自由思想的武器，把独立思考的权利还给社会大众。从这个意义上说，"启蒙"绝不是那种居高临下的怀着道德优越感的说教，而是思考方式的逻辑能力在人与人之间的张扬和传递。

这是一个急剧变化的社会转型时代，新旧观念的交锋、新旧体制的摩擦、利益阶层的博弈乃至尖锐冲突，常常令人有眼花缭乱、措手不及之感。"为了顺利实现这个巨大的社会变革和转型，太多的利益需要妥协，太多的差异需要理解，太多的不解需要沟通，太多的对立需要消弭。"童大焕认为，在这个过程中，改革又有太多的迷津需要指点，太多的情绪需要发泄，太多的误差需要匡正，太多的要求需要呼吁，太多的观点需要交流。在风起云涌、此起彼伏的新闻事件背后，又有太多的真相需要追问。

当下的民众所缺的不是所谓"启蒙"，而是缺乏足够的表达，拥有表达优势的人不应因此以"民众师"自居。时评的根本任务，不在于开启民智，而在于约束公权。时评谁看谁不看，不是时评人能左右的。但有一点是不容偏颇的：不管你打算将时评写给谁看，独立之人格、自由之思想都是时评的精髓和灵魂。不管什么时代，它都不会过时。

童大焕对当下时评有这样一种"隐喻"：时评作为"公民写作"，时评版面就应该是"海纳百川，有容乃大"的声音的广场，谁都可以上来吼一嗓子，众声喧哗，才显得人气旺盛。但时评又被称为新闻的灵魂、媒体的旗帜，所以在众声喧哗中，时评版面又要努力寻找那种"一言九鼎"的非凡之音。因此，"意见领袖"的诞生其实永不可避免。"意见领袖"是能掀起言论波浪的那种人。"意见领袖"一旦失语，"沉默的螺旋"（集体失语）就必然出现。

"公正的旁观者"——曹林

曹林，1978年出生，江苏扬州人，现任《中国青年报》"青年话题"编辑室副主任。自读大学期间起，他便在报刊、网站媒体上撰写时评、杂文，先后在《南方都市报》、《新京报》、《成都晚报》等多家媒体开设个人时评专栏，是当今时评界青年时评家的重要代表。他在老老实实以时评文体作公民表达的时候奉行"六不主义"：不写假大空的东西，不抄袭别人的文章和观点，不媚俗，不媚权力，不媚编辑，不作无聊的争论。

有人会说，公民表达，表达的就是一种态度，理念不是关键，表达才是关键。曹林并不认同这种看法。他表示，时评绝对不仅仅是一种表达，它是一篇作品，它需要作者的独立思考；它要对事件发展起到作用，只有提出新的理念，提供一条新的思路，才能有效率地提起某种反思议程。

时评文体拿什么和新闻竞争？曹林认为，就是通过提供一种新理念，从而在价值判断上引领社会思考，从而在社会发展中积淀知识和思想资源，社会的道德情操才会进步。"停留于旧理念的炒冷饭中，一则无助于反思，更重要的是，无助于社会思想水平的提升。"

时评之所以能影响时事，很重要的一个方面，在于时评对新闻的超越，超越了新闻既有的信息，超越了新闻本身已包含的观点，以独立的姿态爆破新闻，从而成功地超越新闻设置出全新的议程，影响着时事的发展。比如，2004年俄罗斯发生别斯兰人质事件，央视节目中竟然就死亡人数设置有奖竞猜题，曹林写作的题为《这道冷血的有奖竞猜题让人颤栗》①的评论发表后，引起舆论对央视此举如潮的批评，有关部门严厉批评了央视，广电总局也迅速出台专门规定规范电视台的有奖竞猜节目。

能在时评中提出独到观点，体现了一个作者的独立思考能力和知识积淀深度，还有严谨的职业态度。独到的时评才能体现一个时评版的品质。

即使很难说具体哪一篇时评推动了社会某一方面的进步，但曹林说，人们可以感觉到，时评确实在潜移默化地改变着许多东西，它凝固着一些常识，启蒙着一些官员，为社会提升着许多底线。

写好时评要"三思而后动笔"。曹林说，主要就是思考别人会怎么看这个问题，尽量找到一种"公正的旁观者"的视角，既能超越一般读者的判断，又能让他们读后非常认同你的观点，觉得"你说出了他们想说而又表达不出"的话。好的时评并非停留在对与错的论证中，而是在对与错的价值张力中提升出另外一种富于人情味和普适性的思考。

有网友质疑曹林的文章"为何总是在批判，难道你眼里就没有美好的东西，没有值得歌颂和赞美的事物吗"？曹林对此很坦然：在现实语境中，过多的赞美和歌颂并没有多大的意义。

（二）学者型时评作者

1. 主要特征与特殊作用

2004年8月3日，《南方都市报》在时评版推出"宏论"版，开篇之作

---

① 载《新京报》2004年9月8日。

是中国社会科学院农村研究所研究员党国英所撰写的长文《"民工荒"正是我国经济结构性改革的契机》。"宏论"开版宗旨写道:"本报'宏论版'将不定期邀请国内外知名专家学者与公共知识分子撰文,针对时事新闻背后的纵深与时局,放言畅谈当下中国的大转型、大趋势与大命题……"紧接着,8月5日出版的《南方周末》又在其"视点"版推出"月度论文",并且表明"视点"版的宗旨:"刊登公共知识分子独立的分析、评论文章,点评网络论坛思想热帖,为读者独立、理性的思考提供兼容并包的思想资源。"学者时评专栏的平台被更多更大地搭建起来。

学者也是平民百姓,参与"百姓议政"是学者的重要使命之一。但学者型时评写作与普通作者写作有很大区别。对于是非很清楚的事实,学者型时评作者通常不爱写,或者兴趣不大。学者型时评作者的写作"冲动"主要有两点:(1)是与非不是很清楚,舆论大多认为是一种状态,而我不赞成;(2)争议性很强的话题,需要澄清一种观点。

当前,学者型时评作者一般有以下三个特征:(1)理论或科研工作者;(2)有强烈的公民表达欲望;(3)深厚的专业知识背景。

有些事情不明白、不特别清楚,时评写作者就不能乱讲,让熟知该事件、该领域和事实真相的"专家"去讲。专家、学者凭借自己深厚的理论积蕴、丰富的学科知识等发出的理性的、批判性的声音,往往能帮助公众冷静思考,增强对社会和现实的反思能力。为此,社会需要专家、学者的声音,也要求专家、学者主动融入公众之中。事实证明,这样的知识分子,不论是国内的还是国外的,都会受到公众的欢迎。

其实,借助媒体平台为民众"传道授业解惑",学者们的传媒化生存不应受到指责。广博的学术在与人隔绝的书斋或者实验室中是培育不起来的,而应该源于更广博的公共关怀和人文关怀。不论是从社会公众角度来说,还是从专家、学者自身发展来看,专家、学者都应该走出实验室和书斋,关注社会、关注民生,到公众领域摇旗呐喊,直接面向大众传授人文科学知识,并用自己的学术成果去影响、服务社会。这也是社会责任。

通俗化、大众化的语言，加上深厚的知识底蕴、科学的思辨色彩，是好时评的重要标尺。专家、学者拥有专业知识背景优势，能够从专业的视角审视新闻事件或现象，帮助民众看清事实的真相。为了满足受众的需要，媒体为专家、学者的表达搭建了平台，于是越来越多的专家、学者积极投身到时评创作中来。时评作者的专业化要求日趋明显。

我国著名学者王元化先生，在读了著名经济学家吴敬琏先生的《腐败：权力与金钱的交换》后，大发感叹："我只是从我们的市场经济的不健全，经济法规的不完整，以及由于钱权结合所出现的诸如批条子、卖配额等，来说明问题。直到最近，读了吴敬琏赠送给我的书以后，我才发现一些在文化领域纠缠不清的问题，经济学家已经作出了令人信服的说明。"①

可见，说理的有力武器，就是思想的高度。但思想性非一朝一夕之功。不同领域的研究成果，对写作的深度和广度具有举足轻重的影响。

一个学者型时评作者，应该既有不同流合污的"贵族精神"，又有不自命清高的"平民意识"。学者只有保持自己独立的身份，站在学术立场上发言，才可能做到客观公正，才不至于被现实的眼前利益所左右，才不至于随波逐流，从而真正地走向公众领域，为社会服务。

未来，有见识、有胆量、有勇气的知识分子将会成为时评写作的主将，成为众多主流媒体的专栏作者、主笔、观察员，甚至特约评论员。

2. 主要代表：秋风、党国英、乔新生

"独立学者"——秋风

秋风，本名姚中秋，1962 年出生，陕西蒲城人，现任北京九鼎公共事务研究所研究员。中国人民大学历史系毕业的他做过机关办事员，下海经商过，还做过夜班编辑并撰写评论。"秋风"这一笔名也开始见诸报端。他主要从事古典自由主义理论与奥地利

---

① 王元化：《人物·书话·纪事》，人民文学出版社 2006 年版，第 282—283 页。

学派经济学的译介、研究。著有《为什么是市场》，出版译著《哈耶克传》、《法国大革命讲稿》、《普通法与自由主义理论》等十余种，并主持翻译《奥地利学派译丛》。近年来，在《财经时报》、《中国经济时报》、《南方都市报》、《中国新闻周刊》、《万科周刊》、《经济导刊》等报刊开辟个人时评专栏。秋风被称为中国宪政领域少有的独立学者之一。

秋风说，很多知识分子，当他想影响公共事务时，他的第一个想法是上书，而现代政治已经是公共性的事务，媒体在其中能发挥很大影响力。政府政策要获得正当性，必须对民众通过公共舆论反映出来的诉求作出回应，这不一定是民主，但至少是个公共的事情。"我还是希望讨论怎么正确地解决这个问题。"

当前，秋风所有的作品都有一个基本的框架，这个框架基本上是指向宪政和法治。他的转向一度被人冠以"秋风有变"之名。在他看来，要理解中国面临的问题，已超出了经济学的能力范围。他还认为，履行责任就在获得自由。我们每一个人的努力才是法治与宪政在中国生根的根本动力，就是如果我们每一个人在与政府打交道的时候，坚持原则，主张自己的权利，捍卫自己的自由，那么法治的秩序就会逐渐地生成。

在激情左右大多数时评、时评重会杂文的时候，理性地分析问题，并寻找解决问题的办法，是最重要的。秋风认为，当前主要由媒体构成的公共舆论空间，表达民意，进行政策讨论，约束权力，形成关于政治的原则的认知，也生成公共伦理规则。

公共舆论空间既然如此重要，那么在这个空间发言的人们当然需要承担一定的伦理责任。他应当是负责任的，同时也是理性的。秋风说，表达意见不是为了逞一时之快，而是为了认真地解决问题；应当寻求不同利益的调和、和解，而不是煽动不同群体的对立与仇恨。

秋风认为，通常，激情会受到追捧，理性反而可能被群众忽视、鄙视。但只凭激情永远不可能找到解决问题的正确路径。能否走出激情的陷阱，对于知识分子来说，这是一个挑战。

除了写作时评外，对于"社会和谐"、"社会自治"等公共话题，秋风总是会提出一些独到的观点。

他说，要找到和谐，就需要重建"社会"，让那从权力之网中走出来的原子化的个人、经济人，成为社会人。每个自然的或自愿的社会性组织，都会形成某种规范、规则，它将通过人们的互相监督、模仿、激励，而驯化心灵，重塑行为模式。

他还说，优势群体有责任在新的市场化基础上重建社会分享机制，比如，建立起一套民间的公共品供应体系等。

本着"重要性、影响力、持续性、人格和道德"这四项评选标准，2007 年 5 月，《南方人物周刊》评出了他们心目中的 2007 年度的"青年领袖"。同时，通过《南方人物周刊》设立在新浪网的网上投票网页，网民们也选出了他们心目中的各路年度"青年领袖"。其中，在经济、法律领域评选中，杂志与网民的评选结果均是秋风。而在文化艺术、体育等领域，杂志与网民的意见却不相同。作为学者的秋风能成为媒体和众多网民心目中的"青年领袖"，足见秋风近几年来在经济、法律领域所作出的贡献及发挥的作用。

"三农舆论领袖"——党国英

党国英，1957 年出生，陕西子长人，现任中国社会科学院农村发展研究所研究员、宏观经济室主任。他从事农业经济学研究，主要业务专长是农村制度变迁问题研究，出版有《政治经济学的范围与方法》（与刘惠合作翻译）、《驻足边缘》、《经济学理性》、《中国农村改革》、《中国农业、农村与农民》等，被称为"三农研究领域的舆论领袖"。2002 年起，先后在《21 世纪经济报道》、《南方都市报》、《新京报》、《中国新闻周刊》等媒体开设专栏。

2007 年 2 月的一天，党国英看到"搜狐网友"给他留言："党老师，其实你可以去看看（平民百姓的）博客，可能你和他们有共同点，都谈政治。"看到这个留言他不免有些想法。

关于学者的作用，人们时不时地还会谈起。但党国英听到的许多关于学者的议论常常不着边际，包含着很多的误解。他对学者的理解有着鲜明的态度。

第一，学者也是平民百姓。在目前的中国，学者似乎容易成为"公众人物"，但在成熟的民主社会，经济高度发达，社会专业化水平很高，学者的专业化分工也很细，做公众人物不那么容易。学者做公众人物的现象越是普遍，说明这个社会的问题也越多一些。

第二，中国古代有"学而优则仕"，人们比较重视儒生的意见。现在的情况不一样了。但外界常常以为学者会对政策产生很大影响。党国英不赞成这种看法。如果学者的看法真能产生很大影响，也说明这个社会有了什么大的问题。道理很简单，现在官员也多是饱学之士，他们对实际情况其实很了解，但基层百姓以为他们似乎高高在上，什么也不知道。政策的出台是力量平衡的结果。学者讲了什么话，有时候好像对政策发生了影响，其实是"歪打正着"。民主政治越是成熟，学者的影响越是有限。这是一件好事情。

第三，学者的浪漫主义有时候比圈子外的"平民百姓"有过之而无不及。如果不接触实际，也不接触官员，学者的思考常常脱离实际。一般"平民百姓"有浪漫主义，是因为他们不大了解全局的情况；在中国，则是因为他们常常迷信权力。学者中的浪漫主义和一般"平民百姓"有相似之处，只是他们迷信的权力常常被他们加上"仁治"外壳。浪漫主义学者的一个典型特征，是用自己的选择替代别人的选择；甚至自己的选择也只是在嘴上，而不是在行动上。

第四，"平民百姓"这个词语太过笼统，我们不妨把它看做一个各类职业人的统称，所谓学者也是它们中的一个类别，学者和它们的关系是个别和一般的关系。在专业化的社会，人们之间会有不同的信息资源优势，各有各的发言权。中国百姓比许多国家的百姓更关心政治，而平均来说，百姓的政治见识不会比专业人士来得高明。

他说，一个社会七嘴八舌是很正常的。但在以前，看着很多时评观点，觉得不可思议。"别人写的看不上，与其别人说还不如自己说。"于是，很多研究者经过自己调查、思考以及人生阅历之后去从事时评写作，会有一定的优势。

党国英说，时评的作用就是传递信息，化解社会冲突，防止过激思想传播的影响。时评有平衡利益集团关系的功能。多元社会中，难免站在某一个利益集团的立场上，互相争辩，导致别的利益集团让步。

党国英倡导理性写作，但并不反对有人为利益集团写作，对一个社会的良性发展而言，争辩是有好处的，是健康的体现。专家、学者写时评是不是一种好的现象？这是时评运作中正面临的问题。专家学者对某一个领域研究深刻，写作时评有独特的优势。

时评写作需要专业化，写作者评说的领域要相对稳定。社会越发展，专业化程度会越高，假如什么都评，不可避免会说外行话。党国英说："这是不负责任的表现。学者型时评家要言别人之所未言，说出的话，写出的观点，要努力成为领域内的高度。多写一些学理性时评，多写一些新议题的时评。"

在"三农"问题上，党国英很多时候就是借助媒体平台和时评手段，把思想传递给民众，从而发挥舆论引导作用。他撰写的一批重要题材时评，如《大国复兴的"三农"战略》、《"三农"难题与就业》、《乡镇机构改革路在何方》、《"三农"头上的土地之剑》、《中国"三农"问题与对策》等，赢得了民众的深度喜爱，受到了决策部门的高度重视。

党国英认为，时评的一大特性是批评性，但批评政府，首先要了解政府，而浪漫主义往往会导致盲目的批评。

党国英说，他原来也不了解官员，后来逐步了解了。其实，他们对社会现象的了解比学者更深刻，但在解决问题的可操作性上受到各方面的限制。因为许多是体制原因所致，并非个人或群体在短期内能够解决的。党国英近几年的一个治学体会是，不要低估官员对实际情况了解的程度，也不要低估一些官员的创新冲动和创新智慧。官员中的确有"位子"决定"思想"的情形，因此，他十分重视退休官员的意见。因为，许多官员在退休前后的言论是不一样的。

"法治先锋"——乔新生

乔新生，1963 年出生，湖北武汉人，现任中南财经政法大学法学院教授、中青年研究中心副秘书长、武汉经济法研究会理事、湖北民法学会常务理事、中国商业法研究会理事。20 世纪 90 年代开始时评写作，先后在《东方早报》、《南方都市报》、《北京青年报》等媒体开设时评专栏。他主要从事商法的现代化与当代经济法的发展研究，特别关注中国转型期制度变迁与人的价值实现，以及社会分化后弱势群体的利益表达，除了从事法学研究外，已出版《新闻传播法研究》、《新闻即观点》等新闻学专著。

乔新生认为，时事评论的空前繁荣，不仅放大了新闻的传播效应，而且为公众提供了表达的空间。时事评论的不断增多，既暗合了中国社会多元化发展趋势的要求，同时又促使不同的阶层和群体透过新闻媒体寻找共同的价值判断。

作为法学专家，他对时评的理解十分独到。

时评不是观点的宣泄，也不是看法的大比拼，而应该是充满理性的讨论。我们需要观点，但我们更需要支撑观点的理论。①

时评是新闻观点的再表达。时评为新闻读者提供阅读背景，给读者提供新闻专业解读，表达读者的意见等。时评中的社评应该反映媒体的观点，专家评论应该是新闻事件的权威解读，读者评论应反映各方的意见。②

时评是一种特殊的新闻表达方式，时事评论员需要借助于新闻记者的腿、政治家的嘴、公众的眼睛、专家学者的思维，全面分析新闻事件和新闻观点。③

乔新生认为，撰写时评不只是表达观点的一种方式，也是一种很好的

---

① 引自《您对当下时评生存状态如何评价，期望是什么?》，《江南时报》2006 年 12 月 29 日。
② 乔新生：《转型期中国时事评论的嬗变》，载《新闻前哨》2007 年 1 月。
③ 乔新生：《时评炒作不利学风文风》，载《大公报》2006 年 8 月 13 日。

学术锻炼。时评让他在更大范围内听取意见，所以对开阔思路非常有帮助。时评让他关心更多的东西。

乔新生对西方的时评运作高度赞赏。他说，在西方国家确实有一大批专业的时事评论员，这些人具有丰富的新闻从业经历，对所服务的新闻媒体及其读者的价值判断了如指掌，他们能够在非常短的时间里，捕捉到新闻中有利于反映读者声音的要素，并且通过时事评论放大出来，产生更加深远的社会效果。

乔新生认为，西方有些著名的新闻媒体为了帮助读者了解政府的公共政策，了解法律制度等专业知识，特意为具有专业背景的学者开辟专栏，让他们从专业的角度解读公共政策，全面阐述所在媒体的基本价值观念。这种时评的专业化，既反映了社会多元化的需求，同时也体现了新闻媒体阶层化的要求。在成熟的社会，不同阶层、不同群体的人士都能在自己所喜欢的媒体上找到想要表达的看法；整个社会的意见领袖能够真正代表不同阶层、不同群体发表专业性意见。

中国当前社会发展存在着不少问题，譬如两极分化十分严重，"三农问题"亟待解决等。对此，乔新生指出，中国的时事评论员不但没有像 20 世纪的毛泽东那样，走村串户，进行田野考察，撰写有价值的调查报告，并且针对中国社会发展中存在的问题发表真知灼见，反而针对某些个案，不断地进行新闻评论炒作，这种不良的学风和文风，必将导致中国的时事评论进一步堕落。

他期待中国的时事评论能够真正体现不同阶层、不同群体的声音，能够为创建和谐社会搭建宽广的平台，能够真正激发普通中国人健康地思考、理性地表达，真诚地讨论。

（三）自由型时评作者

1. 主要特征与特殊作用

中国文人自古以来就有"创作自由"与"自由创作"的追求。前者是要求客观环境所保证的东西，后者则是作家自身所具有的东西。只有那些能进行"自由创作"的人才称得上是"自由作家"。

在中国，自诩为作家或被称为作家的人很多，其数量恐怕是世界第一，但够得上"自由作家"的却很少，自由时评家则少之又少。做一个自由作家其实是一件很严肃、很艰难的事。有的作家看起来很自由，但一看他（她）的"情趣"（作品或生活中自然流露出来的）就知道其人毫无自由可言。

媒体时评的专栏化运作为自由型时评家提供了一定的施展空间。时评专栏的功能，就是扩充编辑部的眼界。媒体专栏邀请专业人士写稿，是出于制度上的设计，引导好舆论的同时，给作者充分的言论自由。

以《纽约时报》为例，评论版有四部分：一部分是社论，一部分是读者来信，一部分是专栏，一部分是评论。报纸容许专栏作家天马行空，比如签约几个专栏作家，每周他们为版面定时提供几篇文章。专栏制度保证了作者可以说一些编辑们很难接受的观点的权利，给民众提供了更广阔的视野，从长远看不仅让作者更有创造力，也让报纸充满生机。

专栏作家是一个新起的专业群体。在西方国家，专栏作家是一个重要的意见领袖群体。即使他们的收入、待遇不一定能进入整体职业群体的前列，但在最可信的影响力群体的排名中，他们甚至可以超过国会议员等职业。西方的专栏作家队伍囊括了新闻、政治、经济、文艺等众多领域人士。其中，有一些人以为多家媒体写作专栏为业；一些人本身就是著名律师、经济学家、社会学家或者媒体工作者等。

在中国，时评专栏作家也正在成为一个很重要的社会群体。20世纪20—40年代，包括鲁迅、胡适、周作人、夏衍、周扬等一批作家在各类报刊上都开设有专栏。他们出版的很多著作都是专栏文章的汇编。

中国新时评专栏写作的兴起就在近十年。《南方周末》、《中国青年报》、《南方都市报》、《新京报》、《中国新闻周刊》等媒体均形成了各具特色的专栏与专栏作家群体。鄢烈山、马少华、连岳、秋风、周其仁、叶檀、乔新生、潘多拉、葛剑雄、朱学勤、赵晓、薛涌、贺卫方、徐友渔、朱大可、易宪容等，对很多读者来说已经耳熟能详。他们有的是全职，有的是兼职，在报刊、网络媒体上开设专栏，发表他们对小到生活细节、大到时事政见的各类评论。许多专栏作家能定时定期供稿，也有一些是有感而发。

专栏作家在很大程度上是知识分子公共化的一种表现形式。他们针对新闻事件或现象，以其敏锐的触觉、独特的视角、深透的洞察力和富有个性的文字，精悍别致地形成论说之文，形成了一种独特的社会事实揭示模式。

当前，自由型时评家大致有以下三个特征：（1）学识渊博；（2）个性独立；（3）专业写作精神。

自由型时评家大多是特立独行的代表。比如，薛涌、连岳、长平等都被读者称为"有才气、有个性的人"。他们有一段媒体工作经历，或正在媒体工作。他们的写作坚持自己的风格，有的甚至开辟了新的写作风格，或树立了新的写作理念。薛涌的国际化视野，连岳的率直犀利，长平的宏大气势等特征十分明显。

不同领域的专栏作家掌握着这个领域最广泛、最权威的信息，更重要的是，在经过分析、判断后，能把有益于社会、民众的观念和思想传播出来，既能反映民众心声，平衡社会需求，又能参与公共表达，开展舆论监督。单独去看某一个专栏作家，难以体会到其发挥的社会功能，但是当把他们当作一个群体分析时，人们就能感受到，他们既是我们观看复杂社会的一些透视镜或望远镜，也是一些将微观社会感受转变为具体可读可析对象的服务渠道。

在这个公民社会，我们不仅需要专栏作家，我们还需要更多的优秀专栏作家。

2. 主要代表：薛涌、连岳

"思考的贵族"——薛涌

薛涌，1961 年出生，1983 年北京大学中文系毕业，先后就职于北京晚报社，中国社会科学院政治学研究所。1994 年赴美，

1997 年获耶鲁大学东亚研究硕士学位，1999—2000 年在日本进修，现为耶鲁大学历史系博士、波士顿萨福克大学历史系助理教授。曾主持《北京晚报》专栏"百家言"，2002 年日韩世界杯期间加盟《足球》，已出版《直话直说的政治》，《右翼帝国的生成》等专著。

薛涌对文化，尤其是精英文化极其热爱。为此，他非常热爱浸透了精英文化的耶鲁大学。这也使得已过而立之年的他远赴那里求学。

薛涌的文字多为时评杂论，一般而言，都是对当下的时事世象评头论足，讲求时效性，具有针对性，更拥有国际化视野。

从根本上说，薛涌不停地写这些杂文时论，还是源于知识分子的一种责任感，对民族前途、民众利益的担当。他曾被某主流杂志评为"影响中国公共知识分子 50 人"之一，但从那一篇篇针砭时弊、影响公众的文章来看，要保持如此高产和热心，恐怕除了外在的现实压力之外，更重要的还是保有一颗赤子之心。他选择以文字为武器，以时评作为传达知识分子态度的渠道，与他一贯的行为和思想有关。无论是身处庙堂，还是漂泊海外，一文一字总关情。

薛涌的文章，具有杂文的一般特征：犀利、透彻、幽默，知识广博，快意恩仇，一针见血。更重要的是，他是以美国作为参照来观照中国的社会现实，这无疑是他的宝剑锋利的主要缘故。中国的现实问题，单纯从内部寻求解决之道，恐怕只能是万绪千头，无从下手，借"他山之石"，"师夷长技"，就多了一种参照和标杆，或许能让问题更易于得到解决。

以"中国房地产暴利批判"为例，《我们怎能听任任志强得势》一文指名道姓，直中要害。尤其是他对地产大佬任志强的批判，事情清楚，理由充分，逻辑力强，深得人心。在《财阀学阀欺行霸市》一文中，他援引美国的事实反驳了董藩所谓的"公布房价成本就是一种'国耻'"的荒谬言论，分析了既得利益集团是如何欺瞒民众，损害普通百姓利益的。在《美国的房价》一文中，他引用种种数据，对比中国和美国房价变化的情况，证明中国房价是不合常理的高。

以美国为借鉴，以欧美文化为参照，让薛涌的文章具有一种国际视野。他是一个横跨中西文明，身在他乡，心忧故国的知识分子。他是一根会思考的草根，但更是思想的贵族，为中国自由型时评家提供了一个生存模本。

来自上海的网友"龙在田"对于薛涌的写作风格作了这样的评价："作为先行者，他做了一定的新思潮的普及工作，这是应该肯定的，而且由于时代的局限，我们也不应该对其过于苛求。"

"至少我认为"——连岳

连岳，本名钟晓勇，1970 年出生，做过教师、检察官、地方报记者，后担任《南方周末》记者、《21 世纪经济报道》编辑，2002 年起做专栏作家。先后在《南方周末》、《城市画报》、《上海一周》、《南方都市报》、《新京报》上开设专栏。已出版《来去自由》、《我是鸡汤》、《神了》等专著。

厦门市区有条路叫"莲岳路"，连岳这个笔名起源于此。

连岳写时评从 1997 年算起。当时他在《厦门晚报》任专职评论员，主持言论专栏——"鹭江晚茶"。1998 年起开始给《南方周末》的"百姓茶坊"版写稿，并主笔"看到就说"栏目。这个栏目主要对上期《南方周末》一版新闻事件进行评述。

从 2001 年起，连岳在《南方周末》的"时事纵横"版开设时评专栏"自以为是"。当时，空前辉煌的《南方周末》引起了读者对时评的高度关注。这个栏目成为一个很好的思想传播的平台。

2004 年，连岳在《南方都市报》"个论"版开设"至少我认为"专栏。这表达了他的一个写作理念：这是我的个人看法。而这也正是连岳的时评观：时评是充满"偏见"的文体，我写时评既不客观，也不公正。

2006 年，连岳在《潇湘晨报》"湘江评论"版的"知道分子"栏目撰写专栏时评。

连岳认为，时评写作是"动气写作"，动气多了，要么气坏了，要么会出现"审丑疲劳"。因此，他每周只写 1—2 篇重要媒体时评的约稿，其他的约稿均推掉。经过长期的专栏写作，连岳对时评的定义有独到的理解。他认为，时评就是搞点破坏，从一定意义上讲，也是建设。时评是公民写作，公民对时事的关心和议论也正表现出民众对时事的个人立场。

他认为，"南都时评"的"社论＋个论＋来论"的结构布局是非常成熟的模式。既保证了固定量，也保证了持续性，还体现了质的代表性，符合媒体时评的运作规律。

连岳说，理想中的时评专栏是《纽约时报》的专栏，简单明了，一语中的。在中国的现实语境下，有些时评在表达观点时需要"绕着说"。结果，很多作者把手段当目的，把时评文章写得很冗长，但又不能解决问题。

"时评就是'手术刀'，好在哪里，不好在哪里，解决途径在哪里，把话说得平白、简短、直接就够了。"连岳这样理解新时评未来的写作方向。

2007年3月，连岳在自己博客上开始关注和呼吁厦门PX项目的危害性，并积极参与到"公开表达不满"的行列中。他给第一篇帖子取的标题简洁明了——《厦门自杀》。

从"告诉厦门人民怎么做"到"普及PX常识"，再到"参加市民座谈会"，他转载和发表的一系列文章唤起了民众的重视，引发了民众的思考，更激起民众维护权利的勇气。

连岳是幸运的，他的自由职业身份给了他充分的表达空间——当地的媒体上是连这条新闻的影子也见不到的。

2007年12月，厦门PX事件落幕了。多赢局面已经出现，政府与公民一起成长。有人统计过连岳在这个事件中的坚持与努力。如果把连岳博客上所有关于PX的文字下载下来，用5号字、A4纸打印出来，将会超过150页，字数则在15万字以上。

值得一提的是，2007年岁末，为此持续努力的包括连岳在内的"厦门人"，被《南方周末》作为一个整体，当选为2007年度人物。另外，连岳还入选《南方人物周刊》"2007年度中国魅力50人"之民间人物。这是对厦门市民的整体褒奖，也是对连岳这位专栏作家的充分肯定。

连岳已是当下中国青年时评家的代表，其幽默、机智、恣意横飞的想象力、宽泛得让人咋舌的知识面让他的文章文采飞扬、思想横溢。他的博客"连岳的第八大洲"也一度被认为是最优秀的中文博客之一。同时他的时评专栏则体现了他的率性、犀利与智慧，受到很多读者的热捧。

（四）草根型时评作者

1. 主要特征与特殊作用

从层次和特性来划分，声音可以分为三类：庙堂之音、朱门之音、草根之音。

庙堂之音，居高临下，洪钟大吕，威震四海。身居庙堂之上，常常会是长篇大论，不需要你听明白说什么，只需要你——听话。

朱门之音，白玉为墙金作马，有钱在兜气自粗。不管老板还是伙计，只要是大机构出来的，自会频繁亮相于媒体。许多新概念、新思想、新理论便属于这类声音。

草根之音，则是那些茫茫的原野之上的"风之歌，雨之唱"。他们是简单的、自然的、活泼的、通俗的、生动的、明白的。

草根之音相对庙堂之音而言，是渺小的，相对朱门之音而言，是浅薄的。但草根之音却是伟大的，这种声音拥有生命的真谛，充满活力。

依据我国现阶段贫富划分的结果，属于草根阶层的人士占大部分。就某种程度而言，衡量目前在中国进行的改革是否取得了巨大成功，一个主要的参照标准，就是要看草根阶层从中获得了什么样的利益。

对于某一个事情的理解，精英有精英的认识，草根有草根的见解。一个开放、成熟的公民社会，就是要让每个阶层都能充分地表达自己的意见与想法。这正是改革的应有之义。

丰富的世界需要不同的声音，和谐的社会也离不开多元的声音。改革开放以来，人们逐渐敢说话，为时评提供了主体源；信息爆炸，媒体繁荣，为时评提供了众多的载体；社会转型，新旧利益格局碰撞，各种矛盾交织凸显，既为时评提供了丰富的话题，又要求时评作者拿出"解药"。为此，时评文章大量涌现，时评队伍不断壮大，草根声音日渐响亮。

当前，在新时评写作中，一个庞大的草根群体已在不知不觉中切入了社会的脉搏，起到了公民应有的监督社会的作用。这些草根型时评作者一般有以下三个特征：（1）自学成才；（2）个人表达欲望强烈；（3）批判现实，为民代言。

事实表明，普通大众永远是时评的主力军。他们从自身的利益和见解出发，发表自己的意见和诉求，其目的是为了主张"无权力"的权力，让社会上那些有影响力的人倾听他们的呐喊和呼声，体会他们的艰辛与困惑。正如河南时评作者郭盛永在谈到自己的写作体会时说：

> 我虽然文化底子不厚，可遇事也爱品评一番，有时候"无事生非"，动笔画画。关于时评，近年于不经意中发现了它，见类文就剪裁、下载，觉得都是自己想要说的话，可谓时代新品，是社会各阶层交流思想、辩思析理的平台，我管它叫"布衣杂文"、"百姓之音"。因而，我也秉笔抒怀，成为"大龄新手"。为此，常常挑灯夜战，节假日不停，把别人打麻将、泡酒吧、执杆垂钓或游山玩水的时间，投于上网、笔耕。[①]

2007年12月30日，知名评论家徐迅雷在博客文章《2007年最佳时评家在日本——寄望2008年中国时评》中写道：

> 2007年的最佳时评家，不是中国人，而是日本人，因为他们只写了一篇只有一个字的时评名作，却震动了世界，那就是一个"伪"字。用一个汉字来概括一个国家一年的世相百态，这个犀利的"伪"字可谓实至名归，它清晰揭示了商界见利忘义、政界背信不仁等。而揭伪立信，恰是体现了公民的责任意识与人间情怀。

当下的中国存在一个危险的普遍现象——"社会断裂"，即社会的精英阶层和草根阶层之间的裂痕扩大为巨大的鸿沟。但是草根阶层理应在改革

---

① 郭盛永：《不自谦的"时评家"》，载《大河报》2007年8月21日。

的进程中有更多的声音表达渠道。

草根声音的响起，正是社会发展、民主进步的结果。珍视草根的声音是构建健康舆论生态和公共领域的必要选择。在涉及民众利益的重大政策改革时，政府不仅要倾听专家学者们的声音，不仅要倾听人大代表们的声音，不仅要倾听企业家们的声音，还要倾听草根阶层的声音。在这一点上，草根时评责无旁贷。当然草根阶层首先要学会表达，这为草根时评发展提供广阔的空间，也对草根时评写作者提出了更高的要求。

当草根时评越来越多地受到关注和珍视时，当新时评越来越直白地彰显"公民写作"的本质时，中国的新时评必将会迎来一个更灿烂的春天。这需要全体公民的努力，更需要全体时评人的共同努力。

2. 主要代表：郭松民、洪巧俊

逼仄和坚守的"战士"——郭松民

郭松民，1968 年出生，河南平顶山人，原空军航空兵部队飞行员，在政治机关做过宣传工作。2000 年退出现役后，曾先后在多家媒体工作。自 2002 年开始，以时评及杂文写作作为自己的主要工作方式。2003 年刊发于《中国青年报》的《人民日报如何为自己讨"说法"》一文获《南方周末》和搜狐网站联合举办的"2003 全国首届时评比赛一等奖"，2005 年《感恩老兵》获"第十五届中国新闻奖一等奖"，还摘取了新华网"十大优秀网评人"桂冠。在中国新时评史上，一个草根时评家能摘取这么高的荣誉，郭松民算是第一人。

郭松民在网上随处流传的作品，总的基调是为普通百姓和社会弱势群体说话，抨击腐败贪官，对一些特殊利益集团的代言人包括不少知名经济学家也大张挞伐，赢得了许多读者、网民的叫好声，但也受到一些人的攻击谩骂。

也许是起步于杂文的缘故，郭松民的时评作品也明显带有浓浓的杂文色彩，这从众多标题就可见一斑，如《药企老板们为什么连伪善也懒得装?》、《主流经济学为什么还是"裸体皇帝"?》、《"仇富"不过是富人们的一种自恋》、《警惕富翁成为农村的奴役性社会控制力量》、《如何让李金华摆脱"西西弗斯"的命运?》、《警惕行政执法部门的"西西里化"》、《官员要接"地气"才不会变成晋惠帝》、《任志强不盖房我们就得睡露天吗?》、《水电站的行为为什么像"老天爷"?》、《广州市教育局在玩"乌贼脱身术"》……读这些文章,你会强烈地感觉到郭松民已然成为公认的"时评愤青",其文风尖锐泼辣,可读性强,既发人深省,又让人爱看。

郭松民说,好的时评作者应该是引导读者而不是迎合读者,这倒不是说时评作者比读者更高明,而是因为时评作者在观察与思考社会现象上投入的成本比读者要高。其代表作《感恩老兵》就是最好的印证。

感恩老兵①

郭松民

湛蓝的大海,金黄色的沙滩,在法兰西六月的晨风中,一队身着军服的耄耋老人蹒跚着走来。清朗的阳光打在他们脸上,他们胸前的勋章熠熠生辉。

军乐队奏响了迎宾曲,礼炮轰鸣,年轻的军官和士兵们庄严地抬起右臂——老人们知道这是在向他们致敬!女王站起来了,总统站起来了,总理、首相和部长们站起来了,来自世界各地的不同年龄、不同肤色、不同性别的民众也站起来了,并且用不同的语言欢呼——老人们知道这是在向他们致敬!

这是在诺曼底——这些耄耋老人都是60年前在这里登陆的老兵。他们的很多战友长眠在这里,他们自己也曾经准备把血洒在奥马哈海滩上。今天他们之所以故地重游,就是为了接受欢呼,享受荣耀。希拉克总统在一个礼宾官的陪同下,再次向他们授予了法兰西共和国荣誉军团骑士勋章,然后致辞说,法国和欧洲对他们永远感激!

---

① 载《新民晚报》2004年7月8日。

老兵此时此刻都在想些什么？我不得而知。曾经拍摄了以诺曼底登陆为背景的影片《拯救大兵瑞恩》的好莱坞大导演史蒂文·斯皮尔伯格，在纪念仪式后引用父亲当年的一句话形容这些健在老兵的心境："我们不怕死亡，我们怕被遗忘。"如果真是这样的话，老兵们可以放心了，他们不仅没有被遗忘，在这一刻还成了全世界注目的中心。60年前的"D-day"，当他们在枪林弹雨中冲上滩头的时候，可能没有想过会有今天，但有了今天，他们当年的牺牲，便全都得到了补偿。

　　诺曼底的庆典也吸引了万里之外的中国人的目光，有的媒体开始寻找参加过登陆作战的中国人。这条消息让我的心里产生了一种难以言说的复杂感觉：在诺曼底战斗过的中国人固然值得给予最大的关注，但那些在我们自己的国土上和日寇拼过刺刀的老兵，是不是也应该受到我们同样的关注呢？那些在卢沟桥、平型关、台儿庄以及在八年漫长的战争中，所有在正面战场和敌后战场浴血奋战过的老兵，他们都在哪里呢？我们是不是也应该选一个适当的日子，比如"7·7卢沟桥事变纪念日"、"8·15日本投降纪念日"或者"9·3抗战胜利纪念日"，让他们胸前挂满勋章，接受我们的欢呼和敬意，然后庄严地告诉他们：中国和亚洲对他们永远感激！

　　一个知道感恩的民族才是有前途的。老兵们已经不多了，而且还在不停地凋零。抗战爆发时20岁的老兵，今年就应该是87岁高龄了；抗战胜利时20岁的老兵，今年也应该是79岁高龄了。一位接受了"荣誉军团骑士勋章"的美国老兵霍斯勒说："我感到付出的一切都很值得！"明年是抗战胜利60周年，我希望我们也能看到一个隆重的庆典，能够听到有人对他们说"我们永远感激"，能够在经历了这一切之后，听到他们欣慰地说："我感到付出的一切都很值得"——如果我们错过了这个时刻，我们可能就再也没有机会了！

该文中一句"一个知道感恩的民族才是有前途的"简单话语,却直接亮出了作者的观点。在纪念抗战胜利 60 周年前夕,作者敏感地论述这个似乎被人遗忘的话题,折射出作者对国家大事的关注和对民族英雄的感情。中国人民大学新闻学院研究员刘保全撰写专文评述该文:这篇作品之所以受到评委们的青睐获此大奖,主要在于它的主题思想针对性强,具有独特的个性和时代意义,新闻价值高。"一是可贵的独特视角和新闻敏感。二是抓住了一个现实存在并受到人们普遍关注的问题。三是真实记录,生动感人。"①

在时评写作中,虽然郭松民的观点不一定被广大民众所认同,但他的思考和发言对社会发展而言有一定的价值。对社会而言,不能光允许无可挑剔的正确言论存在,也应该容忍各种各样不同声音的表达,否则就剥夺了别人抒发个人见解的权利。

书生报国无长物,唯有手中笔如刀。郭松民写过一篇最能彰显其"时评愤青"本色的博文《不抨击社会我就不是郭松民!》。标题有些耸人听闻,可中心思想是说:"(1)不抨击社会我就不是郭松民;(2)抨击是为了让社会变好,爱之愈深,责之愈切;(3)我做得很不好,不是一般的不好,但我会努力做好。"也就是说,批评和挑剔社会上的人或事,其实正是为了促使社会变得更美好。

网友"江南一民"这样评价"无业游民"时评家郭松民:"香港著名教授郎咸平先生说过,现在中国有骨气的知识分子实在太少。而我谓像郭先生这样为民鼓与呼的文人实在令人敬佩。希望真正的百花齐放,百家齐鸣!希望社会能拥有、拥戴更多的'郭松民先生'。"

郭松民始终坚持一个信念:尽管身心俱疲,灰头土脸,但我仍在坚守!

"农民时评家"——洪巧俊

洪巧俊,1961 年出生,江西余江人,做过八年农民,长期关注"三农",致力于"三农"评论,作品刊登于《中国青年报》、

---

① 刘保全:《呼唤感恩回归　建设和谐社会——评获奖作品〈感恩老兵〉》,载《新闻爱好者》2006 年第 7 期。

《南方都市报》、《香港文汇报》、《杂文选刊》、《观察与思考》、《读者》等报刊，并被选入多个版本的年度杂文集。其代表作有《对不起农民的中国人》、《用事实告诉世界，中国仍然是穷国》、《农民的命为何如此不值钱》等；已发表作品数百万字，其中"三农"时评、杂文千篇，作品中有六十余篇获全国、省市奖，是目前中国发表"三农"评论最多的人。

洪巧俊先生熟悉农村生活，在农村生活了近三十年，二十年前由于文学创作成绩突出，从农民身份被破格录取到县委宣传部工作，之后还担任了宣传部副部长的职务，为了自己的梦想，十年前又弃政从文。他写道："一支苍凉而又苍劲的笔改变了命运，以致从政十年又弃政从文；拿笔当锄头，决心锄草除稗，为正社会之风而呼。朴实、坚韧乃父母之赋，正义、直言却是我的追求。"洪巧俊还给自己的博客取名字叫"八年种田"。

事实上，我们的国家无论是过去，还是现在，仍然是个农民的国家。十人中有八九个的名字叫农民。而这八九个集合起来却是一个九亿的数字。虽然中国是个农业大国，但研究"三农"的人并不多，长期为农民鼓与呼的人就更少，当今媒体都在走都市化路线，"三农"文章早已坐冷板凳，刊登的空间越来越少，要坚持关注"三农"、写"三农"，的确需要一种精神。很长一段时间以来，洪巧俊的大部分时评文章都是关于农民、农业、农村问题的，甚至可以说是时时心系农村。即使不少农村题材文章不好在报刊媒体上发表，但他依旧坚持，哪怕在网站上刊载，实现传播。他不为名利，只为了农民利益而呼吁，不管自己的声音有多么的微弱，不管自己呼吁的方式与手段有多么的简单，仍执著于自己的信念，有思想、有见地，永不言弃。在他的身上，乡土色彩不是为了点缀，草根情怀不是一种装饰，而是沉甸甸的承担，对"三农"问题的承担。在 2006 年 6 月《杂文选刊》的"洪巧俊新作小辑"里他这样告白："我耕耘，我种庄稼。用农民的眼光看待世事，已经是我无可更改的本能。我习惯在自己的'责任田'里精耕细作。有人说我种的是'庄稼'，收获的却是杂文与时评。"

让人欣慰的是，他的写作获得了时评领域内广大专家和作者的认同。

于 2007 年 5 月 31 日在长沙召开的第二届"红辣椒评论"佳作评选颁奖会上,洪巧俊撰写的《刘老汉账本折射出农业困境》[①] 等十篇时评获得"专业组十佳作品奖"。这篇时评同时也获得了"最受网友欢迎十佳作品"称号。评委杨耕身的评价是:"雄文。纵横开阔,旁征博引,更重要的是,有大悲悯。"评委童大焕的评价是:"作者长期关注农业问题,所以一切都手到擒来。尤其难能可贵的是,时评一般是追逐社会热点,而作者长期关注的却是最冷门的农业和农民。这是真正的赤子情怀。这类文章,为时评人赢得尊重和地位。"

当然,也有读者对洪巧俊所关注的农村、农民和农业题材时评表示担心:"写这样的文章,费了气力,最后很容易白忙乎了。"尽管如此,他还是痴心不改,这么多年来,他除了约稿,规定内容外,都致力于写农业与农民。

洪巧俊依然踏着农村这片坚实的土地,带着满脚的泥土。虽然从农村走进了城市,但他时时不忘农民的苦与累,不忘农业的前景与命运⋯⋯"他的文章和他的人一样,平实、不张扬,如果稍一疏忽就可能遗忘。但我觉得这种人,这种精神,正是当下我们所需要的——实实在在,不虚浮,一步一个脚印。"[②]

(五) 本章小结

近十年来,时评风靡一时,正所谓"忽如一夜春风来,千树万树梨花开"。在这个信息化时代里,民众难以压制的言论渴求和表达欲望,正在膨胀着时评的话语空间。越来越多的人参与到时评写作中来。不少报刊、网络时评版面、频道纷纷聚集了一大批时评作者,有知识分子、政府官员、企业职员、工人甚至农民等。"公民写作"已经成为不争的事实。

社会的转型期和剧变期是时评的蜜月期。因为,社会的变革为时评提

---

① 载红网,2006 年 7 月 26 日。
② 田德政:《"农民时评家"洪巧俊》,载红网,2006 年 4 月 23 日。

供了广泛的选题和多维的视角，并且，各种利益主体都需要表达自己的利益立场和主张，媒体成为他们努力争取接近的对象。越是如此，媒体就越需要来自基层、来自民间的、鲜活的思想观念、真知灼见和独到见解。因此，媒体时评要多鼓励普通民众广泛而积极地参与其中。

当前，时评作者呈现出的职业型、学者型、自由型、草根型四大类型，是社会阶层不断分化的结果，也是"公民写作"走向成熟的体现。

当每一个利益主体的声音都能得到自由表达甚至尊重时，当作者真正是来自社会各个阶层和各个角落时，时评才算是真正构筑起了"民意的广场"、"民主的园地"。这也是言论自由和公民写作的终极目标。

结　语

改革开放 30 年的经济高速增长，书写了我们这个时代最为激动人心的中国故事。不过，狄更斯的"这是最好的时代，这是最坏的时代"，也经常被人们借以描述我们的时代。人们意识到经济高速增长带来的各种社会问题和矛盾的复杂纠葛，比如片面追求效率导致的严重社会不公，如此等等。对问题和矛盾的解释，有着不同的视觉、不同的描述方式。

从"以阶级斗争为纲"转到"以经济建设为中心"，新中国完成了第一次转型，而当下中国正处在从"以经济建设为中心"转向"制度建设"的第二次转型时期。

在变革时代中，社会现象的复杂性和价值观念的多元化，使人们迫切需要了解新闻背后的缘由和体制因素；迫切需要传媒去伪存真，帮助梳理与解析；迫切希望媒体提供一个民众和专家参与并发言的阵地；迫切渴望拥有话语的平等权，表达自己的观点和看法。

为此，媒体越来越关注政治、经济、民生，并强化时评的力量。社论、来论、个论等栏目和版面容纳了专家、学者乃至草根阶层的不同观点和声音。民众借此可以更好地认识、理解我们的时代和社会。一些不认同政治、经济与文化精英结盟而垄断社会资源与话语权的时评作者，为了维护社会生态和媒体话语的平衡，就必然会选择自己的立场，自觉以平民的视角看问题，为弱势群体公开辩论、坦白博弈、主持公道。

综观新时评的发展脉络与轨迹，不难发现，新时评的功能主要表现在五个方面：（1）思维取向；（2）民意广场；（3）利益诉求；（4）舆论监督；（5）公共领域建构。

如今，关注现实、直面现实、剖析现实的时评已经成为提升媒体品位、打造传媒竞争力的力点之一。预测新时评的发展趋势，正确把握新时评的运作规律，对于当下传媒而言十分重要。当前，新时评的发展趋势主要呈现以下几个特点：

第一，公民表达平台越来越宽广。近几年来，新时评的规模逐步扩大，从专栏到版面，再到版块，媒体也从经营文章转变为经营版面、经营版块，这种制度化运作给时评提供了量上的保证。此外，政治体制改革、军事、国际等领域的时评正在逐步放开。继中共十六届六中全会首次提出"表达权"的概念后，十七大报告再度把"表达权"列为公民的四项基本权利之一。这些也为公民表达提供了更广阔的空间。

第二，公民写作理念越来越深入人心。时评推动社会进步的众多事实已经并正在证明，公民写作与我国社会发展进程之间形成了高度的合拍性。公民写作的最大好处是打破了过去由少数评论员垄断言论写作的褊狭局面，代之以公众广泛参与、争相发言的场面。正是这种"大嘴小嘴都说话"的良好舆论氛围，给人们指明了一条通向正确认识的途径：在还没有取得广泛共识之前，充分听取不同意见，无疑有助于决策者作出更加科学的决断。新时评运作实践显示，专业写作走向群众写作，精英写作走向公民写作，是时评发展的必然。与此同时，"理性、建设性"的价值理念逐步深入，题材、作者、手段等正伴随理念变化而不断变化。

第三，时评作者的专业化要求越来越高。新时评发展至今，当初期的新鲜感与兴奋感过去之后，两个核心问题凸显出来：一是思想性；二是知识结构。以评价"是好还是坏"为主导的价值判断时代已经远去，以解析"好在哪里，坏在哪里"为主导的事实判断时代已经来临。这必然要求时评作者对事件本身表达自身的看法和观点之外，还应该置身于这个时代的大环境下，思考问题的动因与本质。为此，在2004年年初的改版讨论与酝酿过程中，《南方都市报》评论部主任李文凯确定了新的时评运作理念，并提出"南都时评"需要这样的文章："一是紧跟新闻的评论，尤其是能够折射出社会转型变动脉络与得失的时事时局评论；二是能够表达独特认知价值的新闻评论，因此我们在取舍间要淘汰的，是那种就时事由头讲众人皆知的逻辑与观点的文章，这些文章，在我们评论部中被形容为'正确的废话'，不能挤占非常宝贵的评论空间；三是在特别强调独特认知价值的同时，我们还期待文本价值，也就是那些精心布局、费心行文的漂亮文章。"①以上三点，后来被设置为"南都时评"征稿信箱的自动回复，以此同作者沟通和共勉。与此同时，《中国青年报》、《广州日报》等中央、地方主流媒体纷纷在时评征稿中对时评写作提出了新的要求。而《新京报》、《嘉兴日报》等媒体对评论记者队伍建设的尝试表明：时评作者和运作者的分工将更加细化。

第四，时评写作的伦理与责任考量越来越受到关注。从现实来看，中国社会分化已十分明显，不同的社会阶层、利益集团业已形成，它们需要自己的代言人。当时评写作与利益、立场相交融时，伦理与责任的考量就显得十分必要。有论者认为，新闻传播的伦理问题，首先是传播参与者的责任问题，本质上是传播者与接受者这两个主题的关系问题。新闻评论的伦理责任体现在媒体的评论制度、写作者的个人行为和具体评论作品三个方面。② 其实，容易导致时评写作伦理与责任问题产生的要素主要有三个：一是评论失实，二是盲目批评，三是"文钱交易"。2003 年 9 月 13 日，《武汉晨报》针对《朱自清〈背影〉落选新教材》报道严重失实一事刊登了致歉启事。也就是说，这个致歉启事给前几天被各地传媒炒得炽热的"《背影》落选事件"画上了一个句号。其实，媒体发生的失实报道事件不少，让人遗憾的是，很多建立在失实报道上的评论，并没有对其内容提出任何质疑。真实性永远是新闻的生命。对于评说新闻的时评人而言，是不是也应该对新闻的真实性作出一些科学、理性的判断呢？"如果时评人所评说的事实已经存在严重的问题，那么这种基于事件新闻的评说也将随之失去其应有的意义和价值判断。无论何时何事，时评人都应像媒体及媒体从业人员一样，不要忘了自己肩负一份沉甸甸的社会责任、历史责任和道德责任。"③

① 李文凯：《南方都市报时评的理念与操作》，载《世界商业评论》2005 年 9 月 30 日。
② 参见马少华：《新闻评论的伦理责任和伦理问题》，载《国际新闻界》2005 年 3 月。
③ 陈栋：《时评也应捍卫新闻真实性》，载《江南时报》2003 年 9 月 14 日。

第五，跨媒体间的时评互动与整合传播越来越频繁。报刊、广播电视、网络等各种媒体都有自身的技术优势和传播优势。报刊的易存性、广播电视的丰富性、网络的海量，都为时评传播提供了各自的空间。实现跨媒体间的时评整合与互动，不仅可以节约内容制作成本，还可以扩大影响力，丰富传播内涵，最终实现共赢。比如，报刊时评和网络时评各有长短，实现二者优势互补，才是明智的选择。翻开各报的时评版，"网上来鸿"、"有网天天上"、"热点调查"、"博客"等栏目名称随处可见；另外，还有不少媒体时评版与新浪网、搜狐网等门户网站联合主办"热点调查"等栏目，对一个阶段中的热点话题进行舆论调查和民意搜集。对此，有论者认为，报网评论合作的作用十分明显："互相转载，扩大影响；互动传播，有效调控；栏目多样，版面展现；版网平台，品牌影响。"[①] 网络媒体在大量转载报刊时评的同时，还可以把广播电视节目的相关视频、音频融入其中，这些不仅丰富了信息内容，更提升了思想含量。随着时评的不断发展和传播科技的不断进步，不同形态媒体之间的互补性一定会大大加强，跨媒体间的时评整合与互动之路也必然会越走越宽。

　　顺应形势才会有所作为。我们欣喜地看到，近十年来，中国大地上发生的一系列公共事件，都借助了媒体的力量，在搭建一个个民主平等的交流和探讨平台的同时，也建构了一个事件辐射范围内的公共领域空间，让民众的声音得到快捷的表达和强有力的传播。而这其中，包括中国新时评崛起背后的巨大能量。时评奏响了公共关怀的钟声，推进了公共舆论的深化，推进了公共领域的构建，引发了公共事件议程的重新设置。这，在中国历史上是前所未有的新气象。

　　未来，新时评将会面临着更大的机遇和挑战。权力与金钱对媒体的侵蚀也将是一个长期的过程，关键在于媒体自身如何在各种权力、利益平衡之间找到一个好的支点。在推进公共领域建构的过程中，新时评必须在言论自由的观照下，寻找出路，作出努力。

---

　　① 刘雅：《报网评论　融合之道》，载中国新闻人网，2006 年 10 月 31 日。

其一，注重公民表达的平衡性。多方的声音，不同的观点，在公民写作的平台上展示、碰撞，清晰而理智的声音才会脱颖而出。当现象背后的本质趋于清晰，真理才会逐渐凸显。不论是从时评与社会的关系来考察，还是从时评推动社会进步的案例来分析，时评对建构公共领域的作用比较有限，并且发展很不平衡、不稳定，受个别领导思想及区域舆论环境的影响，沿海地区与内地、同一省市的不同区域均呈现不同特征。对传媒而言，公益和私益间表达的平衡性处理显得十分关键。平衡才能实现较为充分的表达，才能塑造平和、成熟的公民心态。公众也只有在无处不在的观察与思考中，不断地提高自身理性及多角度理解和思考问题的能力，才能锻造出现代公民的良好素质。可见，公民表达的平衡性不仅考验着传媒，还考验着公民自身。

其二，实现舆论监督的延续性。当前不少媒体的舆论监督存在"只打苍蝇不打老虎"的现象；报道没有延续性，后续跟不上。如何解决媒体舆论监督的异地和延时问题，根本还是需要机制上的创新，这才是治本之方。舆论监督本土化、同步化不只是狭隘的地域化、时间化观念，而是要着眼于为本地的公众利益服务，着眼于寻求"本土人民利益的最大化"。为此，在媒体运作中，要加大公民表达的力度。一方面提高公开性和透明度，以多种形式开展公示工作，畅通信访举报渠道，公民表达不能因为人为原因而戛然而止；另一方面注重对政策实施进行全过程监控，切实加强政策实施过程的法律监督、舆论监督和社会监督，确保政策实施的整体性和延续性。

其三，完善言论传播的自我纠偏能力。言论自由的一个重要内涵就是公开表达意见，不是私下议论。民众议于野，自古以来就存在，尽管专制君主防民之口甚于防川，甚至使出密探举报、鼓励互相揭发等手段，也很难杜绝街谈巷议。但是作为现代民主政治的一部分，必须有公开发表，形成"舆论"的途径，必须能监督公权力的合法运用。事实表明，公民表达的内容不一定都是真理，但若要想让真理出现，社会要宽容"错误观点"的存在。当然，更重要的是，媒体在言论传播中，要有纠偏能力，要引领理性而非成见的表达。如果缺乏一种理性的态度，而只是无限地放大新闻事件的某一方面，甚至对新闻事件中的当事人或组织进行上纲上线的批判，那么时评就变成了"大批判"。

其四，警惕"公共领域私密化"和"私人领域公共化"。公共领域与私人领域的划分，既是现代生活的一个基本状态，也是现代政治哲学关注的一个理论焦点。在实际的政治、经济、社会生活中，私域与公域的区分并不像它们在社会政治理论中得到的理想类型说明那样判然有别。过分的公共化与过分的私人化，都是公共领域与私人领域分化的偏失状态。人们如何在公共领域与私人领域之间寻找到合理的界限，从而强化人们的公共关注，既保障私人生活的正当性，又保证公共参与的积极性，已成为提供给中国社会现代转型以持续动力的关键问题。公私分界的核心问题就是，防止公共领域的过密化与私人领域的过密化两个极端情况的出现。"公共领域的过密化会导致权力公共性的丧失；私人领域的过密化同样会导致公共关注的丧失。在论题所及的问题上讲，我们尤其要看到在现代情景中私密化社会的危险性。其实古典的私密化社会已经显露出瓦解社会的能量。比如晚期罗马的声色犬马导致罗马帝国衰亡。"[1] 公共领域私密化阻碍公共空间的出现与成长，私人领域公共化容易伤害公民个体权益，均值得警觉。

当前，我国正处在经济转轨、社会转型的大变革、大发展时期。作为经济社会的变革与发展的直接反映，媒体及其时评正在发生着空前的变化。时代的发展对于时评提出了更新、更高的要求。

在日益激烈的传媒竞争形势下，媒体要打造公信力、塑造核心竞争力，就需要发出自己的声音，甚至成为意见领袖。这种声音不是简单的赞扬或批评，而是深刻的阐释和解读。显然，这为公民写作提供了更为广阔的天地，为公共领域建构提供了难得的历史机遇。

虽然我国新时评仍然处于起步阶段，离成熟还有一定的距离，但前途一片光明；虽然我国公共领域建构的里程还很漫长，向发达国家学习借鉴的东西还有很多，但愿景一片美好。而这些都离不开每一位公民的不懈努力。

---

① 参见爱德华·吉本《罗马帝国衰亡史》下卷第71章，商务印书馆1997年版。

参 考 文 献

（一）专著

1. 张允若、高宁远：《外国新闻事业史新编》，四川人民出版社 1996 年版。

2. 范荣康：《新闻评论学》，人民日报出版社 1988 年版。

3. 王振业：《广播电视新闻评论》，北京广播学院出版社 1997 年版。

4. 邵华泽：《新闻评论概要》，人民日报出版社 1998 年版。

5. 胡文龙、秦珪、涂光晋：《新闻评论教程》，中国人民大学出版社 1998
   年版。

6. 涂光晋：《广播电视评论学》，新华出版社 1998 年版。

7. 邵华泽：《同研究生谈新闻评论》，人民日报出版社 1999 年版。

8. 郑超然、程曼丽、王泰玄：《外国新闻传播史》，中国人民大学出版社
   2000 年版。

9. 丁法章：《新闻评论学》（第二版），复旦大学出版社 2001 年版。

10. 王新兰：《新闻评论学》，甘肃教育出版社 2002 年版。

11. 程世寿、胡思勇：《当代新闻评论写作》，华中理工大学出版社 2004
    年版。

12. 丁法章：《新闻评论教程》，复旦大学出版社 2004 年版。

13. 方汉奇：《中国新闻事业通史》，中国人民大学出版社 2004 年版。

14. 戈公振：《中国报学史》（插图整理本），上海古籍出版社 2003 年版。

15. 刘家林：《中国新闻通史》，武汉大学出版社 1995 年版。

16. 吴廷俊：《中国新闻传播史稿》，华中科技大学出版社 1999 年版。

17. 吴廷俊：《新记〈大公报〉史稿》，武汉出版社 2002 年版。

18. 戴元光：《20 世纪中国新闻学与传播学·传播学卷》，复旦大学出版社
    2001 年版。

19. 张昆：《传播观念的历史考察》，武汉大学出版社 1997 年版。

20. 邵培仁：《政治传播学》，江苏人民出版社 1991 年版。

21. 陈建云主编：《中外新闻学名著导读》，浙江大学出版社 2005 年版。

22. 黄瑚：《中国新闻事业发展史》，复旦大学出版社 2006 年版。

23. 曾建雄：《中国新闻评论发展史（近代部分）》，广西师范大学出版社
    1996 年版。

24. 胡文龙主编：《中国新闻评论发展研究》，中国人民大学出版社 2002
    年版。

25. 王云红、姜军、彭德水编：《思想原声——一百年来的思想激荡》，光明
    日报出版社 2003 年版。

26. 马少华：《新闻评论》，中南大学出版社 2006 年版。

27. 马少华：《新闻评论案例——思维训练与实战分析》，中南大学出版社
    2006 年版。

28. 赵振宇：《现代新闻评论》，武汉大学出版社 2005 年版。

29. 杨新敏：《新闻评论学》，苏州大学出版社 2003 年版。

30. 李法宝：《新闻评论：发现与表现》，中山大学出版社 2005 年版。

31. ［英］亚历山大编，邓正来译：《国家与市民社会——一种社会理论的
    研究路径》，中央编译出版社 2005 年版。

32. 师永刚：《解密凤凰——凤凰卫视时事开讲影响力》，作家出版社 2004
    年版。

33. 胡黎明：《"焦点现象"研究》，新华出版社 2004 年版。

34. 李良荣主编：《为中国传媒业把脉——知名学者访谈录》，复旦大学出版
    社 2006 年版。

35. 马长山：《国家、市民社会与法治》，商务印书馆 2002 年版。

36. 何加正、唐维红主编：《第 e 种声音》，载《人民时评》，中国传媒大学出版社 2007 年版。

37. 鄢烈山：《鄢烈山时事评论——〈纵横谈〉收藏版》，大众文艺出版社 2000 年版。

38. 赵牧主编：《搜狐视线狂飙》，西苑出版社 2003 年版。

39. 韩薇主编：《新浪观察聚焦》，西苑出版社 2003 年版。

40. 闻过：《百姓知情·天下太平》，花城出版社 2006 年版。

41. 罗强烈主编：《向我们的处境发问》，中国青年出版社 2000 年版。

42. 焦加主编：《求实篇社会视点》，西苑出版社 2002 年版。

43. 李文凯主编：《热言时代——南方都市报时评精选》，南方日报出版社 2006 年版。

44. 新京报编：《新评论》，载《新京报时事评论精选》（第一辑），南方日报出版社 2006 年版。

45. 新京报编：《新评论》，载《新京报名家评论精选》（上），南方日报出版社 2006 年版。

46. 新京报编：《新评论》，载《新京报名家评论精选》（下），南方日报出版社 2006 年版。

47. 陆扬、王毅：《大众文化与传媒》，上海三联书店 2000 年版。

48. 赵振宇：《程序的监督与监督的程序》，社会科学文献出版社 2007 年版。

49. 汝信等主编：《2008 年中国社会形势分析与预测》，社会科学文献出版社 2008 年版。

50. ［德］哈贝马斯著，曹卫东等译：《公共领域的结构转型》，学林出版社 1999 年版。

51. ［美］米勒著，袁军等译：《组织传播》，华夏出版社 2000 年版。

52. ［美］沃纳·赛佛林、小詹姆斯·坦卡德著，郭镇之等译：《传播理论：起源、方法与应用》，华夏出版社 2000 年版。

53. ［美］E. M. 罗杰斯著，殷晓蓉译：《传播学史：一种传记的方法》，上海译文出版社 2001 年版。

54. ［美］丹尼斯·姆贝著，陈德民等译：《组织中的传播和权力》，中国社会科学出版社 2000 年版。

55. ［美］亚伯拉罕·林肯等著，徐翰林编译：《人类最伟大的声音》，机械工业出版社 2003 年版。

56. ［日］佐藤卓己著，诸葛蔚东译：《现代传播史》，北京大学出版社 2004 年版。

57. ［美］迈克尔·埃默里等著，展江译：《美国新闻史：大众传播媒介解释史》，中国人民大学出版社 2004 年版。

58. ［英］詹姆斯·卡瑞、珍·辛顿著，栾轶玫译：《英国新闻史》，清华大学出版社 2005 年版。

59. ［美］康拉德·芬克著，柳珊、顾振凯、郝瑞译：《冲击力：新闻评论写作教程》，新华出版社 2002 年版。

60. ［英］麦克奈尔著，殷祺译：《政治传播学引论》，新华出版社 2005 年版。

61. ［美］韦尔伯·斯拉姆著，中国人民大学新闻系译：《报刊的四种理论》，新华出版社 1980 年版。

62. ［美］杰克·富勒著，展江译：《信息时代的新闻价值观》，新华出版社 1999 年版。

（二）论文

1. 涂光晋：《时代之"声"——新时期中国新闻评论研究（2006 年）》，博士学位论文，2006 年 5 月。

2. 张淑华：《历史观照下的时评现状研究》，硕士学位论文，2005 年 5 月。

3. 柳俊伟：《都市报新闻时评研究》，硕士学位论文，2005 年 5 月。

4. 苑银和：《中国抗战时期"时评"研究（1941—1945）》，硕士学位论文，2006 年 5 月。

5. 李劲强：《转型期报纸时评发展现状研究》，硕士学位论文，2006 年 5 月。

6. 张淑华：《评论符号权力的生成与"公民写作"期待》，载《郑州大学学报》2006 年第 5 期。

7. 蔡虹：《新闻舆论监督与司法公正的冲突和平衡》，硕士学位论文，2006 年 10 月。

8. 张强：《时评的勃兴与公共领域的建构》，硕士学位论文，2005 年。

9. 金新：《"公民写作"与"臣民写作"》，载《语文新圃》2004 年 10 月。

10. 鄢烈山：《杂文新概念：公民写作》，载《当代文坛》2002 年第 4 期。

11. 鄢烈山：《21 世纪的"新乐府"——我的"时评"观》，载《青年记者》2004 年 9 月。

12. 赵振宇、蓝晖焰：《美国报纸社论的写作特色》，载《新闻爱好者》2004 年第 12 期。

13. 赵振宇：《谈民主进程中的舆论环境建设》，载《长江论坛》2005 年第 1 期。

14. 赵振宇：《多重理论视野中的新闻评论》，载《西南民族大学学报》（人文社会科学版）2006 年第 9 期。

15. 马少华：《新闻评论中事实的不同作用——新闻评论中的事实问题》，载《新闻与写作》2005 年第 10 期。

16. 马少华：《早期的"时评"——论我国近代新闻评论发展的形式规律》，载《国际新闻界》2003 年 5 月。

17. 张天蔚：《"打量时代的参照"——〈北京青年报〉"今日社评"的运作体会》，载《新闻实践》2002 年 10 月。

18. 万武义：《探索通讯社新闻评论规律的成功实践——浅析〈新华时评〉专栏的几个特点》，载《新闻战线》2006 年 2 月。

19. 张云筝：《全球化与民主进程》，载《郑州大学学报》（哲学社会科学版）2001 年 5 月。

20. 刘春：《民主执政是推进民主政治建设进程的关键》，载《新视野》2005 年 1 月。

21. 孙兰英：《全球化进程中的中国民主文化建设》，载《河南社会科学》

2004 年 6 月。

22. 王怡：《民主进程需要学会"入戏"》，载《中国新闻周刊》2003 年第 47 期。

23. 付建明：《论哈贝马斯市民社会论域中的公共领域》，载《四川行政学院学报》2007 年第 1 期。

24. 傅永军：《哈贝马斯"公共领域"思想三论》，载《山东社会科学》2007 年第 1 期。

25. 陈旭玲：《网络政治：信息化进程中的"公共领域"衍生态》，载《兰州学刊》2007 年 1 月。

26. 敬海新：《在理想和现实之间——当前我国公共领域理论基本问题研究》，载《重庆社会科学》2007 年 2 月。

27. 张晓溪：《公共领域的异化：哈贝马斯视阈中的"公共性"危机》，载《学术交流》2006 年 12 月。

28. 周海燕：《重读刘涌案：公共领域视野中的司法与传媒之争》，载《新闻大学》2006 年 4 月。

29. 许剑：《新闻媒体与我国当前公共领域的构建》，载《新闻大学》2003 年第 1 期。

30. 王淑琴：《中国和谐社会语境下的公共领域问题探析》，载《兰州学刊》2006 年第 10 期。

31. 黄钦：《解读新记〈大公报〉之传媒公共领域建构》，载《湖南大众传媒职业技术学院学报》2006 年第 6 期。

32. 罗贵榕：《论中国公共领域的发生及其演进趋势》，载《广东海洋大学学报》2006 年第 5 期。

33. 石长顺：《公共电视与公共领域的建构》，载《现代传播》2006 年 5 月。

34. 吴文娟、陈栋：《"新派"报纸新闻评论的新气象——2002 年南方报纸评论作品调查》2003 年第 6 期。

35. 陈栋：《"我"只是一个现代社会的公民——访杂文家、时评家鄢烈山》，载《青年时代》2004 年 11 月。

36. 柯根松、王丽明、陈栋：《论舆论监督的异地和延时现象》，载《武汉化工学院学报》2005 年第 3 期。

37. 陈栋、王丽明：《"我"只是一个与别人思考问题的个体——访青年杂文家、时评家刘洪波》，载《青年时代》2005 年 5 月；

38. 陈栋、唐建华、王黎妮：《加强政策引导　贴近百姓生活——东南西北 8 家媒体 2004 年头版言论文章调查》，载《今传媒》2005 年 10 月。

39. 木东：《好评论的根本是好的判断力——访时评家、中国人民大学新闻学院副教授马少华》，载《今传媒》2005 年 10 月。

40. 陈栋：《突发事件中的时评价值诉求》，"新世纪第二届新闻评论高层论坛"入选论文，2006 年 4 月。

41. 木东、力茗、柯根松：《新闻评论应成为一种民众传播素质——访华中科技大学新闻评论团团长、博士研究生导师赵振宇教授》，2006 年 4 月。

42. 陈栋：《新闻评论：从"意见平台"到"公民素质"——"新世纪第二届新闻评论高层论坛"综述》，载《今传媒》2006 年 5 月。

43. 陈栋、王丽明：《让名字活在自己的作品上——访韬奋新闻奖获得者储瑞耕》，载《今传媒》2006 年 1 月。

44. 吴廷俊、陈栋：《言论建设应与报纸地位相适应——〈长江日报〉改版一周年言论分析》，载《今传媒》2006 年 8 月。

45. 陈栋、王丽明：《不要迷失了电视的思想张力——解析电视新闻评论的"重述轻评"现象》，载《声屏世界》2006 年 9 月。

46. 曾建雄：《中国古代报纸为何与新闻评论无缘》，载《广西大学学报》1994 年第 2 期。

47. 徐迅雷：《当公民写作成了功利写作》，载《青年记者》2005 年 5 月。

48. 许剑：《新闻媒体与我国当前公共领域的构建》，载《新闻大学》2003 年第 1 期。

49. 展江：《哈贝马斯的"公共领域"理论与传媒》，载《中国青年政治学院学报》2002 年第 2 期。

50. 刘晓红：《重新理解哈贝马斯对大众传媒与公共领域关系的论述》，载

《现代传播》2002 年第 5 期。

51. 路宪民、樊亚平：《论全球性媒体对公共领域的冲击和影响》，载《兰州大学学报》（社会科学版）2004 年第 1 期。

52. 张泓、罗序文：《如何建立一个有效的公共领域模式》，载《新闻界》2003 年第 6 期。

53. 王榕、辛军：《哈贝马斯论大众传媒功能的变化》，载《山东大学学报》2003 年第 4 期。

54. 于海：《公共领域的起源和演化——读哈贝马斯的〈公共领域的结构转变〉》，载《社会》1998 年第 6 期。

55. 石义彬、张卓者：《中国传媒公共领域角色的重建》，载《现代传播》2005 年第 3 期。

56. 许英：《论信息时代与公共领域的重构》，载《南京师范大学学报》2002 年第 3 期。

57. 张羽：《从"公共领域"到"交往理性"——法兰克福学派传播批判理论述评》，载《人文杂志》2001 年第 4 期。

58. 张纯晖、李红伟：《现代传媒与公共领域的建构》，载《新闻界》2003 年第 6 期。

59. 傅永军：《传媒、公共领域与公众舆论》，载《山东视听》2006 年第 1 期。

60. 翟红蕾：《公众舆论、公共领域与中国传媒的发展》，载《学习月刊》2006 年第 14 期。

61. 郑达威：《信源扩张与网络公共领域现状》，载《当代传播》2005 年第 3 期。

62. 敬海新：《在理想和现实之间——当前我国公共领域理论基本问题研究》，载《重庆社会科学》2007 年第 2 期。

63. 王婷：《社会公正和新型公共领域的建构》，载《北方论丛》2005 年第 2 期。

64. 胡涤非：《市民社会与公共领域》，载《广西社会科学》2003 年第 10 期。

65. 赵红全:《论我国公共领域的现代生长》,载《理论与改革》2004 年第 3 期。

66. 陈洁:《BBS:中国公共领域的曙光》,载《中国青年研究》1999 年第 5 期。

67. 李怀:《哈贝马斯的"公共领域"及其现代启示》,载《西北师范大学学报》2002 年第 6 期。

68. 杨武:《互联网:中国公共领域的曙光》,载《广西民族大学学报》2006 年第 2 期。

69. 简军波、陶国宏:《非规范社会公共领域的建构与维持》,载《社会科学论坛》2002 年第 7 期。

70. 王兆良:《哈贝马斯的"公共领域"概念》,载《安徽医科大学学报》2002 年第 6 期。

71. 赵红全:《公共领域研究的回顾与反思》,载《广东青年干部学院学报》2004 年第 3 期。

72. 余新忠:《中国民间力量与公共领域——近年中国关于市民社会研究的回顾与思考》,载《学习与探索》1999 年第 4 期。

73. 齐立强:《新媒体条件下公共领域在中国的前景》,载《湖南大众传媒职业技术学院学报》2005 年第 3 期。

74. 〔德〕哈贝马斯:《关于公共领域问题的答问》,载《社会学研究》1999 年第 3 期。

75. 任慧:《哈贝马斯的公共领域理论及其现代启示》,载《长江大学学报》2005 年第 1 期。

76. 马宗军、商军:《哈贝马斯论公共领域的发生》,载《山东大学学报》2005 年第 3 期。

77. 焦文峰:《哈贝马斯的公共领域理论述评》,载《江苏社会科学》2006 年 1 月。

78. 吴廷俊、陈栋:《中国社会结构变化与报业格局重组》,载《国际文化研究》(日本)2007 年第 11 号。

（三）外文文献

1. Daniels, Jonathan, *They Will Be Heard: America's Crusading News-paper Editors*, New York: McGraw-Hill, 1965. 1st ed.
2. Gormly, Eric K., *Writing and Producing Television News*, Blackwell Pub., 2004. 2nd ed.
3. Bennett, W. Lance, *News: the Politics of Illusion*, New York: Longman, 2003. 5th ed.
4. Lavrakas, Paul J., Election Polls, *the News Media*, *and Democracy*, New York: Chatham House Publishers, 2000.

附 录

评论成就精彩人生

——访范长江新闻奖获得者、《人民日报》副总编辑米博华

陈 栋

米博华，河北赵县人，1954年出生。曾在天津、河北就学并参加工作。1978—1989年，在《中国青年报》任编辑、记者，评论部副主任、主任。1989年调入《人民日报》社，任评论员、评论部主任，现任副总编辑，高级编辑，享受国务院特殊津贴，是第五届范长江新闻奖获得者。

多年来，起草《人民日报》社论和重要文章近百篇，发表了四百多万字的各种言论作品和五十多万字的业务论文，先后五次获中国新闻特别奖和一等奖。与他人合著的论文获"五个一工程奖"，还有近百篇文章获各种奖项。

与米博华老师交往，你会觉得特别放得开。他热情坦诚，亲切谦逊。他说自己特别喜欢与年轻人交往，喜欢走进大学校园的感觉。只是现在年龄有点大了，又当了领导，年轻人往往对他敬而远之了，多了一些尊重与恭敬，少了几许自然与随意。但当我与米博华老师联系，并要求采访他时，他的温和与热情深深感动了我；采访他的过程中，他的气度与风骨深深感染了我，也时刻激励着我。在这个充满喜气与祥和的年代，每个人都向往播种时节的春天。但是，处于收获时节的米博华的精彩人生或许能给这个"春天"留下更深刻的注解……

（一）从工人到新闻记者

1970 年，从天津一中毕业的米博华被分配到天津重型电机厂、河北电机厂当工人。5 年后，他被调到石家庄地区革委会当干部，1977 年又被调入共青团河北省委。

1978 年，《中国青年报》复刊，他被派往北京《中国青年报》总部学习，但却是以通讯干事的身份。也就是在这一年，他写了第一篇言论，谈日本电影《望乡》。"那时年轻，敢写，2000 多字，写好了，直接贴到报社评报栏里。社长佘世光看了，说，好！改了改，就在报上发表了。"

随后，由于成绩突出，米博华便被《中国青年报》留用，先后担任记者、编辑。1983 年，他调入该报评论部，从此开始了漫长的职业评论生涯。

在《中国青年报》的 11 年，是米博华尝试着撰写言论练基本功的阶段。在谈到那段经历时，他说："《中国青年报》给了我一片土壤，让我破土而出，一直走到今天，成为一个专业新闻评论工作者。"

1989 年，他被调入《人民日报》评论部任副主任、主任，现任副总编辑，分管评论部等部门。

对于两份报纸的评论岗位，米博华最深刻的感受就是：一个是青年阶段，一个是成年阶段。

"作为成年人，必须承担更大的政治和社会责任，需要更加清醒、成熟和稳健。由于《人民日报》在国家政治生活中的特殊地位，在这里是为党工作、为国家工作，而不是一般意义上的撰稿者。"他的评论写作与从前有了很大不同。

27 年的新闻评论生涯，就这样成就了米博华的精彩人生。

"现在社会节奏加快了，人们整天忙工作忙生活，青年人一定要规划好自己的生活和事业。干新闻的黄金时段不算长，从大学毕业到干出一点成绩，也就十五六年左右的时间，这个时期把握得好咬咬牙就上去了，这应当说是人生的冲刺阶段。"

附录

米博华的事业也如他的评论一样把握得非常稳健：由工厂至共青团河北省委，再到调入《中国青年报》，最后主持《人民日报》评论部；写作由杂文开始，然后涉足新闻评论，到撰写《人民日报》社论和重要文章。所有这些，很像一篇小切口、大布局的新闻评论。

米博华说："一篇好的社论，需要非常深厚的功底，需要十几年、几十年的积累才能够顶上去。"何止是作文，他的做人又何尝不是这样。

（二）党报选择了我是我的幸运

米博华认为，新闻评论是对时事政策的解读，对方针政策的阐述，对社会现象的评说，对人生道路的探寻。

作为新闻的一个体裁，评论的功能到底是什么呢？米博华认为，新闻消息是告诉人们发生什么，评论则是告诉人们为什么发生这样的事情，它意味着什么。一般来说，报道是客观的，评论则是评论人对客观事件的看法。

在米博华看来，时评和新闻评论在本质上没有什么区别，略微的差别就在于时评是对某一新闻事件发表意见，要有适当的新闻由头。

谈到当前评论的不足时，米博华直言：评论的影响力还可以更大，感染力还可以更强，形式还可以更生动、活泼……

虽然米博华对评论有深厚的感情和深刻的理解，但他却谦逊地说："我喜欢评论，但不是任何事都可以作出选择，党报选择了我是我的幸运。"

《人民日报》的评论，是随着国家的发展变化而发展变化。如果把新中国成立以来《人民日报》社论排开来一看，国家的发展轨迹非常清晰。他说："在国家平稳发展时期，你可能看不出它的重要，但一旦到了关键时刻，《人民日报》社论的作用和影响是别的报纸所不能比拟的。"

谈到《人民日报》社论，米博华认为，从为读者服务的角度看，我们的社论确实应该写得更活泼、更好看一些。这样做有利于提高党的宣传工作的实效性。他给了《人民日报》评论一个基本定位：权威性——重大新闻、重大事件、重大活动，中央指定《人民日报》是重要发言人；公信性——《人民日报》重要评论不是个人意见和看法，而是反映党和政府的观点和立场；规格性——社论、评论员、署名评论等，通常也被看做是一种规格，配写评论通常表示对某一事件、某一活动的高度重视。

（三）要说服别人先要说服自己

即使当上了副总编辑，米博华对评论仍然十分关注和重视，也没有放下手中的笔。除了写"夜班手记"等文章外，他还坚持审阅或修改评论文章。二十多年时间里，一直不离评论岗位，这在中国新闻界是很少见的。然而，米博华就这样在评论岗位上坚守着。他说，党报评论是一个默默无闻而又鲜为人知的工作。默默无闻，是说有的同志在这个岗位上工作了一辈子，未见有人知晓；鲜为人知，是说即使是新闻界同行，也大多并不了解评论工作非同一般的辛苦。

这些经历也深刻地告诉他：做一个好记者不容易，做一个好评论员尤其难。那么，27年的评论人生对米博华产生了什么影响呢？米博华笑言："党报评论岗位收获多多。"他说，首先是养成关心时事的习惯，其次是锻炼了从全局考虑问题的眼光，再次是形成了一种缜密的分析问题的能力，最后则是养成一种严谨细致的工作作风。

也正是因为这些影响，"我更喜欢用文字的形式代替口头的方式来传达自己的意见和想法"，米博华直言，好的评论员必须具有这种潜质：有话要表达、要发议论；时刻关注社会，有强烈的参与意识。同时，还要具有敏感和敏锐的素质。"敏感，是对客观世界细微的变化都能够强烈地感知；敏锐，是对社会生活中任何一种变化的方向都有深切的体悟，见微知著或居安思危。"

每一个评论者在评论中都会反映出自己的政治立场，观察问题的视角，解决问题的思路。但是，米博华认为："评论者的本质是在讲道理，能说服别人的道理更能说服自己，并引导自己做出正确的选择。"

（四）工作的责任与个人的功名利禄不能等量齐观

《人民日报》一般评论既要有党的主张，也应该有民众意见，而党报社论、评论员的文章不一定都是百姓关心的话题，但绝对是引领全局性的话题。因此，社论具有唯一性，权威性。相对于社论、评论员文章而言，时评也具有自身的优势和特点：时评追求快，贴近生活，贴近群众，不拘一格；时评选题面广，形式活泼；时评数量急剧增加，影响力会逐步增大，等等。

米博华说，当前的时评也有一些不足之处，比如文章粗糙，道理不够充分等。总体来说，当前时评量大但质量有待提高。

"只要经手的稿子一定会抠来抠去，只要发表的文章一定会改来改去，只要理不清的头绪一定会想来想去，只要整不明的道理一定会问来问去。我一定是在脑子非常清楚时才写，心里清澈见底时才写。写之前，所有的自然段都划分完毕，稿子酝酿在胸。"这是米博华写评论时的精神状态。

他说："《人民日报》的社论，是代表党和国家的声音，片言只语，马虎不得，轻率不得，这是一种责任。"

"作为《人民日报》评论，获得成绩不是了不起的事情，但一旦出现失误，将会造成严重后果。"这一直是米博华鞭策自己不断前行的动力之源。他认为，工作的责任和性质决定了他不能过多考虑个人的利益，并且，工作责任的重要性与人的功名利禄是不能等量齐观的，相对前者，后者甚至可以忽略不计。

（五）辛勤耕耘才能有收获

米博华是中国新闻界的得奖大户，已五次获得中国新闻奖一等奖和特别奖，并获得了中国新闻界的最高奖——范长江新闻奖。

米博华说，获奖不能看成是他个人的荣誉，同行和评委看中的是《人民日报》的重要性，这主要得益于《人民日报》社论的特殊地位，荣誉属于报社，不能归功于个人。在《人民日报》评论部这个重要岗位上，取得成绩是理所当然的，如果不取得成绩、不获得奖励，那才是失职。

现在年轻记者面临的诱惑太多，因此想成名成家的愿望特别强烈。对此，米博华表示很理解。但他说："浮躁情绪要不得，要先努力提高自己，等学识、经验积累到一定程度时机就会有的。有的记者说你得的奖很多。其实我已经耕耘二十多年了，而他们才刚开始播种就想收割，这是不可能的。"

近几年，米博华表示，愿意把更多机会留给年轻人。"其实他们最大的资本就是年轻，如果可能我愿用我的所有换取美丽的青春。现在的我不能犯一点错误了，年轻人即使错了也还可以重新开始。"

米博华还说，奖励只是表面的，奖励背后付出的是艰辛劳动和经验教训。因此，对于一个人而言，不到收获的季节，急也没有用。在追求成功方面，他认为一个人的成功不能跃过一个艰辛奋斗的过程，当然，这过程可以通过自己的努力和实力去缩短，换句话说，可以少走弯路，但绝对跨越不了。

在获得第五届范长江新闻奖后，他写了一篇获奖感言，总结了二十多年来为人为文的经验"三实"——《扎实、踏实、老实》。文中写道："扎实最可贵；踏实最可靠；老实最可敬。人的一生注定要在艰难中跋涉，面对诱惑、面对困难、面对挫折，坦坦荡荡、磊磊落落、堂堂正正，就不会被别的任何东西所绊倒。"

米博华在专业上虽然取得巨大的成就，但他的心态更是豁达、乐观。他相信一代更比一代强。他说，一个有实力、有价值的人最终会体现实力、展现价值。在学习、生活、工作中，拿出行动来最重要。对于那些渴望成功的年轻人，米博华建议，可以推销自我，但不要吹嘘，要相信别人能看出自己的优点和缺点。

在工作生活中，他常常鼓励年轻人："我相信会有更多后来者比我们做得好！"

（六）评论员应具备的五种核心素质

米博华的日常职务除了《人民日报》副总编辑外，他还有一个头衔，那就是中国传媒大学新闻学院教授、博士生导师。因此，他对新闻评论教育有比较深刻的理解。他认为，新闻评论的教育工作应该有两个方面不可或缺。

第一，新闻评论是一门实践性很强的学科，必须通过实战演练才能得到提高。评论教育要取得成绩，就应该先写作业，再讲评分析，因为评论文章的选题、结构等各元素必须在写作中完成，光靠讲是讲不通的。

第二，评论只是一种文体，一个人可以把握评论文体的一般规律，但很难把握评论的灵魂——思想、观点及对某一方面情况的深刻理解。评论的最高境界就是对现实生活的准确把握，对某一方面情况的全面了解。因此，对评论而言，文体只是一个架子，观点才是最重要的，提高思想能力和思想水平是最难的。

米博华认为，政论家不是纯粹的文人，他需要有学者的知识，政治家的眼光，新闻记者的敏感，既要能写，又要知道其中的道理。

一篇好社论的标准是什么？米博华总结道：一定要站得高，展得开。对政治理论的阐述，一定要准确鲜明，字正腔圆，不能跑调；文气饱满，收放自如，气要接上，不能松，必须是一口气往上推、推……当然，站得高，不是居高临下的训导，不是大而不当的空论，而是一种拨雾见天的透彻，一种准确清醒的判断，一种峰回路转的开悟，一种高屋建瓴的预言。

为此，米博华说，作为从事新闻评论的专职评论员要具备以下核心素质：（1）政治素质，即发自内心地爱党、国家和社会；（2）理想抱负，即以微薄之力奉献社会的精神；（3）宽广的眼光，即能关注大事小情的宽大胸怀；（4）丰富的知识和阅历；（5）持续不断的写作积累。

（七）不断改革创新是我们唯一的选择

米博华常说，我们以往对评论的认识大多是只要符合党的方针政策，就算完成任务，很少留心"读者是否接受了，宣传是否有效果"。

对于评论工作的改革创新，他指出：（1）在办报理念上，应进一步强化读者意识，在服务读者过程中争取更多的读者；（2）在精神状态上，应变被动应付为主动工作，强化阵地意识，始终占据舆论制高点；（3）在工作机制上，应更加注重按新闻工作的客观规律办事，该报的就要报，该评的就要评；（4）在内容和形式上要有所创新，贴近生活实际，改变呆板面孔，倡导清新文风，打造评论品牌；（5）培养评论人才，重视评论人才，营造评论人才成长环境，提高评论人才的社会地位，使我们的新闻界涌现出更多的有广泛社会影响力的评论家。

（八）用手中的笔为社会进步尽微薄之力

"从二十多年前写第一条简讯到起草社论，眼睛花了，头发落了，始有所悟：偷懒耍滑，骗不了别人，骗的是自己；算计取巧，得不到便宜，吃亏的是自己；自命清高，长得了脾气，长不了本事；牢骚抱怨，无损于人，伤害的是自己。踏踏实实工作，认认真真干活，比什么都重要。"米博华在回忆二十多年的评论人生时感言。

今年，经历了27年评论人生的米博华有很多的"想法"要整理，也有很多事情要做。用他自己的话说就是："为人生做小结。"他说近期主要有两件事情：一是把本职工作做好；二是利用业余时间把多年评论工作体会总结总结。一方面是对自己评论员生涯的回顾，另一方面是对评论写作规律的探索。

在谈及感想时，他对后辈的年轻评论人提出几条忠告：

第一，评论工作是一件很吃苦的事，一个年轻人若为了谋生去谋这个苦事，意义不大。年轻评论员应该努力利用手中笔杆为社会尽一份微薄之力，这样才能更有价值。

第二，人人都想成功，但不要急躁，相信功到自然成。

第三，遇到困难挫折，永远都不要怕，站直了，别趴下。

第四，要有理想和抱负，一个人活在世上不是为了吃好、喝好，而是能够担当对国家、民族应尽的重任。

"伟大的力量在于召唤，伟大的精神在于鼓舞"，这一直是米博华担当重任、面对困难时的精神动力。

在讲话、讲座、座谈等各种场合，他反复强调：作为一名新闻工作者，责任心远比才华更为宝贵，做一个记者、评论员或许很容易，但要想做一名优秀的记者、评论员很难。一名优秀的记者、评论员必须有对国家的责任感，对社会的责任感，对人民的责任感，对工作的责任感……

他说，即使一个人的工作岗位很平凡，但人生并不一定是虚度。如果一个人的存在会给别人带来喜悦、鼓励和鼓舞，这样的人生就是有意义的人生。

他希望新一代的新闻工作者能够"担当责任，脚踏实地，懂得敬畏，常思感恩"。

（载《今传媒》2007年第1期"封面访谈"）

（作者注：米博华老师自1983年起从事新闻评论工作，至今已有27年历程，除了创作数百万字的评论、杂文作品外，还出版了《走进高高殿堂——米博华新闻评论精选》等五部新闻评论专著。）

让名字活在自己的作品上

——访韬奋新闻奖获得者、《河北日报》"杨柳青"专栏主笔储瑞耕

陈　栋　王丽明

储瑞耕，江苏武进人。1946 年出生，1970 年 8 月毕业于上海海运学院。《河北日报》高级编辑，"杨柳青"专栏主笔。1970—1974 年在秦皇岛港务局和秦皇岛市委工作。1974—1984 年供职于河北省委宣传部理论研究室和《共产党员》杂志社。1983 年业余参与筹创中国第一家省级杂文学术组织——河北省杂文学会，任秘书长。1984 年参与筹创中国第一家《杂文报》，任专职副总编辑，主持编务。1988 年调入《河北日报》社。迄今为止，储瑞耕在中央和各地报刊上发表作品 3000 余篇，共计 300 余万字，主要是杂文和言论。先后出版《储瑞耕文集》（1978—1992 年 14 年杂文集）、《储瑞耕文二集·心灵原稿》（1959—1994 年 35 年日记选）、《储瑞耕文三集·"杨柳青"》（1988—1997 年 10 年专栏评论集）等著作，曾三获中国新闻奖，他所主笔的"杨柳青"专栏 1999 年 11 月以评委会全票通过获得首届中国新闻奖名专栏奖。储瑞耕从 1993 年 10 月起享受国务院特殊津贴。1997 年 6 月被评为"全国百佳新闻工作者"（三位评论员之一），2002 年获"全国五一劳动奖章"，2004 年获韬奋新闻奖（为河北省新闻工作者获此殊荣的第一人）。

在储瑞耕出生前，其父亲就作为新四军的一个班长牺牲在苏北战场上，

母亲在他出生一年后离去，他与祖母相依为命成长起来；他豁达开朗，勤奋刻苦，持之以恒；他心系社会，仗义执言，不畏权势；他心系群众，为民解忧，文风淳朴；他历经两次心脏手术，却依旧笑对人生，充满激情；他近二十年来独自主笔一个专栏，专心致志，不言回报……他是一名优秀的新闻工作者，是一名有着浓厚平民情结的党报评论员。几十年间，他用手中的笔不仅书写了自己的壮美人生，还把它当成战斗的武器，当成帮助群众排忧解难的工具，用它向世人展示了一个党报评论员的追求。

（一）"外交梦"被打断，开始"文章梦"

记：在您的记忆中，写作是从什么时候开始的？有没有想过要和文字打一辈子的交道？

储：我从小就爱好写作，写得还可以；小学考初中时，我的作文是被作为范文的；中学办板报、搞宣传，担任学生会主席、团委宣传委员，都没有离开过写作。但是，由于我是从农村出来的，对农村有特殊的感情，当时就想中学毕业后回去种地，所以在1964年把自己的名字"瑞根"改为"瑞耕"，以立志耕耘吧。那时并没有想到要和文字打一辈子交道。

记：那您后来怎么没有延续自己最初的"种地理想"，而是到上海海运学院学了英语专业？您的大学生活与您后来的新闻实践有关系吗？随后为什么又去了秦皇岛港务局？

储：改变我想种地看法的是：1963年巴西国内发生了反华事件，9名中国外交官被巴西当局投入监狱。这个"红色外交战士事件"对我震动很大，我就想做一名外交官，为中国外交做点事情。于是，我就选择了英语专业方向，1965年考上了上海海运学院远洋系英语专业。后来"文化大革命"发生，专业学习被打乱，当外交官的梦想也就自然消失了。但是在这期间，写作一直没有丢掉，从中学黑板报的主编到大学的《红海院院报》主编。

"文化大革命"中，为了响应毛泽东主席鼓励学生走向基层的号召，从

1966 年 11 月 7 日到 1967 年 2 月 16 日—百天的时间，我们上海海运学院 11 个二十来岁的同学，从上海步行 3000 里到井冈山，沿途搞宣传。我负责创办了《消息报》，自己写稿、排版、刻蜡纸、油印。现在回想起来觉得很幼稚，但是不后悔，这应当算是我从事新闻、报刊事业的滥觞。1967 年回到上海不久，我被学院选派到市里参加《上海红卫兵》报的筹备创刊，那份报纸当然有不少可笑的东西，但因为是在《解放日报》印刷，使我从那里的编辑和印刷工人身上接触到了正规报纸的许多东西。

至于怎么到了秦皇岛港务局，是因为那时上海海运学院的毕业生由国家统一分配到全国的港口，当时比较最艰苦的是海南岛与秦皇岛，我向学校表态：去哪个"岛"都行。于是到了秦皇岛。

记：您的第一篇作品或者说评论文章是什么时候发表的？之后又有过哪些评论写作实践？

储：我第一次发表作品是 1967 年在《光明日报》上，那是一篇很不成样子的应景文章，当时我已经 21 岁了。真正开始写评论，比较有代表性的，是 20 世纪 70 年代初我连续在《人民日报》上发表了几篇国际评论，用的署名是"秦皇岛港务局工人评论组"（那时候一般人是不可以用个人署名的，因为那是"资产阶级名利思想"）。记得其中 1972 年 5 月 20 日刊登在《人民日报》上的一篇《发展中力量必定战胜腐朽的反动势力》，新华社向国内外发了通稿，并引起美联社、路透社等国际舆论的纷纷评说，说是中国秦皇岛一组港口工人（a group of harbour workers）代表了中共对美苏两个"超级大国"既勾结又斗争的批判立场云云。那篇东西，现在看来很幼稚肤浅，可我与评论的正式结缘，当从那时算起。

之后，正因为那篇国际评论的"出名"，我被调入秦皇岛市委办公室做文字工作，1975 年到河北省委宣传部。1978 年《中国青年》杂志复刊，第一期上刊出的思想评论《谈谈"个人奋斗"》是我平生第一次用个人署名在中央级报刊上发表的言论文章；其后十几年，我在《人民日报》、《红旗》杂志、《解放军报》、《中国青年报》、《光明日报》、《北京日报》、《解放日报》、《羊城晚报》、上海《文学报》、四川《现代作家》等报刊上发表了数百篇杂文；80年代初还主笔过两年多《石家庄日报》理论版"纵横谈"栏目，当时署名"石竹泉"，发文六七十篇。

（二）主笔"杨柳青"十八年如一日

记：那您是什么时候正式进入媒体工作的呢？

储：1981年到河北省委《共产党员》杂志社，可以说是我第一次正式进入媒体。1983年，中国出现了第一个省级杂文学术组织——河北省杂文学会，我被推选为秘书长。1984年，《杂文报》办起来了，我任专职副总编辑，主持编务。这样一来，除了写作更多的杂文之外，撰写《杂文报》的言论，包括社论、评论员文章以及"编后"还有"评点"——这些从文体理论上有别于杂文的文字，我都努力把它们"杂文化"了。

1988年年初，我由《杂文报》社调入《河北日报》社。报社编委会决定由我独立主笔恢复该报20世纪60年代曾有过的"杨柳青"专栏，我立即表示接受这项任务，而且认为办好一个言论专栏，尤其在报纸的要闻版上，是很有意义的事情。

记："杨柳青"办到现在近18年了，对于您而言，可谓十八年如一日，是什么支撑您一直坚持走过来？

储：性格使然吧。我认为：一件事情如果有意义，那么，开了头就应当坚持。比如写日记，1959年我13岁，初中一年级，老师号召写日记，我觉得有意义，就一直坚持到今天，我想还一定会坚持到生命的终点。

办"杨柳青"也是一样。承诺就意味着责任，要我把它当作一项事业，认真地办，严肃地办，切实办好。我从一开始就下了决心：除非我死了，或者组织上另有安排，"杨柳青"只要由我来主笔，就一定要办下去，三年五年，八年十年……

把一个言论专栏办好，我以为有两个关键：一是坚持办，二是办出自己的特色。坚持又有两个关键：一是主笔努力，二是领导支持。"杨柳青"专栏办到现在17年多，我的坚持固然重要，但如果没有报社编委会的决心和坚持，也是不可能的。

（三）新闻评论首先是新闻

记：我们注意到：作为国家哲学社会科学基金"九五"研究项目重要成果的《中国新闻评论发展研究》一书，2002年11月由中国人民大学出版社出版，书中专门列出一节：《贴近生活的储瑞耕"杨柳青"言论专栏》；2003年7月25日《人民日报》刊出《展现我国新闻评论百年历程》一文介绍该书，文中写道：书的第四部分是"我国新时期新闻评论的革新与趋势"，"论述了我国新时期媒体言论的时代使命，专栏评论与评论专栏的复兴、革新与拓展的具体发展和经验，客观评价了林放、范敬宜、储瑞耕等当代著名评论家各自专栏评论的特色"。作为一位有资格发言的评论人，您怎样看待新闻评论？

储：新闻评论好比是精心编织的花环。我一直提倡"花环论"，这是我在"杨柳青"言论的多年实践中提炼出来的，也是对新闻评论的看法。具体地说就是："到现实生活中去，撷取一朵又一朵、一片又一片带着露珠的鲜花和嫩叶，编织成理性的花环，再献给读者。"它其实也是一种创作方法。这里面有几个"中心词"：一是"到现实生活中去"，就是从社会实践生活中发现和抓来题目，而不是一味地从上级文件、领导讲话、报刊甚至古书堆里去找题目。二是"带着露珠的鲜花和嫩叶"，指文章提到的问题和说明观点的材料都是新鲜的、活生生的，而不是明日黄花、陈年旧事，不是像时下不少杂文作品，动不动就引点古人古事。三是"理性的花环"，就是不能只把生活中的原材料拿来堆放在一起，那叫"花堆"不是"花环"；也不只是就事论事、一件事只讲一层道理，那样的文章就难免肤浅。而是要论理、概括、提炼和上升到"理性"的高度。由此及彼，由表及里，由浅到深，而且论及可能出现的另一种倾向，避免偏激和片面，给人以多方面的启迪。

记：从您的这些经历看，写好新闻评论似乎也需要采访。

储：不是"似乎也需要"，而是"必须"。新闻评论首先是新闻，其次是又评又论、传递思想、激浊扬清、革故鼎新。我主张从丰富多彩的实际生活中得到信息、线索、知识、素材、问题、经验等，进而受到启发，产生创作欲，提炼出思想观点。

只要我的身体许可，我经常到城乡基层去，到老百姓中去；同时，有各地的干部群众到我这里来，或通过书信、电话、短信的形式同我保持联系。河北的县市我跑了 100 多个。有人问：为什么储瑞耕能有这么多题材？我说就是因为这个。评论的选题必须来自于生活，同时，生动的评论语言常常也是从生活中来、从老百姓中来。

记：在采访、思考中，评论工作者应该取一个什么样的定位？

储：新闻工作者，特别是评论工作者要有"平民意识"，一是要做人民群众的代言人，坚持同人民大众"人格平等"，深入到群众生活中去，想他们之所想，急他们之所急，言他们之所欲言。二是写言论时不能板起面孔，正襟危坐，动辄教训人，而应是商讨，是交流，是共勉，即使批评也要注意耐心地讲道理。所以，我写言论文章，总是像躲避陷阱那样避开使用"要"、"必须"、"应当"等字眼。

记：随着网络的普及，网上的各种评论写作也日渐兴盛，您怎样看待网络评论写作？

储：网络评论的主要特点是"快捷"，常常是头天出来新闻第二天就出来时评，也不错。六七年前北京"千龙新闻网"的时评刚起步，我还曾经是该网"三剑客"之一（另外两位是《中国新闻出版报》的"朽木"和《新闻战线》杂志的"斯通"）。写好网络评论也不易，要思维敏捷，懒人绝对干不了。近年来随着年龄老化，我的思维迟钝了，惧怕误人子弟，写得很少了。网络评论值得注意的是，要尽可能思考深入些，下笔慎重些，避免"萝卜快了不洗泥"，粗率化、简单化、绝对化、片面化。

（四）时评和新闻评论是同胞兄弟，时评与杂文是表兄弟

记：在您看来，评论或者说杂文的主要作用或功能是什么？

储：20 年前，我应邀在吉林省杂文学会的一个座谈会上发言，主张杂文要有"三功能"：匕首、投枪、解剖刀，鼓点、红旗、冲锋号，书本、乐曲、软饮料（参见 1986 年 8 月 25 日《吉林日报》）。除了通常理解的杂文或评论有批判功能外，我主张还应当有鼓舞人、激励人的功能和传递知识乃至供欣赏玩味的功能。当时有人指责说："什么'三功能'？多功能就是无功能。"我对此不敢苟同，举一个不一定恰当的例子来反驳：菜刀主要用来切菜，这是菜刀的功能；用来裁纸岂不就有了裁纸刀的功能？用来劈木头岂不就有了斧子的功能？极而言之，倘若用来杀人呢，岂不有了凶器的功能？杂文或评论的功能不能单一，相声、小品、漫画也是如此，批判往往是主要功能，可也有歌颂的，也有传递知识、丰富生活的功能……"多功能"才有道理，"单功能"没有道理。

记：您觉得杂文和时评有什么异同？

储：我认为新闻评论和时评很接近，是同胞兄弟；而杂文和时评则不然，它们所属的大门类不同，时评属于新闻范畴，杂文则属于文学范畴，但二者有着共同的"四要素"：情感、哲理、文采和形象，可以算作是"表兄弟"吧。

杂文与时评，我认为都应当有鲜明且强烈的情感，都应当"是所是，非所非，歌当歌，批当批"。我一向反对杂文和评论作者对我们的国家、民族和社会采取一种不负责任的、袖手旁观的乃至冷嘲热讽的态度，而坚决主张要热烈地爱着一切值得爱的东西，正如要激烈地憎恨一切可憎的东西一样。哲理，就是在杂文和评论的写作中，不是照抄古今名人的语录，而是提炼出一些比较超越具体事物的带点品味价值的语言，从而使得文章不那么肤浅。我在文章中写到一些哲理性的语言，自己有时也会被感动。至于文采，那就是有意识地去综合运用各种修辞手段，排比、对偶、反问、诘驳等，有时乃至散文一样生动的文字描写。形象，就是要生动、活泼，语言讲点"形象性"，还可以有简单的情节描写，总之让人有一种身临其境、感同身受的品味价值。

对于散文、杂文、评论创作之间的关联，我有两个大同小异的观点：其一，用优美的散文陶冶一下尖锐的杂文，用活泼的杂文陶冶一下严肃的评论。其二，杂文时评化则杂文死，时评杂文化则时评活。我至今仍坚持这两个观点，而且多年的实践也证明了这个观点不谬。

记：能不能谈谈您对当前时评现状的看法？

储：具体作品很活泼，总的局面很活跃，但也存在一些问题。首先，现在时评写作中有些不好的现象：第一是由于创作仓促，有的文字显粗疏，思想欠成熟；第二，有些时评作者的情绪化东西太多，观点显得偏颇。其次，我不主张党报办时评版，由于时评的过于迅时性、粗率性、不稳定性、发言的个体性、探讨性、批评性决定了它不适合于党委机关报。我曾对一位省报总编辑说：时评在党委机关报上之不可行，除了它的文体特点（随机性、探讨性、批判性）与党报宗旨要求的特点（稳定性、正确性、宣传性）不符之外，如果你不搞尖锐的时事批评、政策探讨，读者、作者不满意；如果搞了，与办报的总原则又不协调，可谓"两难"，"两头不讨巧"。

（五）评论人要让名字活在自己的作品上

记：您认为如何才能写好评论？

储：这和我前面说的评论的"四要素"有很大关系，除此之外还要具备以下几点：

第一，要有社会责任感，有人格意识，做社会良知的代表。

第二，有敏锐的眼光，"当别人看到山峰时，你应该看到山峦的层次"，换句话说，别人看三分，你就应该看七分。我经常带领写消息稿的年轻记者到各县、市和城乡基层去采访，他们在采访中注重事件中的新闻，我则注重事件中的思想。

第三，说别人没有说过的话，这就需要写作者具备相当的知识储备、知识涵养，这样才能出来有意思的思想和观点。

第四，独到的文笔、修辞。表述道理，不止步于把道理逻辑地说清楚，还应该形象、有文采。"杨柳青"成功的关键是，把杂文的优点嫁接给评论。我是搞杂文的，搞杂文的人搞评论比单纯搞评论的人要好一些（好比搞散文的人搞杂文比单纯搞杂文的人要好一些），至少我创作的评论借鉴了一点杂文的尖锐、活泼和散文的优美。

记：那您觉得一个合格的评论人需要具备怎样的素质？

储：前一个问题中讲的几点，我看也是一个合格的评论人所必须要具备的。再加上重要的一点：勤奋。只有勤奋，多出作品，才能使自己成熟起来。我主张有志于从事笔耕事业的人，一定要让名字活在自己的作品上。

记：听说您除了采访、写作评论外，还经常接济您被访的贫困对象？

储：是的。我看不得百姓的苦难。不过我接济的数量不多，只能是帮助一些特别困难的人"聊补无米之炊"而已。从 1993 年开始，我每年得到国务院特殊津贴 1200 元。12 年是一万四千多元，我基本上把这笔钱全用来帮助有困难的人了。为失学的孩子交学费，为开辟荒山者捐资，为农民买化肥交款，帮贫困的家庭渡难关……人民政府把津贴给了我，我又帮助了急需的人，也就是回归人民，可谓恰得其所，自然坦然，理所当然。

记：我们还听说，您与城乡基层群众特别是农村和农民关系相当密切，帮乡亲们解决了不少难题，老乡们也特别喜欢您，是这样吗？

储：农民百姓和我的关系一直都比较好。我明白两点：其一，中国的农民最苦，最"弱势"；其二，我不是"长官"，也不是"法官"，但毕竟在党报工作，客观上有一种"职业权力"，我应当用它来为老百姓办事，排忧解难。有时候，还真能解决点问题。比如有个村子，问题解决后，各家各户凑鸡蛋卖钱后弄了一面锦旗送到报社，称我是"人民的记者"，这是人民群众给予我的荣誉，我很看重。

记：我们来到河北，听说前几年原省委书记程维高还在台上的时候，您就写过针对他的评论？

储：是的。那是在李真问题出来之后，从 2001 年 12 月至 2002 年 6 月，当时程维高由省委书记而出任省人大主任，我用自己的真实姓名在首都媒体上先后发表了《愤怒与感慨》、《"秘书祸害"论》、《使坏人无法任意横行》、《秘书·政治家·引咎辞职》、《年龄是个宝？》5 篇评论，每一篇都论到李真背后的程维高。2002 年 5 月，程维高从一个高层内参上看到了《愤怒与感慨》一文,大发雷霆。其秘书扬言"程书记正安排律师",意思是要把我告上法庭。我对有关人士说:"请转告程书记,文章不止一篇,如需要可以一并呈上;至于打官司,悉听尊便,奉陪到底。"2003 年 8 月,程维高被开除出党。这组评论文章发表之后,媒体反响强烈,许多人说我了不起,是河北新闻界的勇士、"杂文家硬汉"……其实,这样的评论文章是我一贯立场、观点、情感、人格的真实表达,是作为一个严肃的新闻工作者的良心的真实表达。我这么做是必然的,不这么做是不可能的。

(六)下工夫使"杨柳青"走过完整的 20 年

记:您在 2004 年获得了"韬奋新闻奖",这是中国新闻界对于编辑、评论员和群众工作者的最高奖。对于获奖您怎样看待?

储:首先,我觉得一个人的获奖,正常情况下,总是有所依据的,属于水到渠成,实至名归。其次,在评奖中,包括文学、文艺、新闻评奖过程中,都难免有鬼头鬼脑的东西。再次,评奖机制有待改进,比如"规定名额"有多少道理? 新闻单位和记协"决定"人选有没有弊病? 为什么不能"自荐"? 这一点我深有感触。给你们透露点"内部消息":这次韬奋新闻奖的评选资格实际上就是我争取来的。那段时间我在外地养病,河北省记协已经指定《河北日报》申报另一位同志参评韬奋新闻奖,我知道后紧急向《河北日报》报业集团党委和河北省记协"上书言事",明确表示自己有竞争力,比较有把握为河北拿回这个奖(此前 5 届河北省均"放空")。后来报社通过投票方式决定取舍我与那位省记协指定的同志,结果我以 23 票对 9 票得到了这仅有的一个名额。这也就是说,如果我不据理力争,河北省就有可能第 6 次与韬奋奖失之交臂。

我认为,获奖只是对一个人的一个方面、一个阶段工作成就的一种肯定形式,没有获奖并不意味着没有成就。一个严肃的新闻工作者,努力的基点应该在多出好作品上,而不是在奖杯里、证书里。

记:作为一个新闻人,可以说应该获得的奖您都获得了,而且接受过两次心脏手术，对未来有什么打算？

储：我要下工夫保证"杨柳青"走过完整的 20 年，也就是到 2008 年 2 月收笔，结束由我——储瑞耕主笔的历史，以后这个专栏由别人来主笔，为了加以区分，可以改用"桃花红"、"江水蓝"之类的署名（开怀一笑）。至于我个人以后干什么还不能确定，可能会从事一些研究工作吧，或者当个自由撰稿人？

记：您曾经也在大学讲过学，能谈谈您对我国新闻评论教育的看法吗？

储：依我个人看法，新闻学是实践学，新闻评论学也是实践学——大学新闻评论教育应该是这样的：理论教学与写作实践加强联系，而不能脱节；学校要创造更多更好的条件与媒体联系；让学生的作品提高到可以发表的水准，以使他们离开大学后能够较快适应社会。

记：希望您能给我们年轻的新闻人提一点忠告。

储：不管人类历史发展到什么时候，不管社会风气发生什么变化，不管价值"多元"到什么程度，一个人在具备自己起码的基本生活条件之外，都应该努力去为他人、为社会、为时代多做一点事情！

美国政治家、科学家富兰克林说过这样的话："若你希望死后仍不被人们遗忘，那么就写一些有价值的东西让后人去读，或者做一些有意义的事情让后人去写。"对于这两者，我认为新闻人是应当而且可以做到"兼得"的——既留下好作品供人读，又做出许多事供人写。你们说是不是？

谢谢你们千里迢迢到石家庄来访我。

记：谢谢储老师接受采访，也谢谢您的深刻教诲！

（载《今传媒》2006 年第 1 期"封面访谈"）

（作者注：2008 年 2 月 15 日，"杨柳青"刊发了"二十年追访和再评论"系列的第六篇言论《为河北增光添彩》，这也是河北省第一个中国新闻名专栏"杨柳青"的最后一篇文章，标志着持续 20 年之久的《河北日报》"杨柳青"专栏完美谢幕。"杨柳青"完美谢幕入选"《河北日报》2008 年大事记"。这已足见"杨柳青"在中国新闻评论史和河北报业史上的地位与作用。）

新闻评论应成为一种民众传播素质

——华中科技大学新闻评论团团长、博士生导师赵振宇教授

陈　栋　王丽明　柯根松

赵振宇，辽宁人，满族，1949年出生。2001年从《长江日报》社调入华中科技大学，现任华中科技大学新闻评论研究中心主任、教授、博士生导师，兼任武汉市社会学会副会长、武汉市人民政府咨询委员会特邀高级研究员。曾任《长江日报》评论理论部主任、《文化报》总编辑、高级编辑。有多篇作品获全国好新闻一等奖、湖北省好新闻一等奖、特等奖、中宣部"五个一工程"奖。已出版《应用新闻论》、《与灵魂对话》、《奖励的奥妙》、《奖励的科学与艺术》、《程序的监督与监督的程序》、《我们说了些什么——一个新闻学教授的历史回眸》等多部著作。《新闻报道策划》和《现代新闻评论》两书被列为全国普通高校"十一五"国家级规划教材。

他是"文化大革命"结束恢复高考制度后的第一届大学生。在大学时代，他就开始写一些言论、小品文、随笔等，发表在《湖北日报》、《长江日报》等报刊上。大学毕业后，他走进报社，开始了长达19年的新闻生涯，其中14年是在理论评论部；后来，他走进高校，成为一名新闻评论教育学者。不管他的身份如何变化，但他的一种思维理念却从未改变，那就是——以社会视角学习和研究新闻理论，以新闻理论说明和服务于社会。他，就是资深评论人、华中科技大学新闻评论团团长、博士生导师赵振宇教授。让我们一同走近他，一起去聆听和分享他思考、写作、研究的辛酸

与快乐……

（一）当前新闻评论的现状

记：作为一名新闻评论研究者，您怎样看待新闻评论现状？能否对中国新闻评论未来趋势作一点预测？

赵：有人说，当前中国新闻评论处于一种"模式化"的发展状态，无论是新闻媒体评论人还是自由评论人，普遍存在着一种跟风模仿的写作倾向。大家批这种现象，我也表示理解。但是，我们应该一分为二地看待目前这种现状。

一方面，模式化的写作又何尝不可？刚开始的模仿，对于初学者来说是步入评论之门的阶梯。在某个或某一批水平较高评论人员的带领下，大家都跟着写，甚至模仿着写，可以一起提高。因为事实在不断变化，话题不断变化，这样评论队伍的基数才能扩大，优秀的评论人才会更多。所以我说，既然是模式就可以反复使用，可以推广。另一方面，都这样写行吗？一旦模式化，就会僵化、死板，失去生机，不利于整体评论水平的提高，而且容易导致相互抄袭剽窃的歪风。

当然，只要有人写评论，评论的模式就会存在，只不过不同阶段写评论的人在变化，这种模式也会随之改变。这本身就是社会的进步，也是评论发展当中的问题，如此一来，评论以一种螺旋式的运动在不断上升和进步，就可以发展壮大起来，各领风骚三五年是正常的，我们应该宽容。

对于中国新闻评论的未来趋势，我的理解很简单：虽然有曲折，但终究会向前发展。

（二）新闻评论提供的是观念信息

记：您怎样理解新闻评论的含义和功能？

赵：我在拙著《现代新闻评论》中给新闻评论下的定义是：新闻评论

是传者借用大众传播工具或载体，对新近发生或发现的新闻事实、问题、现象直接表达自己意愿的一种有理想、有思想、有知识的论说方式。新闻评论在报纸、广播、电视和网络上有不同的表现形式，或文字、或声音、或音像结合、或图文并茂，在新闻传播中发挥重要作用。

这种定义是随着时代的发展，特别是当网络媒体迅速发展起来之后，对传统意义上的新闻评论的一种新的表达。它不同于一些学者和新闻人的观点，不能仅定义在报刊文章这个概念上，还要涵盖其他媒体形式；不仅要说明党报上的评论员文章，还要包括众多媒体的多种评论。新闻评论是一种观念信息的发布，是一种思想表达方式。

记：当前，还有不少学者认为"政治性、指导性是新闻评论的一般属性"，您是否赞同这种观点？

赵：对于发表在党报上的评论文章，其政治性、指导性是不可缺少的。而广义的评论不仅包括党报上的社论、评论员文章，还包括个人专栏、新闻评论专栏、署名和不署名评论等，特别是随着网络评论和手机短信平台的兴起，以政治性和指导性来定位广义的评论特性，就不那么全面了。新闻评论告知大众的不是改造社会的具体方法，而是一种理念，一种思维，一种思想，一种观念，提供一个公众交流的平台，表达一种观点。并不是所有的文章都有政治性和指导性。

（三）新闻评论教育应走专业化特色化道路

记：我们知道，新闻评论教育是当前新闻教育的一个薄弱环节。那么这个"薄弱"到底是薄弱在哪里？您觉得该如何改变？

赵：我国新闻评论教育起步较早，但发展缓慢，没有形成气候。20世纪中期以来，在已开设新闻专业教育的高校，新闻评论教育没有得到足够重视，有的高校把新闻评论只是作为新闻写作课的一部分，有的高校甚至没有专职评论课教师，而有的老师没有从事新闻评论写作的经历，另外，新闻评论教育的教材、教学方法滞后，跟不上新闻单位对新闻评论人才的需求，等等。

我希望今后的新闻评论教育能注重以下几点：从事新闻评论教育的教师有新闻从业经验为好；新闻学院应主动和新闻媒体单位联合办学；新闻教育应向医学院学习，更多地注重实际操作能力的培养和提高，为新闻教育开创一个新的途径。

记：您在 2001 年创建了国内高校首个新闻评论组织——华中科技大学新闻评论团，能否透露一下当初建团的初衷？

赵：我们都知道，全国各高校基本都有记者团，他们的主要任务是采写校园新闻，基本功能仅仅是客观地描述、反映校园事实。但是，我觉得仅仅描述是不够的，需要站在一定的立场上评论、说话。新闻评论不是新闻系学生的专利，要让其他院系、学校和社会人都知道新闻评论；同时，以工科为背景的华中科技大学，拥有了以杨叔子院士担任主任委员的全国高校大学生人文素质教育基地，这是一个优势，为华中科技大学的人文氛围的营造提供了广阔的平台。再者，也是考虑到了我国新闻评论从业人员不足，整体素质不高的状况，亟须补充专业的后备力量和扩大专业队伍。

正是基于以上考虑，2001 年 11 月，新闻学院与学校党委宣传部联合成立了华中科技大学新闻评论团，我出任团长和总教练。期间，我们从一个群众团体发展成为得到认可和肯定的教学工作的一部分，培养出来的一些学生毕业直接分配到了《中国青年报》、《南方日报》、《体育周报》等媒体从事评论写作与编辑工作。五年来，新闻评论团已初步形成了本科、硕士、博士一体化培养模式。

经过系、院、学校教学指导委员会三级部门的批准，去年秋季全国首个"新闻评论方向班"成功开班，经过考核，18 名同学成为首批新闻评论方向班的新生。

记：举办评论会议是一件复杂的事情，您 2003 年策划、组织"全国首届新闻评论高层论坛"，最近又在策划、组织第二届，您办会的目标是什么？

赵：多年来，在高校很少有与媒体一同研究新闻评论理论与实践的高层论坛。我们办会是为了让从事新闻评论教学、研究人员和新闻评论从业人员一起来研究新闻评论的现状与走势。一直以来，媒体评论从业人员与新闻评论教育严重脱节。通过新闻评论高层论坛，把业界、学界朋友聚在一起，共同探讨"媒体需要什么样的评论人才，新闻教育应该如何培养符合社会需要的评论人才"。这样一来，业界和学界才能够相互沟通、相互理解、相互促进。

（四）评论应成为一种民众传播素质

记：新闻评论写作对您的最大影响是什么？

赵：写评论让我更冷静、更全面、更科学地认识世界、认清自己所处在这个时代的位置与责任，以及应该采取的行动。评论写作的思考和经历对我今天的教学和研究仍然起着十分重要的作用。

记：您认为新闻评论在民众生活中该处于一个什么样的地位？为什么？

赵：我认为，评论应该成为民众传播的一种素质。评论不是新闻人特有的职能，它是人们的一种意见表达，大凡正常人都可以做到。通常，人们反映客观世界有两个层次，第一个层次是描述，即记录和描述周围发生的事实；第二个层次是评论，即对已发生事实的解读和述评，以及对事物未来发展趋势的预测，简而言之，就是评述现在、预测未来。

我不要求也不可能要求全民都成为评论家，但是学习一点评论知识，会对身边的事发点儿意见、评论，这对认识客观、把握自身都是大有好处的。

记：新闻评论怎样才能成为民众传播素质呢？

赵：首先要事实准确，正确的评论必须依赖于新闻事实的准确；其次对事实的判断要准确。在相同事实前提下评论可以发出不同角度、不同层次的声音，引起人们对新闻的更深刻认识。在信息传播中，我们可以看到，不仅仅是新闻的描述可以栩栩如生、丰富多彩，新闻评论所表达的观念信息也可以千变万化、斑斓多姿。一个对评论有更多了解或直接参与到评论当中的民众，可以从中体会到无穷的快乐。

对于评论人而言，要学会把握趋势和大局。现在有的同志对评论形势不满意，提出了许多好的意见和建议，但有关方面并未理会，怎么办？着急不行，还是得慢慢来。不管怎么说，现在的形势总比以前好得多，我相信以后比现在还会再好，哪怕其间可能会有曲折和反复。政治民主化，经济全球化，信息科学化，是保证我们社会一定要向前进的基础，任何人都无法扭转。

（五）最大设想是成立"中国新闻评论研究中心"

记：在新闻评论教育和研究上，您有何新规划？

赵：近几年来，华中科技大学的新闻评论教育在全国高校有了一定影响，但这只是处于造势阶段。现在，新闻评论方向班已经作为专业方向正式纳入招生计划，当前最紧迫的事情是：如何设置科学的课程体系，如何教学，如何提高学生的动手能力，等等。

此外，我最大的一个设想是，准备联合相关媒体或企业成立"中国新闻评论研究中心"。成立这个中心主要有两方面的任务：一是对全国高校新闻评论教学老师、全国媒体新闻评论从业人员进行培训，并为高校新闻评论教师、媒体新闻评论人员之间提供一个学习、研究、对话的平台；二是研究国内外新闻评论态势。形成一批新闻评论专业学术成果。最后能走出去，与欧美等高校新闻学院和新闻媒体，广泛进行新闻评论教学和实践的交流。

记：您对青年评论人有何建议和忠告？

赵：知识结构对新闻评论人尤其重要。新闻评论属于新闻，学习评论的人首先要把新闻知识学好，也就是说先学会描述，做一个好记者，掌握新闻的本质和基本规律；其次，社会科学知识应该广一点，博一点，对新闻评论人员特别强调这一点；再次，如果可能的话，选择自己熟悉的领域，确定自己的方向，专一点，深一点，努力成为某一方面的专家。

最后，送一句话与青年朋友共勉：做一点自己能够做、也做得好的事。

既不要妄自尊大也不要妄自菲薄，客观准确地描述和评价自己；不要轻易使用全称概念和最高级别的形容词来评价自己和别人；以社会视角学习和研究新闻理论，以新闻理论说明和服务于社会。

（载《今传媒》2006年第4期"封面访谈"）

（作者注：赵振宇教授策划组织的"新世纪新闻评论高层论坛"已成功举办了三届：2003年10月在华中科技大学举办首届；2006年4月在华中科技大学举办第二届；2007年11月在浙江嘉兴举办第三届。另：华中科技大学新闻评论研究中心于2006年4月正式成立，赵振宇教授担任中心主任，该中心为全国首家评论专业研究机构）

后　记

时评史是思想史，是舆论史。中国新时评的发展历程，彰显了改革开放以来中国的思想史，也体现了十多年来中国的舆论变迁历程。学习并研究这段历程，对了解和认识整个中国社会发展现状有十分重要的作用。而我能书写、记录这段历史，也备感荣幸。从这段历史中，我更坚定了自己肩上的责任。因为这段时评史上饱含着众多时评作者的快乐与辛酸，饱含着众多媒体的兴盛与衰弱，还饱含着中国社会发展过程中的欣喜与阵痛。

2000年至今，十年的大学学习与科研之路让我深刻理解了"学习与责任"的内涵。学习是一种机会，是一种成长路径，其最高目标不是提升个人素养，而应是多承担一份责任。

这10年是我人生中的重要经历，也是本书成稿的重要见证。一个个零散的文字组成了一个个鲜活的长句，一个个细小的故事连成一段段真实的历史，七年时评写作与研究的实践转化为了一个相对系统的认知……即使有些地方不是很成熟，即使有些表达方式不算完美，但我仍备感欣慰和愉悦。毕竟，我这几年努力并尽力去做了。

博士论文写作的三年间，除了阅览国内外关于时评、舆论等相关的书籍和资料，我还通过电话、电邮以及实地访问等方式采访了二十多位时评、杂文界的前辈。米博华、储瑞耕、党国英、鄢烈山、马少华、刘洪波、鲁宁、乔新生、孟波、李文凯、连岳、郭松民、单士兵、杨国炜、朱达志等老师对我这位后辈给予了思想和素材支持，更多次鼓励我要不怕吃苦，辛勤付出，努力做好这篇论文。对他们的关心、关怀和帮助在此表示感谢！

博士论文开题报告修改了十余次，论文初稿修改了十多遍，但每次导师吴廷俊教授都不厌其烦地耐心指导，另外，范以锦教授、黄芝晓教授、孙旭培教授、张昆教授、申凡教授、石长顺教授、赵振宇教授、钟瑛教授、刘洁教授等多次对论文给予指导，并提出良好的修改建议。从这些老师身上，我看到了一个个真正学者的风范，他们恪守严谨治学、言传身教的传统，对自己、对学生都一丝不苟，每篇参考文献、每个标点符号都务求精准，每个观点都必须深思熟虑。这些都令我深感敬佩。特别是本书出版前夕，吴廷俊教授、范以锦教授欣然接受本人邀请，为本书写序。在此一并表示感谢！

在论文写作和书稿修订过程中，在繁重的学习和工作压力面前，湖北中烟副总经理彭传新先生总是在给我鼓励、给我信心，这使得我在学习之余，在湖北中烟这个"丰富的矿藏"里获得了很好的挖掘机会，这更使得"我会努力做好一个'矿工'"的信念更加坚定。对彭总的关心和鼓励致以崇高的敬意！对湖北中烟黄鹤楼漫天游文化传播公司领导张小平、李文哲、陈实及郭泳华及众多同事们的关心、支持和帮助表示感谢！

在论文完成和书稿定稿过程中，得到了华中科技大学经济学院卫平教授、刘海云教授、张建华教授，新华社高级记者、湖北分社纪委书记方政军，《湖北日报》副总编辑胡思勇，武汉电视台评论部主任胡桂林，《南方日报》理论评论部主任田东江，《广州日报》理论评论部主任陈学工，《太原日报》总编辑刘平清，《今传媒》总编辑薛耀晗等良师益友的关心和指导，以及曹林、吴俊、周虎城、尹保山、田国磊等学兄、学姐、学弟的大力支持，他们为我提供和核校了若干资料，谨表谢意！在寻找文献资料时，北京人民在线总编辑、人民网舆情监测室秘书长祝华新先生等网络上结识、素未谋面的朋友给我提供了大力帮助，提供舆情方面的重要案例分析及相关宝贵资料，谨表谢意！

另外，要感谢家人给予我的爱与帮助！我能走到今天，离不开他们的无私支持！也要感谢博士班阳海洪、郑素侠、牛静、吴麟、吴锋、李艳华等那群陪伴我度过美好时光，并与我一道分享思想盛宴的同窗。

发展永无止境，思想永无止境。不管未来如何变化，"与思想赛跑"的信念永远不会改变。

　　就此落笔，是为后记。

2009 年 11 月 20 日修改稿
于武汉光谷